CHIRAC CONTRE BUSH

DES MÊMES AUTEURS

Thomas Cantaloube, *George W. Bush l'héritier*, Éditions Golias, 2000.

www.editions-jclattes.fr

Henri Vernet et Thomas Cantaloube

CHIRAC CONTRE BUSH

L'autre guerre

JC Lattès
17, rue Jacob 75006 Paris

À Catherine, Justine et Clara.

À Francine et Bernard, mes parents,
pour m'avoir fait découvrir
l'Amérique.
À Isa, pour avoir été là...

« Soyons fermes, purs et fidèles ; au bout de nos peines, il y a la plus grande gloire du monde, celle des hommes qui n'ont pas cédé. »

Charles de Gaulle

« Chacun de nous a appris les gloires de l'indépendance. Que chacun de nous apprenne les gloires de l'interdépendance. »

Franklin D. Roosevelt

PROLOGUE

Paris. Palais de l'Élysée. Samedi 5 juin 2004

Jacques Chirac, sourire figé, observe l'homme qui gravit d'un pas alerte les marches du perron de la Présidence : un visiteur nommé George W. Bush. Les deux chefs d'États ne se sont pas rencontrés en tête à tête depuis neuf mois. Leur dernier entretien, en marge de l'Assemblée générale de l'ONU à New York en septembre 2003, s'était déroulé dans une atmosphère électrique, chargée des tensions de l'affrontement à propos de la guerre en Irak. Depuis, ils s'évitaient. Tout juste un coup de téléphone de temps à autre, lorsque les impératifs diplomatiques l'exigeaient. Et, contrairement aux seize autres chefs d'États ou de gouvernements conviés au soixantième anniversaire du Débarquement allié du 6 juin 1944, Bush a attendu le tout dernier moment pour confirmer sa présence en France pour les cérémonies. Une froideur et une ignorance mutuelles pratiquement sans précédent. À l'image de l'incroyable bras de fer qui a opposé le « croisé », Bush, tout à « sa » guerre contre l'Irak de Saddam Hussein symbole de l'« axe du mal », au « champion » du « camp de la paix », Chirac, qui vit dans cette cause une occasion de rentrer dans l'Histoire après un septennat gâché.

Mais en cette veille de commémoration du *D-Day*, par un après-midi ensoleillé dans l'enceinte du palais de l'Élysée, loin des manifestants qui brandissent sur la place de la Bastille des pancartes comparant Bush... à Hitler, l'heure est aux retrouvailles affichées. George Bush, en course pour sa réélection, et en proie à de sérieux problèmes en Irak, a besoin de prouver face à son rival démocrate John Kerry qu'il n'a pas coupé l'Amérique de ses vieux alliés européens. Jacques Chirac, qui a payé cher sur le plan diplomatique sa fronde contre l'« hyperpuissance », veut profiter de cette célébration fort médiatisée pour exprimer la reconnaissance sincère de la France envers les *boys* qui ont libéré le pays et l'Europe, et rappeler qu'une amitié vieille de deux cents ans ne succombera pas à ces querelles. « *Thank you* », a-t-il dit aux Américains sur la chaîne *NBC* en hommage aux 400 000 *GI* tués pendant la Seconde Guerre mondiale.

En haut des marches de l'Élysée, George Bush, costume bleu, cravate rouge, sempiternel pin's en forme de drapeau américain au revers de sa veste, et Jacques Chirac, complet gris anthracite orné de la sobre boutonnière de la Légion d'honneur, se serrent longuement la main. Non pas une de ces chaleureuses accolades que le Président français réserve à un Schröder, un Bouteflika, un Bongo ou un Kofi Annan. S'efforçant de paraître détendus, les deux leaders échangent quelques mots en anglais, franchissent la double porte vitrée donnant sur le vestibule et grimpent l'escalier de marbre menant, au premier étage, au bureau présidentiel. Une fois parvenus sous les moulures de ce vaste cabinet de travail, ils se lancent dans un nouveau *handshake* devant la cohorte de photographes. À New York, neuf mois plus tôt, il n'y avait pas eu la moindre photo de poignée de main. Une omission interprétée alors comme un mini-incident diplomatique.

Dans cette relation tendue entre les deux hommes et les deux pays, chaque détail a son importance, quitte à ce qu'il soit « surinterprété » par un camp ou par l'autre. Ainsi, à son arrivée plus tôt dans la journée du 5 juin, à Orly, Bush n'a eu droit pour l'accueillir à sa descente d'*Air Force One*, le Boeing 747 présidentiel, qu'à l'ambassadeur des États-Unis en France, Howard Leach, flanqué de son homologue français à Washington, Jean-David Levitte. Le jour précédent, lorsqu'une centaine de vétérans américains avaient posés le pied sur le même tarmac, ils avaient été reçus, eux, en grande pompe : 150 mètres de tapis rouge (« Je n'en avais jamais vu d'aussi long », confiera un habitué de ces cérémonies), une fanfare militaire et plusieurs ministres de la République. Petite vexation envers Bush ou nouvelle omission « involontaire » ? Personne ne s'en offusquera publiquement parmi les proches du Président américain... mais les spécialistes du protocole savent que ce genre de détail a son importance.

Une fois les deux chefs d'État réunis, plus question de « couacs ». Les entourages présidentiels à l'Élysée et à la Maison Blanche ont soigneusement réglé la scénographie. De part et d'autre, on fait assaut d'amabilités. Dans une interview à *Paris Match*, à la veille de son voyage, George Bush assure n'avoir « jamais été fâché avec les Français », tandis que son épouse Laura décrypte ainsi, sur France 2, les relations entre son mari et Jacques Chirac : « Il n'y a pas de difficultés particulières entre eux. Seulement tous les deux se sentent libres de s'exprimer, de se dire ce qu'ils pensent. » « Des amis peuvent ne pas être d'accord », renchérit « George W. », effectuant un changement de pied notable par rapport à son intransigeance des mois précédents. Indice suprême de cette « réhabilitation » : l'Américain invite le Français à « venir voir des vaches » dans son ranch texan de Crawford... !

Deux présidents si semblables, si différents

Du coup, ce samedi, même si leurs positions continuent de diverger sur le fond, les deux dirigeants mettent en scène l'amitié retrouvée. Lors de la conférence de presse conjointe à l'Élysée, ils insistent sur les exemples d'« excellente coopération » franco-américaine : la lutte antiterroriste, l'Afghanistan où les forces spéciales françaises traquent Ben Laden dans le cadre de l'opération *Enduring freedom*, Haïti où une intervention commune à mis fin aux dérives sanglantes du président Aristide... En dépit de ces louables efforts, les mines semblent un rien crispées, comme si chacun restait sur ses gardes. Lorsque le correspondant d'un journal arabe, auquel Jacques Chirac vient de donner la parole, interpelle Bush en le traitant, à propos des tortures à la prison d'Abou Ghraib, de « criminel de guerre », on frôle l'incident : le camp américain est convaincu que Chirac a désigné tout exprès ce journaliste afin de « piéger » le chef de la Maison Blanche... Autre couac – inévitable – lorsque le chef de l'État, tout en reconnaissant que la chute du « régime tyrannique de Bagdad » est un « point positif », ajoute :

« Le point négatif, c'est que le désordre règne en Irak. » Même l'échange traditionnel de cadeaux est lourd de sous-entendus : Bush offre à son hôte les mémoires du général Omar Bradley, l'un des héros du Débarquement ; Chirac remet à son invité une édition de 1850 de l'œuvre de Tocqueville, *De la démocratie en Amérique*. Une manière pour chacun de dire à l'autre : « Rappelez-vous ce que vous nous devez. »

Entre Jacques Chirac et George Bush, la confiance n'est décidément pas au rendez-vous. Ce n'est pas uniquement dû à la crise irakienne : les deux hommes n'ont jamais réussi à établir un contact sincère, aisé ou amical, comparable à la relation Bush-Blair, ou Chirac-Clinton naguère. Pourtant, ils ne manquent pas de traits communs. Grands, ils ont une « présence » physique, goûtent le contact direct avec les électeurs. Si Chirac a un appétit légendaire alors que Bush, en sportif accompli, est plutôt frugal, tous deux vantent la « proximité » et la « simplicité » : comme son « maître » Ronald Reagan, George Bush aime à dire qu'avec lui c'est l'« Américain moyen » qui occupe la Maison Blanche. Ni l'un ni l'autre ne sont des intellectuels. Ils ont même souffert d'un certain mépris de la part des élites cultivées de leurs pays, bien qu'ils possèdent chacun un bagage universitaire plus qu'honorable : Sciences Po et l'ÉNA pour le premier, Yale et Harvard (plus un brevet de pilote de jet) pour le second. Sans doute jouent-ils de cette image populaire, voire « populiste » : Jacques Chirac a longtemps tenu secret son goût pour les arts premiers ou la poésie chinoise, tandis que « W. » s'affiche en amateur de barbecues et de baseball pour faire oublier qu'il est avant tout l'héritier d'une famille de banquiers et de politiciens de la Côte Est. Dernier point de rapprochement : Chirac est depuis plus de vingt-cinq ans un « ami » de George et Barbara Bush, les parents de l'actuel Président, avec lesquels il a sympathisé lorsqu'il était maire de Paris.

Mais ce qui les sépare est tout aussi considérable. Bush a la foi chevillée au corps. Ce dogmatique qui prône des valeurs rigoristes est convaincu de mener un combat quasi biblique contre le terrorisme. Chirac, au cours de son long parcours politique sous le signe du gaullisme, a souvent varié : néo-libéral un jour, pourfendeur de la fracture sociale le lendemain, c'est un pragmatique attaché au rôle prééminent de l'État. C'est aussi un défenseur de la laïcité, que l'engagement religieux de Bush laisse perplexe. Le Président français est une pure créature politique, un professionnel de la profession qui a occupé tous les postes, géré tous les problèmes, connu tous les échecs et toutes les victoires, visité tous les pays qui comptent. L'hôte de la Maison Blanche, malgré un profond sens politique, tient plus du « président accidentel », pratiquement jamais sorti de son Texas, peu expérimenté, habitué à se faire une idée sur un sujet après avoir lu une note de synthèse d'une demi-page.

C'est aussi un homme qui dîne tôt et se couche tôt. À l'Élysée, ce 5 juin, le dîner de travail n'échappe pas à la règle. Les deux Présidents, entourés notamment de Colin Powell et Condoleezza Rice côté américain et, côté français, du nouveau ministre des Affaires étrangères Michel Barnier et du « sherpa » Maurice Gourdault-Montagne se dirigent dès 20 heures vers le Salon des Ambassadeurs, au rez-de-chaussée du palais. Deux pièces plus loin, dans le joli Salon des Portraits, Laura Bush est l'hôte de Bernadette Chirac pour un dîner parallèle, où figurent Nazek Hariri, femme du Premier ministre libanais (ami du Président), Noëlle Lenoir, ex-ministre des Affaires européennes, Isabelle Barnier, Betty Lagardère (veuve de Jean-Luc), Maryvonne Pinault (femme du milliardaire François Pinault)... « Laura Bush est bien plus spontanée que Hillary Clinton, raconte une participante. Elle a parlé de son action contre l'illettrisme, de l'engagement de ses deux jumelles de vingt-deux ans dans la campagne de leur père. Nous avons ensuite rejoint les hommes pour le café, sur la terrasse donnant sur le parc : il faisait très doux. George Bush, qui avait fait étape à Rome, m'a confié avoir été très ému par son entretien avec le pape Jean-Paul II. Même si, a-t-il précisé, lui-même était méthodiste.... » Le climat s'est enfin détendu.

Cette embellie se confirme le lendemain en Normandie. En cet anniversaire du 6 juin 1944, de cimetière en cimetière, de cérémonie en cérémonie, Chirac et Bush donnent curieusement l'impression de marcher d'un même pas, d'être pour la première fois en phase. Une double absence a certainement joué en faveur de cette détente : celle du secrétaire à la Défense Donald Rumsfeld, champion de l'Amérique arrogante et va-t-en-guerre, et celle de Dominique de Villepin, tenu outre-Atlantique pour le symbole d'une France donneuse de leçon.

La cravate de Chirac et la place de VGE

Aux États-Unis, les cérémonies du 6 juin sont vite submergées par un autre événement qui vient éclipser presque tout le reste, reléguant le pas de deux Bush-Chirac au second plan : le décès de l'ancien président

Ronald Reagan dans la soirée du 5 juin. Immédiatement, des funérailles nationales sont annoncées, un événement qui n'a pas eu lieu depuis plus de trente ans à Washington. Elles sont fixées au vendredi 11 juin. Mais entretemps, il y a un sommet du G8 prévu à Sea Island, dans l'État américain de Georgie, du 8 au 10 juin. Les leaders du monde entier doivent jongler avec leurs calendriers, leurs sentiments politiques et leur intérêt personnel afin de décider d'assister ou non à l'enterrement. Pour Chirac en particulier, la question est épineuse. Reagan fut un de ses modèles lors de sa période néo-libérale des années 80 et, chose moins connue, l'auteur d'un coup de pouce en 1988 lors de sa course à la présidentielle contre François Mitterrand. À l'occasion de la visite à Washington de celui qui n'était que Premier ministre, Reagan avait déroulé le tapis rouge pour accueillir Chirac afin de peaufiner sa stature internationale, en pleine campagne électorale française. En vertu de ce souvenir et, profitant de sa présence sur le sol américain pour le G8, Chirac devrait logiquement se rendre à Washington. Mais il a beau être dans une phase de rapprochement avec les États-Unis, le Président français ne veut pas en faire trop. Effectuer des courbettes devant le cercueil de Reagan n'est peut-être pas le meilleur moyen de perpétuer sa stature de « résistant » à l'hégémonie américaine. Un membre d'un journal français influent rouspète d'ailleurs auprès de l'entourage du Président lors du G8 : « Nous trouvons que vous vous couchez devant les Américains ! » Du coup, l'équipe élyséenne se met à cogiter sur le thème : serions-nous trop proaméricains ? Chirac, de son côté, est davantage préoccupé par les élections européennes du dimanche suivant : il veut rentrer en France pour le dernier coup de collier.

Il décide finalement d'envoyer Michel Barnier pour le représenter. Mais Barnier, cela manque quand même d'envergure pour les funérailles du « vainqueur de la Guerre froide ». On va donc lui adjoindre Valéry Giscard d'Estaing. Lors d'un aparté à Sea Island, Jacques Chirac s'en ouvre à George Bush, qui n'y voit pas d'inconvénient. Ce dernier cherche surtout à ramasser l'héritage de Reagan sur le plan intérieur et se moque de savoir quel leader étranger assistera ou n'assistera pas à la messe dans la cathédrale nationale. Affaire conclue. Seulement voilà... le protocole de la Maison Blanche ne veut rien savoir. Chaque pays se voit attribuer deux places dans la cathédrale, dont une, inamovible, à l'ambassadeur dudit pays. Or, Levitte plus Barnier plus VGE, cela fait trois. L'ambassadeur Jean-David Levitte entreprend donc de négocier. Il se trouve que Giscard est demeuré assez proche du clan Reagan : ne pourrait-il pas être invité sur le « quota » des amis de la famille ? Le chef du protocole se renseigne et revient avec une proposition : « Nous sommes d'accord pour que votre ancien président soit compté parmi les proches de Reagan. Mais en échange... nous voulons que Chirac enlève sa cravate à Sea Island. » En effet, durant les trois jours du G8, une demi-journée est prévue pour des discussions « détendues » où il est demandé aux chefs d'État et de gouvernement de tomber le costume. Or les Américains, qui adorent ce genre de code informel, savent que Chirac est tatillon sur la question. D'où leur marchandage. Levitte, un peu surpris, transmet le message au Président. Tout juste a-t-il fini d'exposer la requête de la Maison Blanche que Bernadette Chirac intervient, coupant court d'un sentencieux : « Hors de question ! La France, c'est la France ! » Elle aura le dernier mot. Jacques Chirac est le seul à s'afficher ce jour-là avec sa cravate parmi ses pairs en bras de chemises. Malgré l'accord rompu, VGE assistera aux funérailles au côté de Nancy Reagan. Les relations franco-américaines tiennent parfois à peu de choses...

Au-delà de ces bisbilles, le sommet du G8 semble parachever la réconciliation. « Bush a lâché du lest sur les sujets qui intéressent les Européens », confie un participant français aux réunions. « Parce qu'il veut se donner une image de rassembleur en cette année électorale, mais aussi parce qu'il écoute davantage : il a tiré les enseignements de l'Irak. » Les Français aussi mettent de l'eau dans leur vin : « Nous ne pouvons pas nous laisser porter par le sentiment anti-Bush qui imbibe les dirigeants hexagonaux, explique ce proche de l'Élysée. Si Bush est réélu en novembre, il faudra bien composer avec lui. Nous devons rétablir une bonne relation de travail. Sinon, ce sera quatre nouvelles années de malheur... » Paris met donc ses critiques sur la reconstruction irakienne en veilleuse et promet d'aider les Américains. L'harmonie retrouvée ? Presque. Jusqu'au sommet de l'OTAN qui se tient quinze jours plus tard à Istanbul.

D'emblée, Bush prend de court les vingt-cinq autres chefs d'État et de gouvernement de l'Alliance en annonçant le transfert accéléré – avec un jour d'avance sur le calendrier – du pouvoir en Irak. Seul Tony Blair était dans le secret. Chirac est « piégé ». Officiellement, il s'agit pour les Américains de déjouer des attentats possibles à Bagdad lors de l'investiture du nouveau gouvernement irakien. En réalité, l'administration Bush, qui entend impliquer fortement l'OTAN dans ce pays, transmet un message à ses alliés : « Maintenant que le pouvoir est aux mains des Irakiens, vous devez envoyer vos troupes et aider à la reconstruction. » La France refuse ce chantage. Membre de l'Alliance, elle n'entend pas cautionner ainsi une intervention qu'elle tient depuis toujours pour « illégitime ». Mais Chirac, isolé à l'OTAN parmi les « vieux alliés » européens de la Maison Blanche et ses nouveaux amis de l'Est, fait figure d'éternel empêcheur de danser en rond...

À Istanbul, une autre sortie de George Bush suscitera une de ces colères froides du chef de l'État. Alors que l'Américain souhaite publiquement une entrée de la Turquie aussi vite que possible dans l'Union européenne – sujet ultrasensible –, Jacques Chirac lâche aux journalistes : « Il est non seulement allé trop loin mais il est allé sur un terrain qui n'est pas le sien. C'est un peu comme si je lui expliquais ce que doit être la politique des États-Unis envers le Mexique !... » À nouveau l'orage ? À Paris et Washington, les diplomates s'activent. « Bush s'est comporté en mauvais avocat d'une bonne cause », glisse l'un d'eux à Condoleezza Rice. Cette dernière en aurait convenu, et même promis que « son » Président ne recommencerait plus...

Il était une fois à Washington...

Cette séquence de juin 2004 est assez représentative de l'état des relations franco-américaines : un faux-semblant d'amitié et des grandes proclamations sur les « valeurs » communes, masquant à grand-peine deux visions du monde divergentes. Comment en est-on arrivé là ? Comment a-t-on abouti à ce que deux pays qui ont toujours combattu côte à côte, qui se sont nourris depuis deux siècles d'échanges intellectuels, qui s'admirent et se jalousent, qui surmontaient d'ordinaire leurs dissensions chroniques, se regardent désormais en chiens de faïence ? Est-ce le fruit de l'inimitié de deux hommes qui ne s'apprécient pas, ne se comprennent pas ? Est-ce la faute de leurs entourages qui les ont poussé à adopter des positions irréconciliables ? De leurs opinions publiques qui les ont contraint à hausser le ton jusqu'à prononcer des mots sur lesquels ils ne peuvent plus revenir ? John Kerry, le rival démocrate de Bush à l'élection présidentielle, pourra-t-il renverser la vapeur s'il s'intalle à la Maison Blanche ?

Pour essayer de répondre à ces questions et comprendre comment la France et les États-Unis ont plongé dans la plus grave crise bilatérale depuis les années 60, et pourquoi, deux ans après les premières escarmouches à propos de l'Irak, la situation demeure tendue, nous avons interrogé plus de cinquante acteurs et observateurs de ce conflit de part et d'autre de l'Atlantique. Notre enquête nous a révélé les coulisses des discussions, des négociations, des fâcheries et des « coups bas ». Elle nous a également fait découvrir des facettes méconnues des deux Présidents et des deux camps qui, il faut bien le dire, se sont livrés une « autre guerre », parallèle à celle des États-Unis contre l'Irak, puis des Irakiens contre leurs occupants. Cette « autre guerre » a infligé de profondes blessures qu'il sera difficile de guérir. Elle a semé la mésentente, la méfiance et la rancœur entre Français et Américains.

Comme toute bonne dramatique, cette histoire a commencé sous les meilleurs auspices, autour d'un verre de l'amitié, avec les meilleures intentions du monde. Il était une fois à Washington, le 18 décembre 2000...

UN PREMIER RENDEZ-VOUS EN CATIMINI

Washington. Résidence de l'ambassadeur de France. Lundi 18 décembre 2000

En cette froide journée d'hiver, la capitale fédérale américaine est sous la neige. Il fait déjà presque nuit quand un cortège de limousines file, sirènes hurlantes, vers Kalorama Road, dans un quartier huppé de Washington. Assis dans une des voitures officielles, Jacques Chirac. Dans quelques instants, le Président français va rencontrer pour la première fois George Walker Bush. L'ex-gouverneur du Texas vient, au terme d'un incroyable suspense qui a duré quelque six semaines, d'être déclaré vainqueur de l'élection présidentielle américaine du 7 novembre, aux dépens du démocrate Al Gore. Une victoire sur le tapis vert, proclamée après de multiples décomptes des votes, et l'intervention des juges de la Cour suprême. Mais « George Bush Junior » – comme l'appelle Chirac – ne dirige pas la superpuissance planétaire : il n'entrera en fonction que le 20 janvier suivant. Ce lundi soir, Bush n'a encore rencontré aucun dirigeant étranger... ni même d'ailleurs Bill Clinton, le Président sortant auquel il s'apprête à succéder. Aussi le rendez-vous avec Jacques Chirac est-il, en raison d'impératifs de protocole, entouré du plus grand secret.

L'idée de ce joli coup diplomatique a germé quelques jours auparavant, à Paris, dans le staff de l'Élysée. En tant que président en exercice de l'Union européenne, Chirac doit en effet participer à Washington au sommet annuel UE/États-Unis. Exercice plutôt formel et sans relief. Mais le chef de l'État veut profiter de l'occasion pour faire ses adieux à son « ami Bill » à la Maison Blanche. Entre 1995 et 2000, pendant ces cinq années à la tête de leurs pays respectifs, les deux dirigeants ont entretenu une relation d'une qualité exceptionnelle pour des chefs d'État français et américain. Une amitié, et même une complicité, qui aura connu l'épreuve du feu en Bosnie et au Kosovo, et transcendé les affres de la dissolution ratée en 1997 pour l'un, du scandale Monica Lewinsky pour l'autre. Bill et Jacques : deux véritables « bêtes politiques » au cuir tanné par l'accumulation de succès et d'échecs, tour à tour adulés par leurs partisans et minés par les « affaires ». Deux chefs qui cultivent un même pragmatisme parfois à la limite du cynisme, partagent un même appétit du pouvoir, un sens instinctif de la politique et du contact humain.

Pourquoi ne pas faire coup double en devenant le premier dirigeant étranger à s'entretenir avec le nouveau Président américain ? Pour Chirac, qui songe déjà à la course à sa propre succession en 2002, mais se trouve pour l'heure empêtré dans la cohabitation avec le socialiste Lionel Jospin, une telle photo souvenir serait des plus précieuses : elle conforterait immanquablement sa stature internationale. Les communicants de l'Élysée, sous la houlette de Claude Chirac, la très secrète et très efficace fille du Président, sont friands d'opérations de ce type. Au risque parfois de dérapage. Ainsi, dans sa précipitation à être le premier – devant ses pairs chefs d'État mais aussi devant... son Premier ministre Jospin – Chirac avait félicité trop vite George W. Bush. Il avait en effet adressé son télégramme, le mercredi 8 novembre, avant que ne soient proclamés les résultats officiels. Avant, surtout, que son rival Al Gore ne téléphone à Bush pour lui indiquer qu'il ne reconnaissait pas sa défaite ! D'autres chancelleries, il est vrai, étaient tombées dans le panneau.

Enfin, sur un plan personnel, lui qui, au cours de sa longue carrière politique a bien connu Bush père, le Président vainqueur de la guerre du Golfe en 1991, serait ravi de découvrir le fils. Et d'entamer du même coup une relation privilégiée avec l'homme le plus puissant au monde.

Quelques jours plus tôt, le chef de l'État a donc appelé au téléphone François Bujon de l'Estang, l'ambassadeur aux États-Unis – un fidèle de Chirac. « François, dit-il en substance à ce diplomate qu'il apprécie pour l'avoir eu à ses côtés comme conseiller à Matignon lors de la première cohabitation entre 1986 et 1988, j'aimerais beaucoup rencontrer Bush. » Bujon promet de faire son possible mais ne laisse guère d'espoir à l'équipe élyséenne : il y a les problèmes de protocole, et en plus George W. Bush réside encore dans son fief du Texas, à Austin. Mais le diplomate possède quelques atouts dans sa manche. Cet énarque affable et direct, au contact aisé, qui a l'expérience du monde de l'industrie et des affaires pour être passé par le Commissariat à l'énergie atomique (CEA) et la Cogema, a l'oreille de Bush. Il lui a rendu visite, quand ce dernier était gouverneur du Texas, pratiquement une fois par an depuis 1996. Et, pendant la campagne présidentielle du candidat républicain, il a fait la connaissance de sa plus proche conseillère, qui le suivra à la Maison Blanche : Condoleezza Rice. C'est à cette dernière qu'il téléphone, pour lui faire part du souhait de Chirac. Habilement, Bujon fait valoir que, au moment où les Européens s'inquiètent de l'arrivée au pouvoir d'un conservateur tenu pour isolationniste et accusé de vouloir relancer la course aux armements avec son projet de bouclier américain anti-missiles, une telle rencontre aurait pour vertu de rassurer tout le monde. « Condi » Rice écoute, attentive. Elle est séduite par la proposition française. Justement, révèle-t-elle à l'ambassadeur, George W. doit venir à Washington ce 18 décembre pour inaugurer, sur Lafayette Square, les nouveaux bureaux de son équipe de transition.

Reste à trouver un endroit où tenir ce sommet avant la lettre. À Blair House, la résidence officielle des hôtes étrangers où loge Chirac ? Ce ne serait pas convenable, puisque Bush n'est pas – encore – le Président. Dans les locaux de Lafayette Square ? Cela donnerait l'impression de narguer Clinton, car l'adresse est sous les fenêtres de la Maison Blanche. Après avoir échangé de multiples appels sur leurs portables, Rice et Bujon tombent d'accord : l'entretien aura lieu à la Résidence de l'ambassadeur de France, sur Kalorama Road. Les Américains ont formulé une condition, impérative : pas de journalistes, il ne s'agit pas d'une rencontre officielle ; la Résidence, vaste et magnifique demeure au style néogothique, ceinte de jardins (et située juste en face de la maison... de Donald Rumsfeld), offre justement des garanties de discrétion. Chirac, qui guignait sa photo de la poignée de main, est un peu déçu. Mais la satisfaction de voir Bush l'emporte sur le reste, et il consent à cette exigence. D'autant que, soulignent ses conseillers, Bush fait lui-même « un geste appréciable » en se déplaçant à la Résidence. Pas un mot ne filtre donc en direction des journalistes – au nombre d'une douzaine – qui ont accompagné la délégation depuis Paris.

L'adieu de Chirac à Clinton

En attendant, le programme suit son cours normal : d'abord un entretien avec Bill Clinton dans le fameux Bureau ovale, orné en cette veille de Noël d'un sapin décoré. « Jacques » offre à « Bill » un superbe stylo qui rejoint la collection du Président américain. Tous deux se dirigent ensuite vers une des salles à manger de la Maison Blanche, pour un déjeuner en comité restreint Climat particulièrement « chaleureux et amical » selon un participant. Clinton est à son habitude volubile, brillant, curieux de tout. On évoque des souvenirs personnels et l'on se félicite du travail accompli en commun. Chirac loue l'engagement de son hôte en faveur de la construction européenne. De fait, l'administration démocrate sortante a rompu avec la traditionnelle défiance de Washington vis-à-vis d'un Vieux Continent qui ne bâtirait son unité que pour mieux agir « contre » l'Amérique. Cette présidence aura assisté, sans manœuvrer contre elle, à la création de l'euro, la monnaie unique. Et Clinton encouragera même dans un discours historique l'essor d'une Défense européenne. Mieux : lui et Jacques

Chirac ont esquissé un retour de la France dans le commandement intégré de l'OTAN, ce centre vital de l'Alliance dont le général de Gaulle avait claqué la porte avec fracas en 1966 ! (Avec l'arrivée du gouvernement Jospin et la cohabitation à partir de 1997, le projet sera abandonné.) Certes, l'Amérique de Clinton a aussi connu des poussées d'unilatéralisme. En particulier à propos du traité de Kyoto sur l'environnement – que le Président n'a jamais fait ratifier par son Congrès –, des négociations commerciales internationales ou au sujet – déjà – de l'Irak. Le ministre socialiste des Affaires étrangères Hubert Védrine – qui est d'ailleurs de ce voyage – n'a-t-il pas forgé le terme d'« Hyperpuissance » pour désigner cette Nation sans rivale depuis la fin de la Guerre froide et la chute de l'Union soviétique ?

Lorsque les deux hommes se séparent, hautes silhouettes se donnant l'accolade sur le perron de la Maison Blanche, « Jacques » prononce quelques mots émouvants et « Bill » promet de lui rendre visite en « simple civil » à Paris. Un engagement honoré depuis à plusieurs reprises. En quittant les lieux, Chirac, qui aime bien faire du shopping et dispose d'un peu de temps libre avant son rendez-vous secret avec Bush, fait stopper le cortège officiel devant le magasin Brooks Brothers sur Connecticut Avenue, où il achète quelques chemises. De leur côté, les journalistes français sont déjà en route vers l'aéroport militaire d'Andrews, pour un décollage à destination d'Ottawa (Canada), seconde étape du voyage présidentiel.

À l'heure dite, George Bush se présente à la Résidence. Comme convenu, la discrétion est absolue : une simple « visite de courtoisie » dénuée de tout caractère officiel. Bush est escorté de « Condi » Rice et d'Andrew

Card (lui aussi ancien de l'équipe du père), son futur directeur de cabinet à la Maison Blanche. Côté français, Jacques Chirac est flanqué de son « sherpa », le conseiller diplomatique Jean-Marc Rochereau de La Sablière, et de Catherine Colonna, porte-parole de l'Élysée. Hubert Védrine, lui, n'est pas de la partie. Coup de canif dans la cohabitation ? Tout comme la presse, le ministre socialiste des Affaires étrangères a été sciemment tenu à l'écart de l'affaire. Il n'apprendra d'ailleurs l'événement que tard dans la soirée, de la bouche même de Chirac lorsque ce dernier le rejoindra dans l'avion pour Ottawa. Védrine, qui en a vu bien d'autres au long de ses années au service rapproché de François Mitterrand, se gardera d'en faire une histoire...

À la Résidence, François Bujon de l'Estang installe ses hôtes dans le salon « Boiseries ». Lambris, haute cheminée, deux canapés face à face : ambiance très cosy. George W. Bush, qui est encore un quasi-inconnu aux yeux des dirigeants français, apparaît selon un participant « jovial, souriant et détendu ». Il est vrai qu'il vient tout juste d'être proclamé élu. On sert au Texan son sempiternel Diet Coke, tandis que Chirac carbure au café. Le Président, qui connaît les parents de « Junior » depuis la fin des années 70 (quand lui-même occupait les fonctions de maire de Paris, et que George Herbert Walker Bush – « Bush I » – était un des principaux leaders républicains avant de devenir vice-Président sous Ronald Reagan en 1980), se lance. Il explique longuement à « W. » à quel point il « aime et admire » son père, et combien il trouve « formidable » Barbara, sa mère. Cette dernière évoque d'ailleurs dans ses Mémoires « leur bon ami Jacques ». Mais Chirac n'en ferait-il pas un peu trop ? Les incessantes références à

« Big George », le 41e Président des États-Unis, ont en effet le don d'agacer « Little George », qui vient de devenir le 43e. Contrairement à la célébrissime famille Kennedy, ce dernier ne goûte guère le côté « dynastie ». Tout au contraire, il s'est employé dans son existence parfois agitée à rompre avec l'image du père, prototype du WASP (White Anglo Saxon Protestant), patricien de la Côte Est après avoir été, jeune homme, un pilote héroïque de la Seconde Guerre mondiale. « Junior », après des études peu brillantes (à Harvard tout de même) et un passage cafouilleux dans la Garde nationale pour échapper au Vietnam, a cherché fortune dans le pétrole au Texas, dirigé un club de base-ball et... multiplié les investissements hasardeux.

QUAND BUSH LA JOUE MODESTE

Pour ce premier contact, chacun parle dans sa langue ; les interprètes traduisent. De toute façon Jacques Chirac, bien que parfaitement capable de manier la langue de Shakespeare, s'en tient au français lors de tels échanges : « Il ne faut pas utiliser la langue de l'autre, recommande-t-il toujours, car on se place en situation d'infériorité. » Giscard, lui, tenait à parler anglais lors des sommets internationaux : c'était un autre style. Chirac fait cependant des exceptions à sa « règle », puisqu'il ne manque jamais d'échanger, par exemple avec Clinton, quelques mots d'anglais en début et en fin d'entretien.

Devant un dirigeant aussi expérimenté, Bush joue les modestes. Il insiste – ce qui prend évidemment un relief piquant avec le recul – sur la nécessité d'une...

« Amérique humble et à l'écoute de ses alliés » ! Surtout, il pose à son hôte un tas de questions. « Monsieur le Président, que pensez-vous de la situation en Europe ? Et au Proche-Orient ? En Iran ? » Enfin, plus étonnant, le nouvel élu livre un véritable panégyrique du... programme énergétique de la France. « J'admire vraiment votre politique nucléaire. Votre ambassadeur m'a décrit tout cela : c'est fantastique. Vous avez réussi ce que nous n'avons pas su faire : ici il y a trop de freins. Et votre programme de chasse au gaspi : c'est réellement impressionnant. » À l'écouter réciter de la sorte, l'ambassadeur Bujon est sidéré : en effet Bush ressort, quasiment mot pour mot, chiffre par chiffre, des statistiques et des exemples d'expériences hexagonales qu'il lui avait cités un an et demi auparavant ! L'entourage de Chirac en déduit, lui, que cet homme est obsédé par les problèmes d'énergie. Mais qu'y a-t-il d'étonnant à cela : le secteur du pétrole ne représente-t-il pas après tout ce qu'il connaît le mieux ? Ne murmure-t-on pas que sa fidèle Condoleezza Rice, une ancienne directrice de Chevron (hydrocarbures), est la seule Américaine vivante à avoir donné son nom à un pétrolier ? Et « Andy » Card ne fut-il pas, lui, vice-président de General Motors (et président de l'Association des constructeurs automobiles) ? Pour le reste, l'entretien, qui va durer une petite heure au total, se résume à un survol de l'actualité internationale. Pas si éloigné, au fond, d'un échange du genre « café du commerce », comme le confie un participant habitué à ce type de conversation.

Mais ce Bush, qui est-il vraiment ? En France, les médias ont donné de lui une image lamentable : un type inculte, jamais sorti ou presque de son Texas, alcoolique et coureur de jupons jusqu'à la trentaine, zélote de la peine de mort, bigot comme une vieille Polonaise. Son principal – sinon unique – mérite serait d'être le fils de son père. Bref, la caricature de l'idiot du village. Pire que pour Ronald Reagan ou Jimmy Carter, qui avaient pourtant été « soignés » eux aussi, en leur temps, par ces Français si fins et si cultivés. François Bujon de l'Estang, qui est sans nul doute à l'époque un des hommes connaissant le mieux le nouveau Président, ne partage absolument pas ce jugement : « C'est un homme intelligent, dont la conversation peut être vive, assure-t-il. Il est curieux, il s'informe, aime à écouter, a de la suite dans les idées : il est capable de revenir sur une réunion plusieurs jours après sa tenue pour demander à un collaborateur ce qu'il a pensé de telle ou telle intervention. » À Austin, la capitale texane, le gouverneur n'a certes pas une réputation de gros bûcheur. Il ne s'attarde pas au bureau plus longtemps que nécessaire. Une habitude qu'il conservera à la Maison Blanche, imposant à ses invités de dîner à 18 h 30 afin de pouvoir se coucher tôt. Mais, dit-on, il mène parfaitement ses réunions et sait déléguer. « D'authentiques qualités de manager », résume Bujon. Sur le plan politique, Bush ne passe pas alors pour un exalté. Notamment, il n'appartient pas à l'école de pensée des néo-conservateurs – ni d'ailleurs à aucune autre ! Aussi les premières nominations au sein de l'équipe présidentielle, très « droitières », constitueront de vraies surprises, et dérouteront plus d'un observateur.

En revanche, l'homme a ses convictions bien ancrées. À commencer par le bien-fondé de la peine de mort. Une anecdote a marqué l'ambassadeur français. Lors d'une visite à Austin en 1996, Bujon de l'Estang avait lu pendant le voyage la surprenante affaire, étalée en « une » du *New York Times*, d'un condamné à la peine capitale dans une prison texane. Le prisonnier aurait dû être exécuté ce jour-là, mais un avocat s'était rendu compte qu'il jouissait en fait de la double nationalité américaine et canadienne. Du coup, l'homme de loi s'était retourné vers le gouvernement américain. Lequel, *via* la Secrétaire d'État (ministre des Affaires étrangères) Madeleine Albright, avait décidé d'interpeller le gouverneur du Texas : « Ne faudrait-il pas au minimum, demandait-elle, surseoir à l'exécution en attendant de clarifier les choses ? » Abordant George W. Bush, Bujon lui lança, désignant la « une » du quotidien : « Alors monsieur le Gouverneur, vous avez des ennuis avec madame Albright ? » Le visage de Bush se figea. D'un ton glacial, il répliqua : « Monsieur l'Ambassadeur, s'il vous prenait l'envie de commettre un crime, et si par malheur vous le commettiez chez nous, soyez sûr d'une chose : nous vous aurions ! »

La colère des journalistes

Voilà donc le personnage que Jacques Chirac, en hôte accompli, raccompagne ce 18 décembre au soir sur le perron de la Résidence de France. Le Président est satisfait, tout s'est bien passé. Bush ? « Un homme chaleureux et ouvert », confiera-t-il un peu plus tard en petit comité. Bujon, lui, est comblé. En sortant ainsi un lapin de son chapeau, il a rendu un fier service à son « patron ». D'ailleurs, quand ses collègues diplomates européens apprendront la nouvelle le lendemain, ils en deviendront verts de jalousie.

Soudain, à l'ambassade, c'est la surprise : un peloton de reporters et de photographes surgit devant la grille. Les flashes crépitent, les micros se dressent. Bush ne manifeste ni étonnement ni embarras : c'est la presse américaine qui débarque là. À l'évidence, ses lieutenants ont « mangé » la consigne de discrétion. Dans un demi-sourire, le Texan fait mine de se justifier : « Ces gars-là, ce qu'ils sont accrocheurs ! Depuis l'élection ils sont pendus à mes basques... » Les Français, eux, sont furieux, même s'ils n'en laissent rien paraître. Car « leurs » journalistes se trouvent, à ce moment précis, à bord d'un gros van à destination de l'aéroport, en plein embouteillage. En fait, quelques collègues, correspondants à Washington de médias parisiens, viennent de les alerter sur leurs téléphones portables. Ces derniers ont été prévenus – mais trop tard – par un employé de l'ambassade, sans doute l'une des personnes les mieux renseignées de la capitale. Ce qui lui avait mis la puce à l'oreille, c'est l'ordre de préparer une collation, et surtout de prévoir du Coca-Cola, qui venait de lui être donné l'après-midi même ! Découvrant toute l'affaire, et réalisant qu'ils ont été leurrés, les journalistes explosent de colère : la première rencontre Chirac/Bush, voilà qui aurait pourtant fait de beaux articles, et amplement justifié un tel voyage...

Au cours du vol vers le Canada, la pression ne cesse de monter dans l'Airbus frappé de la cocarde tricolore. Et ce qui va être décidé entre les journalistes constitue une première dans l'histoire de l'Association de la Presse présidentielle : tous les envoyés spéciaux, à l'exception d'un correspondant d'agence qui dit « appartenir à la vieille école » et estime que « cela ne se fait pas », vont signer une pétition pour protester contre cette « discrimination ». Jusque tard dans la soirée, à l'hôtel Château Laurier d'Ottawa, Catherine Colonna, porte-parole du Président, tentera d'apaiser les esprits. Cette énarque diplomate, la quarantaine vive et énergique, regard bleu acier et visage mobile, a beau manier son monde avec dextérité, elle se heurte cette fois à un vrai mur. Le coup diplomatique de Chirac, qui aurait mérité une meilleure publicité, a débouché sur une mini-crise (passagère) avec les médias.

LES FAUCONS S'INSTALLENT DISCRÈTEMENT AU POUVOIR

Washington. Congrès des États-Unis. Samedi 20 janvier 2001

Si les personnalités n'étaient pas aussi distinguées et le cadre aussi monumental, la cérémonie d'investiture du nouveau Président pourrait faire penser à une réunion d'armistice entre familles mafieuses dans *Le Parrain*. Sous une pluie battante et un froid perçant, tous se tiennent sur une estrade devant le dôme du Congrès, symbole le plus puissant de l'unité de la nation américaine. Il y a George W. Bush bien sûr, tout sourire. Il est entouré de sa femme Laura et de ses filles jumelles Jenna et Barbara. Un peu en retrait, on aperçoit son père, l'ancien Président, George H.W. Bush, et sa mère Barbara. À leurs côtés, leur deuxième fils Jeb Bush, gouverneur de l'État de Floride où l'élection présidentielle s'est jouée à quelques voix près bien que tous les bulletins de vote n'aient pas été comptés. Dans la famille Bush, Jeb, le cadet, quarante-sept ans, fut longtemps considéré comme le plus brillant, le plus prometteur, le probable successeur de son père. Personne, pas même ses parents, n'a jamais bien compris comment « W. » lui a grillé la place...

À quelques mètres de distance se tiennent Bill Clinton, le Président sortant et sa femme Hillary, nouvellement élue sénateur de l'État de New York. Comme à son habitude, Bill a l'air jovial malgré les cernes sous ses yeux qui trahissent une nuit blanche passée à trier ses affaires et signer quelques ultimes décrets avant de retourner à la vie civile, à cinquante-quatre ans et avec un taux de popularité de 64 %. Derrière lui, le vice-Président et candidat démocrate malheureux Al Gore affiche le masque de celui qui donnerait tout pour être ailleurs à cet instant-là. Face à tout ce beau monde, on trouve les neuf juges de la Cour suprême, ceux-là même dont le vote à cinq voix contre quatre a offert l'élection à George W. Bush en interdisant le recompte des voix en Floride. Comme une ironie du destin, leur solennité traditionnelle a disparu sous les ponchos de pluie recouvrant leurs robes de magistrats.

Le président de la Cour suprême William Rehnquist, considéré comme l'un des juges les plus conservateurs à avoir jamais siégé dans cette instance, fait prêter serment au nouveau Président. La main sur la même Bible du XVIIIe siècle qui servit à la prestation de serment de George Washington, premier Président des États-Unis, Bush conclut, comme le veut la coutume : *So help me God* – « Que Dieu me vienne en aide ! »

C'est fait : les États-Unis viennent d'introniser leur quarante-troisième Président. Un Président controversé et parfois jugé illégitime, comme le clament des milliers de manifestants venus protester dans les rues de Washington ce samedi. Leurs pancartes rappellent qu'Al Gore a obtenu 500 000 voix de plus que son concurrent.

Les policiers anti-émeute se sont déployés en masse le long du parcours du cortège présidentiel, et pour la première fois lors d'une investiture, les spectateurs sont contraints de passer par des points de contrôle afin d'être fouillés. Dans son discours inaugural, Bush ne fait qu'une brève mention de la nécessité de s'unir autour de lui. Il préfère insister sur ses deux priorités : les réductions d'impôts et l'augmentation du budget de la défense. Il glisse également dans son allocution une phrase qui, à l'époque, passe pratiquement inaperçue : « Les ennemis de la liberté et de notre pays ne doivent pas se leurrer : l'Amérique demeure engagée dans le monde afin de peser en faveur de la liberté. »

Une nouvelle atmosphère

Une fois la prestation de serment achevée, la journée inaugurale se poursuit malgré le temps gris et maussade. Depuis John Kennedy en 1961, la tradition veut que le nouveau Président dépense sans compter et organise, avec l'aide de son parti et de généreux mécènes, de nombreuses fêtes à travers la capitale. Les festivités de janvier 1993 restent encore dans les mémoires. Clinton avait convoqué une liste impressionnante de célébrités : Aretha Franklin, Bob Dylan, Dianna Ross, Fleetwood Mac, Elton John, Chuck Berry, Jack Nicholson, Whoopi Goldberg... avaient tenu à marquer l'arrivée au pouvoir du premier Président de la génération du baby-boom. Par contraste, les réjouissances accompagnant l'arrivée de Bush junior au pouvoir apparaissent bien ternes. Beaucoup de musique country, un bal « black tie and boots » à la texane, le chanteur de latinopop Ricky Martin et quelques stars sur le retour comme Sylvester Stallone ou Chuck Norris. Pour ceux qui en doutaient encore, les festivités le confirment : l'atmosphère à Washington vient de changer. Un correspondant de presse français ayant vécu une douzaine d'années dans la capitale, habitué à croiser régulièrement les membres de l'équipe Clinton dans les bars du quartier chic de Georgetown pour leur soutirer quelques informations autour d'un verre, le confirme quelques mois plus tard : « Les Bushies sont d'un triste... Ils ne sortent jamais, ne boivent pas, ne font pas la fête. Ils gardent leurs petits secrets et préfèrent vivre entre eux. »

Dubya (« W. » prononcé à l'américaine) est évidemment l'homme qui donne le ton de ce comportement. Longtemps porté sur la bouteille – et peut-être même sur d'autres substances illicites puisqu'il campe obstinément sur cette affirmation : « Je n'ai jamais touché aux drogues depuis 1974 » – il l'a remise au fond du placard en 1986, le jour de ses quarante ans. Le fameux anniversaire où il redécouvrait Dieu. « W. » est en effet un de ces millions de *born-again christians* (chrétiens nés une seconde fois) dont l'adhésion tardive à la foi est compensée par l'ardeur de leur pratique. Si Bush est au lit tous les soirs dès 9 heures et demie, il est debout aux aurores, à 5 h 30, pour lire la Bible avant d'entamer sa journée. Et le premier geste public qu'il effectue en ce samedi 20 janvier, c'est de se rendre à la messe de la petite église St. John, juste en face de la Maison Blanche. Pour Ken Weinstein, un politologue conservateur qui connaît bien le 43e Président, cette piété affichée « est quelque chose de normal aux États-Unis, alors qu'en France, le simple fait d'entendre Bush parler de religion suffit à le faire passer pour un dangereux extrémiste ».

Au-delà de sa foi, George Bush, lors de son investiture, se définit surtout en creux. C'est quelqu'un dont la culture est limitée, surtout en politique étrangère. Comme l'a raconté Richard Perle, un des conseillers les plus influents de la Maison Blanche et du Pentagone : « La première fois que j'ai rencontré Bush, deux choses me sont apparues clairement. Primo, il ne connaissait pas grand-chose. Secundo, il avait la confiance nécessaire pour poser des questions montrant qu'il ne savait pas grand-chose. » Lors de sa campagne électorale, les exemples de son embarras face à des sujets internationaux abondent. Le plus piquant rétrospectivement est sans doute cet échange avec une journaliste de *Glamour*. Celle-ci lui demande ce qu'il pense des Taliban. Silence, pas de réponse. La rédactrice avance : « Répression des femmes en Afghanistan ? » Bush, soudain s'anime : « Aaah ! Je croyais que vous me parliez d'un groupe de musique. Les Taliban en Afghanistan. Absolument. Répressifs. » Fin de l'échange. Mais c'est justement parce qu'il est conscient de ses propres lacunes sur les questions internationales, soulignent ses fidèles, que Bush, dès le départ, s'est entouré d'une équipe composée à la fois de vieux briscards de la politique et d'intellectuels quasi messianiques. Et d'une puissante figure tutélaire, le vice-Président Dick Cheney.

Les Vulcains

Comme à son habitude, Dick Cheney se tient trois pas en arrière en ce jour d'inauguration, engoncé dans sa gabardine noire, les lunettes parsemées de gouttelettes de pluie. Ce n'est pas par modestie – il vient de prêter serment quelques minutes à peine avant Bush – mais à cause d'une conviction profonde : on agit plus efficacement en évitant de se faire remarquer. Alors qu'il était une étoile montante du parti républicain, Cheney avait envisagé de s'engager dans la course à la présidence en 1996, avant d'y renoncer, n'ayant aucun goût pour l'exposition totale et permanente à laquelle un candidat doit se soumettre dans le système politique américain. Cette discrétion a souvent été perçue comme un manque d'ambition, mais rien n'est plus faux. Lorsqu'il est représentant au Congrès dans les années 80, après avoir été directeur de cabinet du Président Gerald Ford de 1974 à 1976, Cheney se bâtit un profil d'ultra conservateur : il vote systématiquement pour toutes les mesures visant à réduire le droit à l'avortement, contre toutes les lois restreignant le port d'armes, contre l'extension de la couverture sociale aux plus pauvres. Et il s'oppose même aux sanctions économiques du Congrès visant à isoler le régime sud-africain à l'époque de l'Apartheid, ainsi qu'à une motion demandant la libération de Nelson Mandela en 1986... Malgré ce bilan à droite de la droite, Cheney n'a jamais senti le soufre comme certains de ses collègues. Étonnamment, il passe dans l'opinion publique pour un modéré, ce qui lui permet de devenir secrétaire à la Défense sous Bush père. Il réussira un tour de passe-passe identique en 2000 lorsque, chargé par Bush fils de lui trouver un candidat à la vice-présidence, il se sélectionne lui-même !

Pendant toute la campagne présidentielle, Cheney était considéré comme la « nounou » de Bush. Mais ceux qui le connaissent bien savent que l'homme ne se contente pas d'être une présence rassurante : il tisse sa toile en profondeur. Il entretient des liens professionnels et d'amitié avec un petit groupe qui s'est constitué durant la campagne afin de conseiller le futur Président sur les affaires diplomatiques. Sous la direction de Condoleezza Rice et de Paul Wolfowitz, ils se sont baptisés eux-mêmes les Vulcains, en référence à une statue du dieu romain des forgerons qui domine la ville natale de Rice à Birmingham (Alabama). Que Vulcain soit aussi le dieu du feu, avec le marteau pour symbole, ne gâte rien...

Première parmi les Vulcains figure Condoleezza Rice. Cette jolie femme noire de quarante-cinq ans, aux allures d'*executive woman*, a grandi dans une ville marquée par la ségrégation. Selon le député UMP Pierre Lellouche, spécialiste des relations internationales, qui la connaît depuis son passage à la Maison Blanche auprès de Bush père (1988/1992), « elle incarne la *success-story* à l'américaine : issue de milieu modeste, elle est bosseuse, solide. Une vraie dure qui s'est taillé une réputation prestigieuse de spécialiste de l'ex-URSS. Mais c'est aussi une pianiste émérite et... une fan de base-ball, passion qu'elle partage avec le fils Bush ». Elle s'est hissée au sommet à la force de son intellect... et de ses relations. Elle est remarquée par Brent Scowcroft, proche conseiller de Bush père, qui n'aura de cesse de couver la carrière de sa protégée. C'est lui qui la précipite dans les bras de « Junior ». Ces deux-là accrochent instantanément. Outre leur intérêt commun pour la culture physique, « elle est capable d'expliquer au Président le monde en langage simple », rapporte un diplomate européen qui la connaît bien. De plus, célibataire et sans enfant, elle est d'une disponibilité de tous les instants. À tel point qu'un soir de 2004, lors d'une réception privée en ville, sa langue fourchera : elle commence une phrase « Comme je le disais à mon mari... », avant de se reprendre « Comme je le disais au Président »... Lorsque Bush est élu, elle est nommée conseillère à la Sécurité nationale.

Rice est avant tout la voix de Bush. Selon un ministre français qui l'a côtoyée, « elle a le don de toujours se ranger par anticipation du côté du Président, quel que soit le sujet ». Ce n'est pas une véritable idéologue. Ce rôle revient à Paul Wolfowitz. Derrière ses sourcils broussailleux et ses manières pondérées, l'homme est certainement le faucon aux serres les plus acérées de toute la nouvelle équipe Bush. Spécialiste de la force de frappe nucléaire puis du désarmement, cet universitaire a oscillé toute sa carrière durant entre des fonctions au département d'État et au Pentagone, sans oublier un poste d'ambassadeur en Indonésie. Dans les années 90, il devient l'un des piliers du mouvement néoconservateur, qui refuse l'isolationnisme traditionnel du parti républicain. Pour les néocons, les États-Unis, désormais seule superpuissance, doivent défendre leurs intérêts propres et ne pas hésiter à frapper leurs ennemis, y compris de manière préventive. Dans cette vision du monde, Saddam Hussein est évidemment le « super-vilain », qui nargue les États-Unis et n'en fait qu'à sa tête. Wolfowitz ajoute à cela une touche personnelle : il est convaincu qu'il faut à tout prix démocratiser le Moyen-Orient et que l'Irak peut être le modèle vertueux de cette transformation. Il ne tardera pas à hériter du surnom « Wolfowitz d'Arabie ». Au vu de ses compétences, le secrétariat à la Défense lui paraissait promis. Mais cet intellectuel est horriblement brouillon : or le Pentagone est avant tout une gigantesque machine administrative. Il ne sera que secrétaire adjoint.

À la place, Dick Cheney pousse au sommet du Pentagone son vieux camarade Donald Rumsfeld. L'homme a déjà été secrétaire à la Défense dans les années 70 – sous Gerald Ford – et c'est ce qui plaît à Bush, en quête d'hommes d'expérience pour compenser ses faiblesses. Conservateur pur et dur, Rumsfeld s'était même opposé à Bush père à la fin des années 80, le jugeant trop mou pour un Président républicain. Lors de sa nomination, il n'est pas encore cette figure charismatique qui rassurera les Américains après les attentats du 11 septembre, mais il possède un avantage certain aux yeux des Vulcains : il est capable de s'opposer à Colin Powell.

Le général en retraite, ancien chef d'état-major interarmes vainqueur de la première guerre du Golfe, est la personnalité incontournable de cette nouvelle administration Bush. Il a été le premier choisi pour un maroquin : celui de Secrétaire d'État (ministre des Affaires étrangères). Colin Powell n'est pas seulement l'homme politique le plus populaire aux États-Unis, il est aussi le candidat à la présidence ou à la vice-présidence dont rêvaient tant les Démocrates que les Républicains depuis dix ans. Pourtant il ne s'est jamais lancé. Sa femme Alma, qui hait les mondanités et les voyages, l'a menacé : « Si tu te portes candidat, je te quitte ! » Powell est une figure imposée pour Bush : il ne peut faire autrement que le nommer. Mais les deux hommes n'ont jamais accroché au niveau personnel, et l'ex-général est considéré comme une « colombe » par les Vulcains. Lors de la première guerre du Golfe, Powell avait soutenu la décision de ne pas renverser Saddam Hussein, alors que Cheney et Wolfowitz, entre autres, voulaient marcher sur Bagdad. Powell est donc l'homme à surveiller, d'autant qu'il sait à quoi s'en tenir sur ses collègues.

Dans son autobiographie, l'ancien militaire traite, pour plaisanter jure-t-il, Cheney et sa clique de « fêlés d'extrême-droite ».

L'autre particularité de cette équipe, c'est l'étonnante proportion de grosses fortunes en son sein : un ministre sur deux est multimillionnaire en dollars. L'argent et la politique ont toujours fait bon ménage au pays du capitalisme-roi, mais cette fois on atteint des records : Rumsfeld, ancien homme d'affaires, est à la tête d'une fortune estimée à plus de soixante millions de dollars. Dick Cheney n'a rien à lui envier, avec un peu moins de cent. Powell lui-même, l'ancien soldat, ne dépare pas dans le tableau, fort d'un portefeuille d'une vingtaine de millions. Sans oublier Bush, lui aussi un riche businessman comme tous les membres de sa famille.

Le 20 janvier cette joyeuse troupe, renforcée par d'autres faucons qui occupent des postes subalternes ou honorifiques (Richard Perle, Stephen Hadley, John Bolton, Douglas Feith...), s'apprête à prendre les commandes. En ce début d'année, il faut pourtant bien admettre que les préoccupations du nouveau gouvernement ne semblent pas porter sur l'étranger, malgré les ultimes tentatives de Clinton d'arracher un accord de paix entre Israéliens et Palestiniens, ou une détente en Corée du Nord. La priorité est aux réductions d'impôts et à une loi sur l'éducation. Pourtant, Dick Cheney garde l'œil sur ses vieux ennemis. Lors d'un *briefing* du futur Président au Pentagone quelques jours avant son investiture, Cheney demande au secrétaire à la Défense sortant et aux militaires « une discussion sérieuse sur l'Irak et les différentes options envisageables » pour traiter avec ce pays. Le bras droit de Bush insiste pour que l'Irak soit le sujet *number one* du *briefing*. Après tout, n'est-ce pas le seul pays que les États-Unis bombardent de manière régulière dans le cadre des sanctions de l'ONU imposant une zone d'interdiction de vol ?

LES FRANCAIS DÉCOUVRENT LES *NÉOCONS*

Washington. Département d'État. Lundi 26 mars 2001

Hubert Védrine vient juste d'atterrir dans la capitale américaine. Dans la Lincoln noire blindée qui file vers les bâtiments du Département d'État sur C Street, à Foggy Bottom (littéralement, le fond brumeux), le ministre socialiste des Affaires étrangères de la cohabitation Chirac-Jospin se demande bien ce qui l'attend. Depuis son entrée en fonction il y a deux mois, l'administration Bush demeure une énigme vue de Paris. Qui sont ces types qui prétendent édifier un bouclier antimissiles au risque de jeter à bas plusieurs décennies de paix armée, qui menacent de boycotter le traité de Kyoto sur l'effet de serre, qui se désengagent du conflit israélo-palestinien, qui jouent l'escalade verbale avec la Corée du Nord ? Védrine s'interroge. Il a évidemment une petite pointe de nostalgie pour l'équipe Clinton, et surtout pour son ancienne homologue Madeleine Albright, avec qui il avait noué une véritable amitié. Dotée d'un tempérament soupe-au-lait et n'ayant pas sa langue dans sa poche, Madeleine Albright avait su apprivoiser l'intellectuel « frenchy » un tantinet condescendant. Après que Védrine eut théorisé de manière peu flatteuse le concept d'« hyperpuissance » pour caractériser les États-Unis, la secrétaire d'État n'a eu de cesse de taquiner son collègue sur le sujet lors de leurs rencontres. Chaque fois qu'elle apercevait Védrine, elle se dirigeait vers lui en tendant la main : « Bonjour Hubert, c'est moi hyper-Madeleine ! »

Alors qu'il se remémore ces échanges chaleureux, le ministre français devine qu'il n'en sera pas de même avec son nouvel homologue Colin Powell. Les deux hommes se sont déjà rencontrés brièvement à la fin du mois de février à Bruxelles et cela ne s'est pas très bien passé. Védrine, « en mission commandée et prudemment », explique-t-il, a fait part à l'ancien général des réticences françaises à l'égard de l'application de la peine de mort aux États-Unis. Powell s'est raidi. Il n'a pas apprécié qu'on lui fasse la leçon sur cet aspect de la politique intérieure de son pays. « Quelles manières scandaleuses », s'irrite David Frum, un farouche néo-conservateur peu suspect de sympathie à l'égard de Powell, qui était à l'époque auteur de discours pour Bush. « Imaginez un ministre français des Affaires étrangères venant aux États-Unis et se faisant administrer une leçon de politique intérieure, surtout sur une question judiciaire ! Les Européens parlent souvent de l'arrogance américaine, mais la rupture initiale de protocole entre les deux administrations s'est produite du côté européen. »

Védrine trouve aujourd'hui « absurde » que l'on réduise ainsi sa relation avec Powell. Il n'empêche, il sait que le courant ne passe pas très bien entre eux. « Powell n'aime pas les débats d'idées que Védrine affectionne, et si quelqu'un lui balance une vacherie, il la prend personnellement », commente Christophe de Roquefeuil, le correspondant de l'Agence France Presse au Département d'État, qui a suivi les deux hommes. Ce qui est ennuyeux pour un diplomate. Mais à Paris, Jacques Chirac est convaincu que le fils de son vieil ami George Bush ne peut être qu'un homme bien. Son équipe ? Des Républicains classiques, tout juste un peu excités d'avoir retrouvé le pouvoir après huit années de disette. Il y a tout de même un homme dont Chirac se méfie : le vice-Président Dick Cheney. Selon un diplomate proche de l'Élysée, le Président français alerte son entourage dès le départ : « Attention, c'est un sale type : il nous déteste ! C'est un francophobe avéré, un idéologue, un fondamentaliste religieux ! »

« Cette administration va nous causer des problèmes terribles »

Grâce à la diligence du Secret Service en 4 × 4 noirs chargés de sa protection, et à l'efficacité des voitures de police rodées à ce genre de cortège, Hubert Védrine arrive très vite à bon port. Il saisit mentalement son bâton de pèlerin et entame sa tournée washingtonienne. En deux jours, il rencontre Colin Powell, Dick Cheney, Condoleezza Rice, des sénateurs démocrates et républicains, des chercheurs dans les nombreux *think tanks* et des journalistes. « Au fur et à mesure de mes entretiens, je comprends que la nouvelle équipe est composée de gens très durs, qui vont nous poser des problèmes. Ils n'aiment pas le statu quo. Ils ne sont pas "*néo-conserva-*

teurs : Ils veulent renverser la table !" raconte l'ancien ministre. Dick Cheney me paraît très fort. Il possède un raisonnement global et place les questions énergétiques au centre de la politique américaine. Condoleezza Rice, qui était précédée d'une réputation flatteuse, m'impressionne peu. Je la trouve péremptoire et dogmatique. Avec Powell, j'ai un bon rapport. Il est sympathique, mais je comprends que ce n'est pas vraiment un décideur. » Surtout, le patron du Quai d'Orsay découvre au cours de ses discussions un gouvernement dont les positions sur le Proche-Orient épousent celle du Likoud – le parti nationaliste d'Ariel Sharon en Israël – et qui semble obsédé par l'Irak. Cela n'augure rien de bon. « Cela m'étonnerait que cette administration n'essaie pas de renverser Saddam Hussein avant la fin de son mandat », se dit-il en quittant Washington.

Hubert Védrine reprend l'avion pour Paris, dubitatif : « La France a toujours eu une capacité d'analyse assez faible sur les États-Unis. Nous avons sous-estimé les changements intervenus dans les années 90, notamment l'essor des idées néo-conservatrices. Personne n'a vraiment réalisé ce que représentait l'élection de Bush, que tout le monde en France voyait comme un crétin. » De retour dans les lambris du Quai d'Orsay, Védrine alerte Chirac : « Cette administration est différente de toutes les autres, elle va nous causer des problèmes terribles », explique-t-il en substance. Le Président hausse les épaules : « Oui, je sais... Mais on a l'habitude, on s'arrangera... » Pour Chirac, il n'y a pas de quoi s'alarmer. Reagan avait lui aussi fait peur à la France, mais au final tout s'était bien passé. Il n'y a pas de raison qu'il en aille autrement cette fois. D'ailleurs, l'analyse de Chirac n'est pas si éloignée de celle des « pundits » américains, ces analystes politiques qui délivrent la bonne parole dans les journaux et à la télévision : ils prédisent tous que Bush gouvernera au centre du fait de son élection très serrée et de sa promesse de campagne de collaborer avec les Démocrates au Congrès.

Mais plus les mois passent, plus Védrine s'inquiète. Sur son bureau du Quai d'Orsay les dossiers conflictuels s'amoncellent durant le printemps : bouclier anti-missiles, rejet unilatéral du traité de Kyoto, refus de participer à la Cour pénale internationale, tentatives de blocage à l'égard de projets de défense européenne. Et puis il y a l'Irak, toujours, qui semble obséder la Maison Blanche et le Pentagone. Du coup, Védrine appelle régulièrement l'ambassade de France à Washington pour essayer de décrypter les intentions américaines sur l'Irak. Avec Madeleine Albright, il avait mis au point une méthode « anti-brouillard » : « Il s'agissait de gérer les problèmes en se parlant franchement et régulièrement. On essayait de trouver ensemble les mots et les termes de nos déclarations afin de surmonter nos désaccords. » Avec la nouvelle administration, « cette méthode explose », explique l'ex-chef de la diplomatie. D'autant que Powell a du mal à s'imposer et, au total « personne n'a de bons contacts avec cette Maison Blanche ». Même Chirac commence à s'énerver. « Il est notamment obsédé par la question du traité ABM (anti-missiles balistiques). Il s'irrite des décisions de Bush, comme si elles n'étaient pas conformes à l'idée qu'il se fait des États-Unis », raconte un ministre de l'époque.

La bourde suédoise

À Washington, les inquiétudes françaises n'empêchent personne de dormir : Bush, contrairement à son prédécesseur, n'est pas réputé pour se faire des nœuds au cerveau. Il a choisi son cap, il le maintient. De toute façon, les récriminations européennes le laissent froid. Le mois de juin arrivant, il prépare sa première visite en Europe. Au programme : une réunion de l'OTAN à Bruxelles et une visite au sommet de l'Union européenne à Göteborg. Pour ses autres étapes, il choisit de faire escale en Espagne, en Pologne et en Slovénie. Paris et Berlin ne l'intéressent pas ? Un commentateur politique américain écrit à l'époque : « Les Français et les Allemands se voient rappeler subtilement que la diplomatie américaine en Europe dispose d'autres options. » Si Chirac est vexé, il n'en laisse rien paraître.

Malgré les fortes récriminations européennes au sujet de Kyoto – et les milliers de manifestants dans les rues brandissant des pancartes dénonçant le « Texan Toxique » – le sommet de Göteborg se passe bien. Bush déploie son charme, sourit, serre des mains et parle sans notes. La plupart des dirigeants européens, qui n'avaient de lui que l'image de simplet véhiculée par la presse, sont séduits. Et le moins enthousiaste n'est certainement pas Jacques Chirac. Même si dans les faits Bush ne bouge pas d'un iota sur ses positions, le Président français le trouve « coopératif ». Il n'en faut pas plus à Chirac pour se précipiter sur un téléphone et appeler Bush père : « J'ai trouvé votre fils formidable, s'épanche-t-il. Je l'aime beaucoup et il est très maître de son affaire ! »

Chirac vient de commettre une gigantesque bourde. Non seulement, il agaçait déjà passablement « Junior » en lui demandant à chaque occasion des nouvelles de son père et de sa « charmante mère Barbara ». Ensuite, il avait la détestable manie de pontifier et de prendre Bush pour un « bleu » en lui expliquant le monde. Mais là, il vient de franchir la ligne jaune. Car Bush père rapporte évidemment cette conversation à son fils dans les jours qui suivent, et elle reste en travers de la gorge de ce dernier. « W. déteste qu'on le compare à son père », raconte un proche de la Maison Blanche qui connaît bien les deux Bush et qui a eu vent de ce coup de téléphone. En 1994, lorsqu'il se présentait au poste de gouverneur du Texas, W. avait imploré les reporters : « Tout ce que je vous demande, c'est que vous cessiez de me voir comme le fils de mon père. » « Jacques Chirac a fait l'erreur de croire que le fils était comme le père : c'est une faute de calcul fondamentale, poursuit le proche de la Maison Blanche. Les deux George Bush n'ont rien en commun. Le père est quelqu'un de l'establishment, qui aime consulter beaucoup de monde avant de prendre ses décisions. Le fils, c'est exactement l'inverse : il prend ses décisions seul et déteste qu'on lui dise ce qu'il faut penser. »

Si Chirac espérait nouer une relation particulière avec Bush, c'est raté. Et s'il espérait influer sur les décisions du Président américain en jouant les « vieux sages », c'est doublement raté. En rentrant de sa tournée européenne, Bush confiera à la journaliste conservatrice Peggy Noonan sa vision des choses : « J'étais à un dîner avec les quinze dirigeants de l'UE et je suis resté patiemment assis pendant que, chacun à son tour, ils m'expliquaient combien j'avais tort (sur Kyoto). À la fin, je leur ai dit : “Merci pour votre avis, mais ceci est la position américaine parce qu'elle est juste pour les États-Unis.” »

Alors que Bush rejette l'attitude paternaliste de Chirac, son aîné de quatorze ans, il « accroche » de manière surprenante avec Vladimir Poutine, l'ex-agent du KGB devenu président de la Russie. Le Président américain sort de sa rencontre en Slovénie avec Poutine en clamant : « En le regardant dans les yeux, j'ai sondé son âme : c'est un homme direct et digne de confiance. » Bush racontera plus tard avoir ressenti un élan de sympathie pour Poutine lorsque le leader russe lui montra le petit crucifix offert par sa mère quand il était enfant. Face à une telle « concurrence », le « laïcard » Jacques Chirac n'a aucune chance... « Ce n'est probablement pas un hasard pour la conduite de notre politique étrangère si Tony Blair est le dirigeant britannique le plus pieux depuis le XIXe siècle alors que Jacques Chirac ou Gerhard Schröder sont d'inflexibles laïques, écrira plus tard le rédacteur en chef du *New York Times*. Bush est tout simplement plus en phase avec des croyants qu'avec des non-croyants. »

LE JOUR D'APRÈS

Independence (Missouri). Mercredi 12 septembre 2001

Independence. Ville carrefour en plein Middle West. La cité où a grandi et où est mort le Président Harry Truman. Un ancien fort d'où partait autrefois la piste de Santa Fe, vers le Far West. Washington est loin : 2 000 kilomètres environ. À la sortie de la ville, un centre commercial, ordinaire, avec son parking. Là, devant la boutique Radio Shack (la grande enseigne d'électronique), un homme fait les cent pas, portable scotché à l'oreille. C'est l'ambassadeur de France aux États-Unis, François Bujon de l'Estang. Drôle d'endroit pour un coup de fil. « Ne quittez pas, dit une voix dans le combiné : je vous passe le président de la République. » La voix de Jacques Chirac : « Allô, François... Enfin, j'arrive à vous joindre », lance le chef de l'État, visiblement soulagé. Puis, intrigué : « Mais où êtes-vous donc ? »

C'est une longue histoire, pourrait répondre l'ambassadeur Bujon. Mais il n'a pas le loisir de s'y attarder. Beaucoup trop de choses urgentissimes à régler. L'une d'entre elles préoccupe les deux hommes : le Président doit en effet se rendre, le 18 septembre, en visite officielle à Washington pour y rencontrer George W. Bush. La visite a été montée durant l'été, quelques semaines plus tôt. Mais ce voyage est-il encore opportun ? L'invitation tient-elle toujours ? Car, la veille, le pire est arrivé : l'Amérique a été sauvagement attaquée. Des avions suicides aux mains de fous d'Allah téléguidés par l'émir islamiste Oussama Ben Laden se sont abattus sur les tours jumelles du World Trade Center à New York et sur le Pentagone à Washington.

Au matin du 11 septembre, l'ambassadeur français est lui aussi dans un avion. « Je volais en compagnie de mon épouse Anne vers Salt Lake City, la capitale de l'Utah, raconte-t-il. L'État mormon se préparait à accueillir les Jeux olympiques d'hiver en février 2002, et j'étais invité à venir découvrir les installations réservées aux sportifs de l'équipe de France. Je devais aussi signer avec le Comité olympique une charte sur l'usage du français pendant les Jeux. Bref, une mission *a priori* sans surprise. Soudain, à mi-chemin, notre avion entame sa descente. Nous nous posons à Kansas City. C'est à l'atterrissage que nous apprenons ce qui vient d'arriver à New York et Washington. Tous les vols au-dessus des États-Unis sont interrompus et détournés vers les aéroports les plus proches. »

Une longue route pour Washington

L'ambassadeur réalise à ce moment-là que tout le pays est plongé en plein chaos. À Manhattan, moins d'une heure après avoir été percutées par les Boeing, les Twin Towers, symboles de la domination financière américaine, se sont écroulées comme de frêles châteaux de cartes. Des victimes par milliers. Cris, pleurs, sirènes, odeur de mort : à New York, c'est l'apocalypse. À Washington, après le crash du Pentagone, siège du commandement militaire des États-Unis, des habitants croient que la Troisième Guerre mondiale vient de débuter. Sur le reste du territoire, personne ne comprend vraiment ce qui se passe. Seule certitude : un ennemi inconnu attaque l'Amérique avec une violence inouïe.

À sa descente d'avion, Bujon se retrouve parmi les autres passagers : choqués, abasourdis, sidérés. Il faut réagir. D'abord, tâcher de regagner Washington au plus vite. Las, plus rien ne fonctionne : ni trains ni avions. Reste la route. Mais les loueurs ont été pris d'assaut : plus un véhicule disponible ! Un ministre français, le socialiste Pierre Moscovici (Affaires européennes), en déplacement officiel ce jour-là à Boston, se retrouve lui aussi piégé. On lui a bien fourni une voiture pour rallier Montréal (Canada) et attraper, là-bas, un vol pour Paris, mais des embouteillages monstrueux l'obligent à renoncer. Pour ne rien arranger, les réseaux téléphoniques sont saturés, les centraux ont explosé. L'ambassadeur français est dans l'impossibilité de joindre ses collaborateurs. Après avoir rongé son frein pendant 24 heures, il déniche enfin, dans la matinée du mercredi 12, une voiture de location. « C'est ma femme qui a pris le volant. 2 000 kilomètres à parcourir ! Moi, j'étais accroché à mon portable, redevenu utilisable. Seulement, en prévision du trajet, nous avons fait halte à Independence, dans la banlieue de Kansas City pour y acheter un chargeur à brancher sur l'allume-cigare. » C'est ainsi que ce parking du Missouri est devenu le théâtre improbable d'un coup de téléphone avec le président de la République française...

Lorsque le diplomate reprend la route, l'après-midi est déjà bien entamé. N'étaient les circonstances tragiques, le voyage ferait presque songer à un *road movie*. La route, tracé quasi rectiligne s'étirant au milieu des plaines agricoles de l'Ouest, paraît ne jamais devoir finir. Dans cette Amérique rurale, loin de New York, avec ses villages tracés au cordeau, ses maisons et églises en bois, le temps semble suspendu. Le 12 septembre au soir, sur tout le territoire des États-Unis, on tient des veillées en hommage aux victimes : drapeaux américains, bougies par milliers, larmes et effusions. L'émotion est immense. Le jeudi, vers midi – deux jours et demi après son départ – François Bujon de l'Estang rejoint enfin Washington et son bureau à l'ambassade, sur Reservoir Road.

À Paris, le Président, indigné et touché, a aussitôt condamné ces « actes barbares ». Il a appris l'événement, mardi, de la bouche de journalistes, alors qu'il était en déplacement à Rennes. Il a immédiatement joint ses collaborateurs à l'Élysée : Dominique de Villepin, le secrétaire général de la Présidence, et le conseiller diplomatique Jean-Marc de La Sablière. « C'est très grave », lui confirment-ils. Chirac convoque la télévision pour exprimer au plus tôt, depuis Rennes, sa « solidarité » avec le peuple américain. Et regagne ensuite la capitale d'un coup de Falcon 50. Dans l'intervalle, le Premier ministre Lionel Jospin, qui vit là sa première crise internationale, a lui aussi publié un communiqué condamnant « ce recours abominable à la violence terroriste ». Mais Chirac, parfaitement à son affaire, veut garder la main. Montrer, en pleine cohabitation, qui est le « patron ». Il réunit de toute urgence un conseil restreint de sécurité, appelle au téléphone – et le fait savoir – les grands de la planète, à commencer par ses partenaires européens Gerhard Schröder et Tony Blair. Le soir même, à 21 h 30, il intervient à nouveau à la télévision. Apaisant mais grave, Chirac, qui a affronté depuis quinze ans – comme Premier ministre, maire de la capitale puis chef de l'État – plusieurs vagues terroristes à Paris, attend de ses compatriotes « sang-froid, vigilance et détermination ».

Aux États-Unis, on s'est, un temps, inquiété et interrogé : où est le Président ? Conduit en lieu sûr par le « Secret Service » ? C'est Andrew Card, le chef de cabinet de Bush, qui lui a annoncé les attentats alors qu'il visitait une école primaire à Saratosa, en Floride. Sur le coup, le Président a paru hébété, sans réaction. Il a ensuite pratiquement disparu. On a signalé la présence d'Air Force One, le Jumbo présidentiel, dans la lointaine Louisiane puis, dans un deuxième temps, sur une base militaire du Nebraska. Comme si Bush se gardait de rentrer à Washington, après l'attentat contre le Pentagone. Pendant ce temps, installé dans un bureau secret de la Maison Blanche, Dick Cheney, le solide vice-Président, a pris les choses en main. « Dans les heures qui ont suivi l'attentat, raconte un diplomate, Bush a donné l'impression de vasouiller. On a senti comme un flottement »...

Paris veut savoir à quoi s'en tenir : oui ou non, la visite de Chirac reste-t-elle programmée ? L'équipe de l'Élysée a fait savoir à la Maison Blanche qu'elle comprendrait parfaitement, vu les circonstances, que le rendez-vous soit reporté. « Annuler ? Non, non, au contraire : il faut venir, tranche Condoleezza Rice. C'est dans les moments de drame que l'on a besoin de ses amis », dit-elle à Bujon de l'Estang. George W. Bush lui-même, qui a entre-temps repris les rênes, insiste auprès de Chirac : « Mais naturellement, mon cher Jacques, venez. Il y a beaucoup de choses dont nous devons discuter. Et puis, nous n'allons quand même pas laisser les terroristes nous dicter notre agenda ! » Côté français, on ne veut pas manquer cette occasion de dissiper les nuages qui assombrissent depuis quelque temps les relations franco-américaines. « On allait pouvoir repartir d'un bon pied », estime-t-on en substance.

Le Président américain, après avoir chancelé, est en train d'acquérir une nouvelle stature. « Quand je le revois le vendredi à la cathédrale de Washington, où je l'entends prononcer un excellent discours, ce n'est plus le même homme, se souvient un observateur. Il trouve le ton juste, se glisse dans ses habits de chef de guerre qu'il ne quittera plus. À Ground Zero, son intervention auprès des sauveteurs, mégaphone au poing, marquera les esprits. Même physiquement, il paraît transformé : il est plus assuré, ses cheveux me semblent avoir grisonné. » Aux faucons de sa garde rapprochée, Bush confie qu'il se sent habité par une « mission divine » : sauver le monde civilisé de la menace terroriste. Rien de moins.

« On les enfumera comme des renards »

C'est ce « nouveau » George Bush que Jacques Chirac est – une fois encore ! – le premier chef d'État étranger à rencontrer après la tragédie. Mais la France ne s'est pas contentée de belles paroles. Elle a aussi agi. Elle a fait adopter le 12 septembre (quelques heures après les attentats), par le Conseil de sécurité de l'ONU, une résolution capitale, assimilant un acte de terrorisme à un acte de guerre. La résolution 1368 – « probablement celle qui a été la plus vite votée dans l'histoire des Nations unies », selon un diplomate onusien – donne par avance un feu vert aux représailles américaines contre les Taliban et Al-Qaida en Afghanistan. Les Américains sauront gré aux Français de leur initiative à l'ONU. Le geste, malheureusement, passe inaperçu, tant la confusion règne encore à ce moment. Jean-David Levitte, qui occupe le poste hautement stratégique d'ambassadeur de France aux Nations unies, est à l'origine de ce texte.

Le mardi 18, quand Bush et Chirac se retrouvent à la Maison Blanche, ils mettent sous le boisseau leurs différends à propos du protocole de Kyoto, du bouclier anti-missiles, des négociations commerciales... « Nous étions porteurs d'un message et d'un seul, témoigne un proche du chef de l'État : la France est complètement solidaire du peuple américain. » Mis à part les mines – solennelles – et les paroles – exceptionnellement émues et chaleureuses – la rencontre se déroule selon le scénario habituel : discussion entre les deux Présidents, flanqués de leurs conseillers, dans le Bureau ovale. Puis on passe au dîner. Ce dernier a lieu très tôt, comme toujours avec Bush : 18 h 30 tapantes. Les convives sont au nombre d'une petite douzaine. À la droite de Bush est assis Colin Powell ; à celle de Chirac, Hubert Védrine. Il y a là aussi, côté américain, le vice-Président Dick Cheney, la conseillère nationale à la Sécurité, Condoleezza Rice. Côté français, sont présents Jean-Marc de La Sablière, Catherine Colonna, François Bujon de L'Estang. Chaque équipe a son interprète.

« Le dîner, assez court, s'est déroulé dans une ambiance amicale mais grave, se souvient un participant. De part et d'autre, les échanges étaient empreints de compassion. Bush et Chirac rivalisaient de cher Jacques, cher George... Mais on n'a pas vraiment abordé de sujets de fond. » Sur le genre de riposte que préparent les Américains, notamment, les Français n'apprendront pas grand-chose de précis. Le chef de la Maison Blanche demande cependant à ses hôtes toute la coopération possible en matière de renseignements et de police. « Vous pouvez compter sur nous », le rassure Jacques Chirac. Sur le plan militaire, en revanche, les Américains ne formulent aucune requête spéciale. « C'était encore trop tôt, décrypte-t-on dans le camp français. Bush refusait de se lier les mains, il voulait garder plusieurs options ouvertes. L'Afghanistan en était une, bien évidemment, mais ce n'était pas la seule. »

En fait, ce qui frappe les Français, c'est le ton employé par Bush. « Il était sur un registre assez primaire, témoigne un autre convive. Il répétait sans cesse, en parlant des auteurs des attentats : on va aller les débusquer dans leur trou. On les enfumera comme des renards. Et il tapait régulièrement du poing sur la table en disant : *we will bring them to justice* (Nous les livrerons à la justice). Son côté texan s'exprimait pleinement... »

Déjà, dans le bref point de presse tenu par les deux Présidents quelques minutes avant de passer à table, une drôle de lézarde est apparue derrière la façade des mots d'encouragements et d'amitié. Bush, à qui la plupart des questions sont adressées, est très clair : les États-Unis sont en guerre. « C'est un nouveau type de guerre. Une guerre qui nécessitera détermination et patience. » Chirac, assis à son côté, le laisse s'exprimer longuement. Mais quand on lui demande si les Français se battront « épaule contre épaule » aux côtés des Américains, il a l'air embarrassé : « Je ne sais pas s'il faut employer le mot guerre... », nuance-t-il...

Chirac à New York en hélicoptère

L'Irak, ce jour-là, figurait-il au menu des discussions à la Maison Blanche ? Certains des participants interrogés affirment que non. Le mot n'aurait, semble-t-il, pas même été prononcé. Pourtant un des convives se remémore parfaitement une anecdote, qui l'a marqué. Alors que tout au long de la réunion, dans le Bureau ovale, on n'a pas entendu le son de la voix de « madame le docteur Rice » – comme l'appelle Chirac –, cette dernière prend soudain la parole. Elle rebondit sur une remarque du Président Bush, qui vient d'esquisser, de manière d'ailleurs plus que vague, les champs d'action possibles pour la politique américaine. « Condi » Rice aurait alors ajouté ceci : « Et il ne faudra pas oublier l'Irak... » Le propos résonne d'autant plus fort qu'il tranche avec son long mutisme. Faut-il en déduire que l'administration Bush, sous l'influence des faucons, a déjà décidé d'attaquer l'Irak ? Alors même que rien, absolument rien, ne permet d'établir un lien entre les attentats et le régime de Saddam Hussein ? Certains, et pas seulement en France, croient en cette thèse. D'ailleurs, Bush, recevant Tony Blair quelques jours après Chirac, évoque avec son allié britannique le cas irakien. Selon les révélations du journaliste Bob Woodward dans son livre *Plan of Attack*, le Président américain aurait ordonné dès cet automne 2001 au général Tommy Franks, qui conduit déjà la guerre en Afghanistan, de dresser des plans d'invasion de l'Irak.

Le 19 septembre, Jacques Chirac s'envole de Washington pour New York. Et il est encore une fois le premier dirigeant étranger à se rendre au chevet de la ville meurtrie. Mais voilà, les New-Yorkais ont l'esprit bien trop occupé ailleurs pour apprécier la visite. C'est tout juste d'ailleurs s'ils la remarquent... Et pourtant, par un de ces « coups » qu'affectionnent les communicants de l'Élysée toujours à l'affût d'images gratifiantes, Chirac va survoler en hélicoptère les ruines encore fumantes du *World Trade Center*. Vu du ciel, *Ground Zero* est une plaie béante. Le chef de l'État paraît ému, et même bouleversé. À ses côtés, dans l'hélico, Rudolph Giuliani, le maire de New York. En France, cette image de Chirac en compagnie de Giuliani, en pleine action sur les lieux mêmes où se focalise l'attention de la planète (tandis que Jospin « garde la boutique » à Paris), vaut de l'or pour le Président. Ce dernier, bien qu'il ne se soit pas encore officiellement déclaré, n'a-t-il pas entamé sa campagne pour sa réélection en mai 2002 ? Le coup est d'autant plus réussi que Rudy Giuliani, le « maire courage » qui, le 11 septembre et les jours suivants, a exhorté au calme ses administrés, galvanisé les sauveteurs, et réconforté les familles de victimes, est devenu une véritable icône. Sang-froid, efficacité et dévouement, tout en étant capable de rester maître de la situation : autant de qualités que le Président-candidat souhaiterait lui-même incarner...

« AUJOURD'HUI, LES TALIBAN VONT PAYER LE PRIX »

Kaboul (Afghanistan). Dimanche 7 octobre 2001

Il est 20 heures à Kaboul (18 heures à Paris). Il fait déjà nuit noire au pays des Taliban. Ces islamistes rigoristes font régner la charia sur une population exsangue après vingt-cinq ans de conflit ininterrompu : contre l'Armée rouge soviétique d'abord, entre « seigneurs de la guerre » rivaux ensuite. Soudain des éclairs illuminent le ciel au-dessus de la capitale afghane : les obus traceurs de la défense antiaérienne. Des explosions retentissent. La chaîne arabe Al-Jezira, devenue célèbre depuis les attaques terroristes du 11 septembre contre New York et Washington, est la seule télévision internationale présente sur place. Elle retransmet en direct de drôles d'images : stries verdâtres sur fond noir, entrecoupées de flashes blancs. Mais tout le monde a compris leur signification. L'heure de la riposte américaine contre Al-Qaida et ses protecteurs taliban a sonné. L'opération *Enduring Freedom* (« Liberté immuable ») a commencé. Les premières frappes visent simultanément Kaboul, Jalalabad et Kandahar, fief du mollah Omar, le numéro un afghan. Bases aériennes, casernes, camps d'entraînement, sites de DCA : tout vole en éclats. Pour cette salve inaugurale – début d'une longue série – une cinquantaine de missiles Tomahawk ont été tirés depuis des navires américains croisant dans l'océan Indien, ainsi que par un sous-marin britannique. Des raids aériens ont été menés par des chasseurs F-18 engagés par deux porte-avions nucléaires de l'US Navy. Les terrifiants bombardiers B 52, épaulés par des avions furtifs B 2, ont également participé aux attaques. La puissance de feu, l'écrasante supériorité technologique des États-Unis s'abat sur Oussama Ben Laden, l'émir islamiste qui a planifié les attentats contre les Twin Towers et le Pentagone, et le régime taliban. À Kaboul, sous les bombes, les Taliban dénoncent cette... « attaque terroriste » américaine. Et s'affirment prêts à riposter.

Loin, très loin de l'Afghanistan, un homme au ton grave et décidé, arborant au veston un pin's en forme de drapeau américain, s'adresse aux caméras : « Sur mes ordres, l'armée des États-Unis a commencé des frappes contre les camps d'entraînement terroristes d'Al-Qaida et les installations militaires du régime des Taliban. » Ce dimanche 7 octobre, George W. Bush a « sa » guerre, comme son père dix ans plus tôt. Il a pris soin de déclencher la vengeance de l'Amérique moins d'un mois après qu'elle eut été meurtrie. Il était exclu de laisser passer le 11 octobre, qui aurait immanquablement ramené les esprits à la date fatidique, sans avoir agi. « Aujourd'hui, martèle le Président, les Taliban vont payer le prix. »

GUÉGUERRE ÉLYSÉE/MATIGNON

Mais, pour l'heure, la guerre d'Afghanistan provoque des dommages collatéraux à... Paris. La crise va faire tanguer une cohabitation déjà passablement « durcie » à l'approche de l'élection présidentielle du printemps 2002. Ce dimanche, en fin d'après-midi – à 17 h 30 très exactement – Jacques Chirac a reçu un coup de téléphone de Bush. Ce dernier, qui a joint auparavant certains dirigeants étrangers dont son « loyal ami » Tony Blair, informe Chirac du déclenchement de l'offensive. Une demi-heure, pas plus, avant les premières bombes sur Kaboul. « Il ne fallait pas y voir une mauvaise manière, assure un proche du chef de l'État : la France n'était pas, à ce moment-là, un allié de premier rang dans *Enduring Freedom.* » L'Élysée prévient ensuite Matignon. Le message a-t-il été diffusé assez vite ? On peut en douter. En effet, à l'instant où les images du bombardement apparaissent sur Al Jezira, le ministre de la Défense, Alain Richard, est interviewé sur le plateau de la chaîne info LCI. Laquelle reprend en direct la chaîne arabe. Devant le spectacle des explosions, le ministre a l'air interloqué de celui qui découvre que la guerre vient d'éclater. Alain Richard, socialiste tempéré et amateur de cigare, menant une cohabitation plutôt paisible avec l'Élysée, se reprend vite, laissant habilement entendre qu'il était, bien sûr, au courant de l'imminence du conflit...

Dans la soirée, Chirac prononce une déclaration télévisée. Courte, mais très claire : les forces françaises, annonce-t-il, « participeront » aux opérations. « Les États-Unis, révèle le Président, nous ont présenté de nouvelles demandes de participation militaire. Nous assumerons notre part dans un esprit de solidarité et de responsabilité. » Entendant cela, Lionel Jospin est surpris et furieux. Certes, le chef de l'État est aussi celui des Armées. Certes encore, Paris joue un (modeste) rôle dans la guerre. Dans les derniers jours de septembre, en effet, un émissaire de l'Élysée, le « sherpa » Jean-Marc de La Sablière, a été reçu par la conseillère à la Sécurité nationale, Condoleezza Rice. Au cours de ces discussions, suivies d'échanges entre les états-majors des deux pays, il a été décidé que la France ouvrirait son espace aérien, ses aéroports et ses ports aux forces américaines. Et qu'elle mettrait en outre deux bâtiments, une frégate et un pétrolier ravitailleur, au service de l'armada de l'US Navy dans l'océan Indien.

Mais là, dans son allocution télévisée, le Président envisage d'aller beaucoup plus loin. Or, en période de cohabitation, estime le pointilleux Premier ministre, une telle décision doit être gérée de concert par l'Élysée et Matignon. Jospin, qui compose avec une majorité tirant à hue et à dia, est beaucoup moins va-t-en-guerre que le Président. Avec d'un côté des communistes et des Verts vent debout contre l'intervention et, à l'autre extrémité, un Chevènement favorable à une « riposte légitime », la gauche plurielle fait le grand écart. Du coup, si Jospin est d'accord pour un soutien politique aux États-Unis, il refuse de s'engager trop vite sur la voie d'une participation militaire. Surtout, le leader socialiste, qui a lui aussi la présidentielle en ligne de mire, juge que Chirac tire décidément trop la couverture à lui.

Face au monde de la guerre, il est difficile d'imaginer deux dirigeants aussi dissemblables que Lionel Jospin et Jacques Chirac. Le premier, ancien militant trotskiste, qui a une approche intellectuelle de la politique, n'a d'évidence aucun penchant pour la chose militaire. Il en va tout autrement pour le second. Chirac a un souvenir fort de sa période militaire : il a servi pendant la guerre d'Algérie, comme sous-lieutenant au 11e régiment de chasseurs d'Afrique (et est décoré de la Croix de la valeur militaire). Bien qu'il ne soit guère disert sur le sujet, ce passé l'a marqué.

L'amiral Jacques Lanxade, chef d'état-major des armées entre 1991 et septembre 1995, a ainsi côtoyé Chirac dans un contexte de crise armée : il en conserve un souvenir « tonique ». Au printemps 1995, des casques bleus français en Bosnie avaient été faits prisonniers par des miliciens serbes. Ces soldats étaient retenus en otages, et leurs camarades ne pouvaient pas agir pour les libérer. L'armée était humiliée... et Chirac en proie à une colère noire. « Le Président, se souvient Lanxade qui fit les frais de cet éclat, tempêtait et pestait contre ces militaires qui, disait-il, ne pouvaient pas se battre ! » Tel un général d'Empire, impulsif, Chirac exigeait de l'action. Du coup, lorsqu'un jeune lieutenant français servant sous les couleurs de l'ONU à Sarajevo réussit plus tard un « fait d'armes » en reprenant aux Serbes le pont de Verbania, le Président devint fou de joie. Plus d'une fois, le très policé Jacques Lanxade – ancien homme de confiance de François Mitterrand dont il dirigea l'état-major particulier pendant la guerre du Golfe – frôlera la rupture avec Chirac. « Il voulait en permanence tout savoir. Connaître en détail les positions des uns et des autres sur le terrain. Il descendait jusqu'au niveau de la section, exigeait d'être informé, téléphonait sans cesse pour donner des ordres. Lors de telles crises, les officiers généraux devaient lui rendre compte pour un oui ou pour un non. »

Voilà l'homme qui, au moment où se profile en Afghanistan l'offensive terrestre annoncée après la phase de pilonnage aérien, bout d'impatience d'engager l'armée française. Après la Bosnie, et surtout le Kosovo – deux conflits où le partenariat Chirac/Clinton a joué un rôle déterminant – la campagne afghane serait l'occasion d'asseoir, une fois pour toutes, le statut de puissance militaire de la France aux yeux des Américains et des Britanniques. Car, selon les gradés de l'état-major à Paris, c'est bien là que réside l'enjeu. Ils font passer le message au Président : s'il y a de la « castagne » en Afghanistan, il faut « en être », et pouvoir faire jeu égal avec les éternels rivaux anglais. « Dans les conflits modernes, explique une source militaire, l'armée américaine est *la* référence absolue. En combattant à leurs côtés au sein d'une coalition, on apprend et on progresse énormément. Sinon, on reste au bord de la route. »

Jacques Chirac est ouvert à de tels arguments. N'est-il pas le « père » de l'armée professionnelle ? C'est lui qui a voulu et mis en œuvre cette réforme audacieuse, signant l'arrêt de mort de l'armée de conscrits, véritable pilier de la mythologie républicaine. L'ancien lieutenant d'Algérie a été « instruit » par l'expérience de la guerre du Golfe. « À l'époque, rappelle un ex-général, Paris s'est montré incapable d'aligner plus d'une demi-division (10 500 hommes pour le dispositif Daguet), là où il aurait fallu *jouer* un corps expéditionnaire de 20 000 à 30 000 hommes. Mais voilà, Mitterrand se refusant à envoyer des appelés dans le Golfe, il a fallu piocher des engagés à droite et à gauche dans les régiments, pour bâtir de toutes pièces un détachement valable ! » Mais le « bricolage » ne s'arrêtait pas là. Exemple : contrairement à leurs collègues américains, les pilotes français des chasseurs-bombardiers Jaguar ne disposaient pas de système de navigation suffisamment performant pour la région. « Du coup, se souvient un aviateur, un général de la Force aérienne tactique s'est rendu en personne chez un *shipchandler* marseillais pour y acquérir des équipements GPS conçus pour les plaisanciers. Les Français ont monté ces boîtiers sur leurs tableaux de bord, et vogue la galère ! L'incroyable, c'est que ce système a fonctionné. »

LE PINAILLAGE DES MILITAIRES FRANÇAIS

Avec l'armée professionnelle, plus compacte, aguerrie et – en tout cas sur le papier – mieux équipée, cette situation devrait être révolue. De fait, lors de la guerre du Kosovo au printemps 1999, les Français ont fait mieux que tenir leur rang. Avec une centaine d'avions déployés dans l'opération *Allied Forces*, ils ont assuré 20 % des missions de reconnaissance, et 10 % des missions de combat. Ce qui les place au deuxième rang, derrière les Américains, mais loin devant des membres de l'OTAN tels que les Britanniques, les Hollandais... Voilà pourquoi les États-Unis, ainsi que l'a annoncé Chirac le 7 octobre, apprécieraient hautement un appui accru de la France en Afghanistan. En réalité, la demande émane plutôt des « politiques » de Washington. Car, au Pentagone, les sentiments sont mitigés. Certes, on reconnaît aux Français de solides qualités « techniques ». La réputation des forces spéciales du COS (Commandement des opérations spéciales), en particulier, est à la hauteur de celle des SAS britanniques. Mais il y a un « mais » : les exigences des Français, lorsque ceux-ci participent à une coalition type Kosovo, agacent terriblement les Américains.

Où est le problème ? « C'est le *Rep France* le problème, explique une source militaire. Le *Rep France*, c'est un officier général chargé de représenter le chef d'état-major des armées. Il est là pour s'assurer que les opérations menées par la Coalition sont conformes à l'esprit dans lequel Paris s'est engagé. Concrètement, cela implique que nous ayons notre mot à dire sur le choix des cibles à bombarder. » Voilà qui fait tiquer les généraux américains. Ces derniers, placés à la tête de coalitions où leurs troupes dominent largement, exigent la maîtrise absolue du commandement, d'un bout à l'autre de la chaîne. Seule la bonne entente Clinton/Chirac a permis de surmonter ce différend, et de mettre sur pied une coalition qui devait se révéler très efficace.

Pendant la guerre du Kosovo, le *Rep France* veille à Vicenza, petite ville au nord de l'Italie qui abrite le Quartier général de l'opération Allied Forces. Pour remplir ce rôle, un général d'aviation, Jean-Patrick Gaviard, pilote de chasse de formation. À plusieurs reprises, durant la campagne de bombardements sur la Serbie, Gaviard va ordonner aux équipages français, depuis sa *War room* bourrée d'écrans de contrôle ultrasophistiqués, de faire demi-tour et de larguer leurs bombes dans l'Adriatique. Motif : l'objectif désigné par les Américains n'était pas « politiquement correct » aux yeux des responsables français (parmi lesquels... l'Élysée). Soit qu'il y ait un hôpital, ou une école, tout proches. Soit aussi – c'est vraiment arrivé – que la cible désignée par le QG allié fût un aérodrome où venait de se poser un émissaire russe ! Ce genre d'accrochages a mis hors d'eux bien des officiers de l'US Air Force, habitués à pester contre le « pinaillage » des « frenchies ». D'un autre côté, glissent non sans malice des « anciens » du Kosovo, les Français, au moins, n'ont pas commis les énormes bavures des pilotes américains : ces derniers ont bombardé, à Belgrade, l'ambassade de Chine et la Tour de la télévision nationale serbe ! Avec chaque fois des victimes civiles.

Les réticences de Rumsfeld – et celles de Jospin – ne sont pas les seuls obstacles à une participation militaire en Afghanistan. En effet, les succès des forces aériennes au Kosovo sont un peu comme l'arbre qui cache la forêt. Car l'armée française, en cet automne 2001, n'est guère flambarde. Plusieurs années consécutives de restrictions budgétaires, de reports ou annulations de programme, ont causé des dégâts. On ne compte plus les hélicoptères hors d'état de voler ou les navires incapables de prendre la mer pour cause de manque de pièces de rechange ; on manque d'avions de transport à long rayon d'action, et ceux qui existent sont à bout de souffle ; la France détient des stocks entiers d'armes nucléaires de dissuasion empilées au temps de la Guerre froide, mais elle n'a pas de missiles de croisière équivalant au Tomahawk ; quant au « fleuron » de la marine, le porte-avions nucléaire *Charles de Gaulle*, qui a enfin été déclaré opérationnel après avoir subi force avaries et avanies, il est immobilisé à Toulon jusqu'à la fin de l'année ! À propos de ce bâtiment, qui a cumulé les retards de mise en service et les dépassements de budget, Chirac aurait, paraît-il, grommelé : « Il flotte, c'est déjà ça... » Mais il reste heureusement quelques atouts.

DANS LE ROSE GARDEN

Ces atouts, Jacques Chirac, qui s'envole le 5 novembre pour Washington, compte bien les faire miroiter à George Bush, qui doit le recevoir le lendemain. Depuis sa dernière visite, sept semaines plus tôt, le décor a changé : dans le parc de la Maison Blanche, où filent les écureuils, les feuillages des arbres ont roussi. Un soleil d'hiver éclaire de ses rayons obliques le Bureau ovale. L'atmosphère aussi a changé. En septembre, l'heure était à l'émotion, la compassion et la solidarité. Chirac jouait sur le registre de l'ami fidèle venu réconforter un proche dans la peine et la douleur. Cette fois, Bush tient le langage guerrier du commandant en chef dont l'armée est au combat. Il attend de ses alliés qu'ils serrent les rangs... et qu'ils s'engagent. Sur le terrain, en Afghanistan, l'offensive terrestre succède à la phase aérienne. Le verrou de Mazar-e Charif, au nord, est sur le point de céder. Kaboul suivra le 13 novembre. Pour les Taliban, c'est bientôt la débandade. À Washington, la semaine qui s'ouvre pour le Président américain a tout de la revue d'effectifs : juste avant ou après Chirac, Bush doit recevoir l'Algérien Abdelaziz Bouteflika, l'Anglais Tony Blair, le roi Mohammed VI du Maroc, les dirigeants du Koweït, du Brésil, d'Irlande et de l'Inde...

Dans le Bureau ovale, Jacques Chirac se lance dans une de ces grandes démonstrations comme il les aime. Thème du jour : les équilibres fragiles au Moyen-Orient. « Prenons garde, avertit-il en substance son hôte, de ne pas rompre ces équilibres par une action intempestive au nom de la lutte légitime contre le terrorisme. Il faut certes traiter le mal et le combattre, mais il faut aussi s'attaquer aux racines du mal, au terreau des fanatiques. » C'est-à-dire, traduit du langage chiraquien, le sentiment de frustration et d'humiliation éprouvé par les Arabes face au fameux « deux poids/deux mesures » : on punit le régime afghan, demain peut-être la Syrie, le Yémen ou l'Irak, alors qu'on ne bouge pas le petit doigt pour régler le problème israélo-palestinien. « En fait, témoigne un participant, Chirac avait compris que l'administration Bush ne se limiterait pas à l'Afghanistan. Il se demandait où elle prévoyait d'agir par la suite, et espérait donc sonder George Bush. Surtout, il redoutait que les Américains n'aillent casser de la porcelaine au Moyen-Orient. » Pendant que son hôte discourt, et discourt encore, se donnant des airs de professeur faisant la leçon à un cancre, Bush lui se tait, un sourire un brin goguenard aux lèvres. Il ne sortira pas de son silence, sauf pour quelques marmonnements de politesse. Drôle d'ambiance.

Un déjeuner de travail attend les deux hommes. Mais avant, ils se retrouvent dans le Rose Garden pour une conférence de presse. Un rituel à l'américaine, décontracté, en plein air, parmi les roses et les chrysanthèmes. Après les amabilités d'usage – Bush remerciant son « ami personnel » Jacques Chirac, ce dernier saluant « le calme et la détermination » de son hôte – on passe aux choses sérieuses. Le chef de l'État annonce que 2 000 soldats français sont « engagés dans l'action militaire » en Afghanistan. Mais il ne fournit aucun détail, ne précise pas si ce chiffre englobe les marins dans l'océan Indien, ou encore les « marsouins » en phase de déploiement au nord de l'Afghanistan. Certains se demandent s'il ne s'agit pas avant tout de « contrer » les Allemands, qui ont pris les Français de vitesse en annonçant eux l'envoi de 4 000 hommes sur le terrain... mais étalé sur plusieurs mois ! Chirac aimerait aborder le volet géopolitique. Mais le déjeuner attend. Bush donne des signes d'impatience : « Encore une question ? » demande-t-il, en se tournant vers son hôte. « *You are the boss* » (Vous êtes le chef), lui répond Chirac. « Parfait. Alors, passons à table », conclut Bush. Ce jour-là, les Français n'auront pas appris grand-chose à la Maison Blanche.

Entre-temps, à Paris, les militaires s'activent. Le problème, c'est que la « guéguerre » de tranchées opposant Matignon à l'Élysée a fait perdre un temps considérable. Le général Jean-Pierre Kelche, chef d'état-major des armées, a achevé depuis belle lurette sa planification opérationnelle lorsque cette dernière commence enfin à être mise en œuvre. Or, ces retards vont se payer cash : des soldats d'élite français, des « marsouins », se retrouvent bloqués de longs jours durant sur une base perdue d'Ouzbékistan, alors que les Américains les réclament d'urgence en Afghanistan pour tenir le point clé de Mazar-e Charif ! Les médias feront naturellement des gorges chaudes de cet épisode burlesque. Militaires, diplomates, politiques : tous se renverront dos à dos la responsabilité de ce douloureux « raté ». Une certitude : les Français ont très mal négocié l'octroi de bases arrière, tant avec les Américains qu'avec les nouveaux amis de ces derniers en Asie centrale. « Voilà ce qui s'est réellement passé, confie une source militaire qui n'en est toujours pas revenue : nous avions bien planifié notre installation en Ouzbékistan, afin de monter à partir de là une tête de pont vers Mazar-e Charif. Ce que nous n'avions pas prévu en revanche, c'est que nous aurions affaire à un régime ouzbek aux méthodes de voyous. Ce n'était pas un gouvernement, mais une bande de malfaiteurs. Ils ont tenté de nous racketter, en exigeant la création de toutes pièces d'un aéroport. Et il aurait fallu en plus qu'on paye la location avec des valises de liquide ! » Finalement, les Français implanteront leur base arrière au Tadjikistan, un joyau de civilisation à côté des Ouzbeks...

« SIMPLISME » DES UNS, « VAPEURS » DES AUTRES

Washington. Congrès des États-Unis. Mardi 29 janvier 2002

Il y a au moins deux personnes qui frémissent de contentement lorsqu'elles entendent George W. Bush prononcer ces mots dans l'enceinte solennelle du Congrès des États-Unis : « La Corée du Nord, l'Iran, l'Irak et leurs alliés terroristes constituent un axe du mal qui menace la paix dans le monde. » Le discours sur l'État de l'Union, formalité annuelle que le Président accomplit par devoir, n'est généralement pas le cadre privilégié pour annoncer de grandes idées politiques, et encore moins pour lancer des anathèmes guerriers. Mais quatre mois après le 11 septembre, et quelques semaines après la victoire en Afghanistan, Bush, qui s'exprime peu en public, entend profiter de l'occasion pour lancer la « deuxième phase » de la « guerre contre le terrorisme ». Une phase qui se réduira bientôt à un simple mot : Irak.

Les deux hommes qui se réjouissent tout particulièrement en écoutant Bush sont David Frum et Paul Wolfowitz. Le premier est un journaliste conservateur canadien d'une quarantaine d'années appartenant à l'équipe des *speechwriters* (plumes) chargée des discours du Président. C'est lui qui a « inventé » cette expression « axe du mal » qui va faire tant de bruit. À la fin du mois de décembre, Michael Gerson, le responsable des discours de Bush, est venu le trouver dans son petit bureau du Old Executive Office Building, bâtisse victorienne où œuvrent la plupart des fonctionnaires de la Maison Blanche qui n'ont pas besoin d'être en liaison permanente avec le Président. « David, nous devons commencer à réfléchir au discours du Président, lui annonce-t-il. J'ai besoin que tu me résumes en une ou deux phrases notre meilleure justification pour attaquer l'Irak. »

Frum se met immédiatement au travail. Il étudie les discours d'un autre président en guerre, Franklin Delano Roosevelt. Surtout son adresse à la nation, juste après l'attaque de Pearl Harbor en décembre 1941, où il évoque ce « jour d'infamie ». Pour Frum, « Roosevelt avait le même problème que nous : les États-Unis venaient d'être agressés par le Japon, mais la menace suprême provenait de l'Allemagne nazie ». Dans cette logique propre à beaucoup de néo-conservateurs, Al-Qaida c'est le Japon et Saddam, Hitler...

David Frum, qui possède la plume acérée d'un bon polémiste, imagine l'expression « axe de la haine » pour caractériser le lien très hypothétique entre l'Irak et les terroristes islamistes. Michael Gerson, un ancien théologien qui est comme Bush un chrétien évangélique, transforme la phrase en « axe du mal ». La référence à « l'empire du mal » cher à Ronald Reagan est implicite, mais surtout, cette nouvelle tournure prend une résonance religieuse bien plus puissante, qui plaira à Bush. Les deux hommes poursuivent pendant plusieurs jours leur travail sur le discours du Président dans un café Starbucks du centre-ville, qui sert de point de ralliement à toute la clique néo-conservatrice des *think tanks* de Washington. Ils soumettent des brouillons à Condoleezza Rice et à son équipe, qui décident d'inclure l'Iran dans « l'axe du mal ». Puis, après quelques discussions, ils rajoutent la Corée du Nord, histoire de ne pas dénoncer uniquement des pays musulmans. Avec ces trois pays, la trinité est complète et Bush peut prononcer son discours.

Le coup de semonce à l'attention de ce triptyque d'« États-voyous » ne passe pas inaperçu. Dès le lendemain, il fait les gros titres de la presse dans le monde entier. Les Européens lèvent les yeux au ciel. Les pays, comme le Japon ou la Corée du Sud, qui tentent des percées diplomatiques avec l'Iran et les Nord-Coréens, ont l'impression qu'on les poignarde dans le dos. Un haut diplomate français, proche de Chirac et d'ordinaire mesuré, résume la pensée hexagonale : « Mettre ces trois pays ensemble, c'est une connerie ! Ce n'est ni utile, ni intelligent ! Parler en termes de bien et de mal est réducteur. S'il y a un axe du mal, c'est qu'il y a un axe du bien. Et si les États-Unis sont le bien, cela signifie qu'ils peuvent détruire le mal comme bon leur semble, peu importent les méthodes. » Hubert Védrine sort, lui, des usages policés de la diplomatie et fustige la vision américaine : « Simpliste », assène-t-il. Le ministre des Affaires étrangères ne mâche pas ses mots. Il s'attire en retour une réplique cinglante de Colin Powell : « Monsieur Védrine a ses vapeurs ! » On a peut-être connu pires mouvements d'humeur dans les annales de la diplomatie, mais tout de même, entre deux pays qui se disent alliés, qui combattent côte à côte en Afghanistan et dont les Présidents s'appellent par leurs prénoms, la charge mutuelle est rude.

Pendant que les noms d'oiseaux volent au-dessus de l'Atlantique, David Frum perd son job. Ce n'est pas faute d'avoir accompli du bon travail, bien au contraire, mais un *speechwriter* doit savoir rester discret. Les mots du Président lui appartiennent en propre, quel que soit le nègre les ayant couchés sur le papier. Or la femme de David Frum, emplie de « fierté conjugale » devant le succès de la prose de son époux, vend la mèche. Elle envoie un e-mail à une quinzaine d'amis pour vanter le talent de son mari. Bien entendu, ce message se retrouve sans tarder à la Une d'un journal sur Internet, ce qui irrite au plus haut point la Maison Blanche. Exit David Frum, qui sera le premier « sortant » de cette administration à publier un livre un an plus tard. Relativement respectueux de Bush, il dresse néanmoins ce portrait acerbe de son ancien patron : « Le Président est parfois dogmatique ; souvent peu curieux et par conséquent mal informé ; bien plus conventionnel dans sa façon de penser que ne devrait l'être un chef d'État. »

Du bon usage des armes de destruction massive

Le deuxième homme qui se frotte les mains lors du discours de Bush sous la coupole du Capitole, c'est Paul Wolfowitz. Le secrétaire adjoint à la Défense n'a pas été informé au préalable du contenu de l'allocution, mais c'est une heureuse surprise. Car c'est lui qui, dans les minutes suivant les attentats du 11 septembre, confie à son équipe : « Saddam Hussein est probablement impliqué là-dedans. » Lui encore qui, le 15 septembre 2001, dans la résidence présidentielle de Camp David, à portée d'hélico de la Maison Blanche, explique à Bush qu'« il faut songer à l'Irak ». Lui toujours qui, les mois suivants, remet sur le tapis la théorie jamais étayée d'une universitaire conservatrice, Laura Mylroie, selon laquelle Saddam Hussein aurait orchestré l'attentat contre le World Trade Center de 1993. Bref, Wolfowitz est depuis des mois, voire des années, aux avant-postes de la dénonciation anti-Saddam. Et voilà que le train de l'action présidentielle s'arrête devant sa porte. Le chroniqueur ultra-conservateur du *Washington Post*, Charles Krauthammer, ne s'y trompe pas : « Ce discours concernait entièrement l'Irak. S'il existait un débat interne au sein de l'administration sur la question irakienne, il est terminé. Ce discours s'est arrêté à un cheveu de la déclaration de guerre. »

Comme le constate Wolfowitz au fur et à mesure que Bush progresse dans son allocution, interrompue toutes les vingt secondes par les applaudissements des élus, le Président – ou ses *speechwriters* – se sont approprié ce que le Pentagone a mis sur le tapis les mois précédents : la dissémination des armes de destruction massive (ADM) pose un grave danger pour la sécurité des États-Unis. Cette nouvelle thématique a fait son apparition depuis peu dans les interventions publiques des hiérarques de l'administration, en particulier chez Donald Rumsfeld : « Il est raisonnable d'envisager qu'Oussama Ben Laden ait accès à des armes chimiques et bactériologiques », déclare-t-il lors d'une interview en novembre. Ces remarques, qui passent alors relativement inaperçues dans la paranoïa ambiante régnant aux États-Unis, ne sont que le premier étage d'une nouvelle rationalisation de la lutte contre le terrorisme, qui « permet à la Maison Blanche de détourner l'attention du public des efforts pénibles et frustrants pour attraper des terroristes sans adresse fixe (où se cache Ben Laden ?), vers le terrain plus familier des États conventionnels susceptibles de posséder des ADM », selon le journaliste-écrivain James Mann.

Wolfowitz est ravi. Il n'a aucun état d'âme à ce sujet. Seule la fin compte, qu'importent les moyens. Il laissera échapper plus tard face à un reporter de *Vanity Fair* qui le cuisine : « La vérité, c'est que pour des raisons qui ont beaucoup à voir avec la bureaucratie gouvernementale, nous avons choisi la solution sur laquelle tout le monde tombait d'accord : les armes de destruction massive seraient “la” bonne raison pour envahir l'Irak. » Autrement dit, la justification de la guerre serait fondée sur des critères administratifs, et le discours sur l'état de l'Union est la première pièce de ce dispositif visant à convaincre les Américains que, pour assurer leur propre sécurité, ils doivent marcher sur Bagdad.

Trois jours plus tard, le 1er février, Donald Rumsfeld reçoit discrètement le général Tommy Franks dans son bureau du Pentagone. Cela fait maintenant deux mois que le commandant en chef des forces en Asie et au Moyen-Orient bûche sur la révision des plans d'invasion de l'Irak. Ce jour-là, il est en mesure de proposer à son patron la charpente d'une opération unilatérale qui n'engagerait que les États-Unis...

UNE NOUVELLE ÉQUIPE À PARIS

Sainte-Mère-Église (Normandie). Lundi 27 mai 2002

Midi à Sainte-Mère-Église, village symbole du Débarquement. Printemps incertain. Les averses n'ont pas cessé de la matinée. Enfin une éclaircie. Dans l'alignement du clocher, où pend l'inamovible mannequin du parachutiste tombé là le 6 juin 1944, apparaissent deux gros hélicoptères : verts au toit blanc, frappé de l'aigle américain. À bord de *Marine one*, George et Laura Bush, flanqués de leur garde rapprochée, vont entrer en scène. Durant le vol, le chef de la Maison Blanche, arrivé la veille à Paris, dans le cadre d'une tournée européenne qui l'a également conduit en Allemagne, en Russie et en Italie, n'a pas été dérangé par les banderoles brandies, au sol, par des poignées de manifestants : « Bush, c'est toi le terroriste » ; « Bush et Chirac, ne bombardez pas l'Irak. » George Bush est président depuis un an et demi déjà, mais c'est sa première visite en France. Une si longue attente en dit beaucoup plus sur l'état réel des rapports entre Paris et Washington que les formelles protestations d'amitié qui fusent de part et d'autre. L'émotion qui a tout submergé aux heures terribles du 11 septembre, la solidarité manifestée par la suite, ont masqué les aspérités et les incompréhensions vraies ou feintes qui sont la marque de fabrique de la relation transatlantique. Mais, de plus en plus, ce vernis craque. Dernier accroc en date : la campagne menée aux États-Unis contre un prétendu « antisémitisme » des Français. Chirac, qui fut le premier Président de la Vᵉ République à reconnaître la responsabilité de l'État et à demander « pardon » aux Juifs, pour la rafle du « Vel d'Hiv » et l'action de Vichy, a été blessé par ces accusations.

En Normandie, lieu symbolique de la mémoire commune, l'heure est à l'union sacrée. Accueilli à sa descente d'hélico par Jacques et Bernadette Chirac, le couple Bush s'engouffre dans une Lincoln blindée spécialement amenée de Washington. Le trajet vers l'église, pour un office de commémoration, est avalé en deux minutes chrono, sous la protection des cow-boys des *Secret Service,* et sous le regard acéré des tireurs d'élite postés sur les toits. Hôte rare, George W. Bush a cependant choisi son jour : ce lundi 27 mai est le *Memorial Day*, journée du souvenir pour tous les Américains morts au combat depuis l'Indépendance. C'est la première fois qu'un Président américain la passe hors du territoire des États-Unis. Chirac apprécie le geste. Les étendards étoilés, le « Glory glory alleluia » claironné dans la nef ainsi que les discours d'un vétéran de la 82ᵉ Airborne et d'un jeune aumônier de l'US Army, donnent parfaitement le change : on se croirait à une cérémonie au cimetière militaire d'Arlington à Washington.

Dans son allocution, Bush trace un parallèle entre la guerre contre le nazisme et celle qu'il mène depuis neuf mois contre le terrorisme : « Nous défendons notre liberté contre ceux qui ne supportent pas la liberté et cette défense nécessitera un sacrifice égal à celui de nos ancêtres. » Chirac lui répond sur le même registre, comme pour couper court aux bruits de frictions entre les deux hommes : « Chaque fois que l'essentiel est en jeu, vous pouvez compter sur nous comme nous savons pouvoir compter sur vous. » Mais, la veille, lors de la conférence de presse commune à l'Élysée, tout le monde a bien noté que les deux hommes s'agacent mutuellement : Bush en rajoutant dans son registre de matamore, sous le regard d'un Chirac se drapant, du coup, dans son habit de « vieux sage » un brin pompeux. L'absence de connivence entre eux transparaît clairement. Ils font l'effort de se sourire et de se complimenter, mais le courant ne passe pas. À une question adressée à Chirac afin de savoir s'il n'avait pas sous-estimé son hôte, Bush répond avec un sourire en coin : « Comme tout le monde... » Puis il enchaîne en ironisant sur ses difficultés à mémoriser les longues questions tortueuses qui lui sont posées : C'est ce qui arrive quand vous dépassez cinquante-cinq ans ! » Si l'Américain trouve la repartie amusante puisqu'il vient de fêter son cinquante-cinquième anniversaire, Chirac rit jaune. Non seulement il a dépassé les soixante-dix ans, mais son âge était devenu un enjeu conflictuel de la campagne présidentielle française après les confidences de Lionel Jospin sur celui qu'il trouvait « usé et vieilli ». Bush n'était probablement pas au courant de la sensibilité du sujet, mais cette gaffe n'est pas faite pour rapprocher les deux hommes. Surtout que le Président américain continue comme si de rien n'était et, dans un accès d'arrogance, se moque du journaliste de la chaîne américaine NBC qui fait l'effort de poser une question en français : « Très bien ! Le type mémorise quatre mots et se la joue intercontinentale... » En se moquant de l'âge du capitaine et de la francophonie « W. » ne risque pas de se faire un ami de son « cher Jacques ».

De fait, ce dimanche soir, Chirac ne réserve à Bush qu'un dîner de travail classique. Non pas un dîner d'État, réception officielle sous les ors et les lustres de la magnifique salle des fêtes du palais de l'Élysée, en présence d'une centaine d'invités du monde politique, des affaires et du show-biz, comme on en donne trois à quatre fois par an en l'honneur d'hôtes prestigieux – de son vivant, l'acteur américain Gregory Peck, ami personnel de Jacques Chirac, était par exemple un habitué de telles agapes. Ni un repas intime et convivial, à l'image de celui qui avait réuni, au printemps 1996, les couples Chirac et Clinton au restaurant « L'Ambroisie », une des tables les plus prestigieuses de la capitale. « Bill et Hillary avaient fait spécialement un crochet depuis Lyon où s'était tenu le sommet du G7, raconte le journaliste Thomas Sancton, ancien correspondant à Paris de *Time Magazine*, coauteur de *Dear Jacques Cher Bill*. Les convives se laissèrent gagner par l'atmosphère, tant et si bien qu'il fallut modifier le plan de vol du Jumbo Air Force One, qui attendait à Orly, réacteurs allumés, prêt à décoller pour ramener le couple présidentiel aux États-Unis. Il y avait une alchimie entre Chirac et Clinton, que le premier ne retrouvera pas avec le successeur du second. »

Avec Bush, le dîner dure moins de deux heures, dans le salon des Aides de camp de l'Élysée. Cette fois non plus, il ne sera pas vraiment question de l'Irak. « Nous avons survolé les grands dossiers du moment, se souvient un participant. Le Moyen-Orient figurait au menu, mais c'est essentiellement le Président français qui en a parlé, avec en particulier un très long exposé sur le Liban et la Syrie. » Jacques Chirac, qui se pique de connaître – et comprendre – la région, dont il fréquente assidûment certains dirigeants tel le Libanais Rafic Hariri, adore disserter sur le sujet.

Si les sujets ne varient guère, dans l'assistance, en revanche, il y a du changement. Chez les Américains, aux côtés de Bush, Colin Powell et Condoleezza Rice, apparaît le nouvel ambassadeur des États-Unis à Paris, Howard Leach. À la faveur du *spoil system* à l'américaine, cet homme d'affaires richissime (il possède une propriété géante en Californie et une villa de rêve au Mexique), ami et sponsor financier de la famille Bush, a succédé fin 2001 à ce poste à un autre businessman de haut vol, démocrate celui-ci : Félix Rohatyn. Courtois et disponible, mais très discret, Leach ne parle pas la langue de Molière et ne possède pas la même fine connaissance des réseaux du pouvoir en France que son prédécesseur. Et bien moins encore que feu Pamela Harriman, grande prêtresse démocrate qui fut pour beaucoup, à son poste d'ambassadrice entre 1993 et 1997, dans la bonne relation Clinton/Chirac. Si Rohatyn était reçu comme chez lui au Medef, étant à tu et à toi avec le baron Seillière, Leach joue plutôt de la carte mondaine, goûtant les week-ends de chasse dans la propriété berrichonne de la famille d'Ornano. Néanmoins, le poste a perdu de son charme, à cause des mesures draconiennes de sécurité imposées depuis le 11 septembre. Leach ne sort de l'ambassade ou de la résidence, un ancien hôtel particulier de la famille Rothschild rue du Faubourg-Saint-Honoré, que pour s'engouffrer dans sa puissante

Lincoln blindée entourée de motards et gardes du corps...

C'est surtout côté français que l'on note de nouvelles têtes. Et non des moindres ! Autour de Chirac : le nouveau Premier ministre, Jean-Pierre Raffarin, et son ministre des Affaires étrangères Dominique de Villepin. *A priori*, ces changements seraient plutôt des bonnes nouvelles pour Washington. L'inattendu Raffarin, cinquante-trois ans, sénateur quasi inconnu de la plupart des Français eux-mêmes, n'est pas un néo-gaulliste mais un proche de l'ex-président Giscard d'Estaing. Il appartient comme ce dernier à la composante libérale et atlantiste de la droite. C'est, en outre, un homme qui a accompli une partie de sa carrière dans le privé, comme spécialiste du marketing : un profil moins « techno » que la majorité des politiques de l'Hexagone. Villepin, quarante-huit ans, n'est pas seulement l'ancien moine soldat du Président, c'est aussi un amoureux des États-Unis où, jeune diplomate, il fut en poste de 1984 à 1989.

Nicolas Hulot et José Bové

Jacques Chirac aussi a changé. Cela ne se voit pas de prime abord, encore que certains observateurs familiers du Palais aient cru noter un timbre plus grave, une silhouette plus rigide, une solennité inhabituelle dans l'attitude. C'est plutôt la dimension du personnage qui a évolué : le Chirac que retrouve Bush en ce printemps 2002 n'est plus un Président limité par le carcan de la cohabitation. C'est un homme libre : son rival Lionel Jospin a été battu. Mais les circonstances de sa défaite ont provoqué une onde de choc durable. Pour la première fois depuis plus de trente ans, la gauche ne figurait pas au second tour de la présidentielle, scrutin pivot de la Ve République : le 21 avril, le candidat socialiste a été battu au premier tour par le champion populiste d'extrême droite Jean-Marie Le Pen. Ce premier tour dévastateur n'a pas totalement épargné Chirac : bien que sortant, ce dernier n'a même pas atteint le seuil de 20 %. Son camp préfère ne retenir que le second tour du 5 mai, où, la gauche ayant appelé, dans un réflexe républicain, à voter Chirac pour barrer la route à l'extrême droite, celui-ci l'a emporté avec un score « à l'africaine » : 82 % ! Extraordinaire retournement de situation pour un homme qui avait lui-même donné, quelques mois plus tôt, l'impression de ne plus croire en son destin. Qui était critiqué pour son septennat gâché par la dissolution de 1997 et qui se trouvait... guetté par les juges à cause des « affaires ». Pourtant, ses partisans ont beau fêter « Monsieur 82 % », il y a désormais une gravité – réelle ou affichée – chez Chirac, qui affirme avoir senti le désarroi des Français exprimé le 21 avril.

Lui qui souhaite profiter de ce quinquennat de « rattrapage » pour laisser sa trace dans l'Histoire, il va se tourner vers la politique étrangère. Domaine qu'il aborde les mains enfin libres, avec une volonté d'action et des ambitions renouvelées. Où agir ? Vers l'Europe, bien sûr, où la France n'a guère brillé les années précédentes : alors que Giscard avait jeté les bases de la monnaie commune, que Mitterrand avait ancré avec Helmut Kohl la relation franco-allemande et fait voter le traité de Maastricht, Chirac, lui, a souvent agacé ses partenaires européens. Et l'Union, sous la présidence française (1er juillet au 31 décembre 2000), n'a accouché que du médiocre traité de Nice. Chirac entend donc relancer le moteur franco-allemand, et par là même, dynamiser une Europe qui va bientôt passer de quinze à vingt-cinq membres. Les États-Unis, ensuite. Vis-à-vis de l'hyperpuissance, le chef de l'État a son mot clé : « multipolarité ». Ce concept, plus en phase avec un monde compliqué, supplante la doctrine « d'indépendance », forgée sous le général de Gaulle avec le discours de Phnom Penh et le retrait de l'OTAN en 1966. Dans l'esprit du Président et de ses conseillers, un pôle européen renforcé, aux côtés de puissances établies ou émergentes telles que Russie, Chine, Brésil, Inde, Japon et « petits dragons » asiatiques, serait à même de contrebalancer la domination américaine.

Enfin, Chirac devient préoccupé par la survie de la planète, menacée par la pauvreté persistante des pays du Sud, et par la pollution. Désormais, dans les briefings « off » de l'Élysée, on entendra fréquemment parler de réchauffement climatique, et même... de la disparition des mammouths il y a des millénaires ! Cette marotte suscite des commentaires ironiques. Tel celui de cet élu de droite, ancien proche du chef de l'État... et probablement un brin aigri d'être moins en cour : « La doctrine de politique étrangère française est élaborée par Nicolas Hulot, l'écologiste de la télé, ami personnel du Président, et par sa fille Claude, férue de sondages et habile à saisir l'air du temps. On y ajoute une pincée de tiers-mondisme façon Porto Alegre, un zeste de José Bové, et l'on obtient le discours de Johannesburg [septembre 2002] : un mélange d'irénisme avec un côté donneur de leçon à la limite du supportable. » Plus amène, l'eurodéputé centriste Jean-Louis Bourlanges s'amuse, lui, de voir Chirac « changer constamment d'idée fixe ».

LE HUSSARD DU QUAI D'ORSAY

Pour exécuter cette partition, voilà Dominique Marie François René Galouzeau de Villepin, regard gris acier perçant, crinière argentée, physique avantageux du haut de son mètre quatre-vingt-dix. Entré en « Chiraquie » dès la fin des années 70, lorsque, jeune énarque, il concoctait des fiches de politique étrangère à l'intention du maire de Paris (et président du RPR), l'ex-secrétaire général de l'Élysée est passé de l'ombre du palais à la lumière du Quai d'Orsay. Après le fiasco de la dissolution pour laquelle il avait milité (ce qui lui avait valu l'inimitié de Bernadette Chirac qui le surnomme Néron et de bon nombre d'élus de droite battus), il a joué les stratèges et les « boucliers ». Parant les coups des « affaires » et décochant les missiles anti-Jospin. Ses adversaires le soupçonnent d'avoir animé un « cabinet noir » qui aurait aidé à « sortir », entre autres, les révélations sur le passé trotskiste de Lionel Jospin. Il peut en tout cas se targuer d'être un des rares à avoir toujours cru en l'étoile de Chirac, même aux heures sombres de la cohabitation. La victoire de mai est un peu la sienne. « Villepin est un des hommes les plus brillants parmi ceux qui entourent le chef de l'État, confie l'ami écrivain Denis Tillinac. Il me rappelle d'ailleurs, par sa silhouette, son charisme physique, son tempérament explosif, le Chirac des années 60. C'est un bretteur, un hussard, un aigle : la plupart des hommes politiques ont des analyses, Villepin a une vision. C'est un grand espoir de la politique. Un des rares capables de prétendre, un jour, à la succession de Jacques Chirac. »

Une certitude : le nouveau patron du Quai d'Orsay, né au Maroc, grandi au Venezuela et à New York, ne laisse personne indifférent. « Lyrique », « inspiré » ou « exalté » pour les uns, « fébrile », « agité » voire « fou » pour les autres, amateur passionné des poètes qu'il cite à tour de bras dans ses discours, écrivain lui-même à ses heures, sportif courant chaque semaine ses 25 kilomètres, chantre du mouvement et de l'action afin de réveiller une diplomatie ankylosée par la longue cohabitation, DDV va bousculer bien des habitudes au Quai. Lui qui se veut anticonformiste, bien qu'étant issu de l'establishment (il est le fils du sénateur Xavier de Villepin, ancien homme d'affaires), il a pris comme directeur de cabinet un ex-collaborateur de la socialiste Elisabeth Guigou, Pierre Vimont. Et nommé des jeunes gens sans considération partisane, pourvu qu'ils soient à la fois doués et capables de suivre le rythme d'enfer qu'il va leur imposer : cent trente voyages en deux ans au ministère, une vie de globe-trotters. Dans cette vénérable institution, Villepin introduit des mots d'ordre inusités : action, initiative, urgence, résultats. Le tout rythmé par le nom « France », qui revient sans cesse dans la bouche de cet admirateur de Napoléon Ier. Malheur à ceux qui peinent à suivre : le mousquetaire poète devient alors soudard, fustigeant d'un retentissant « connard » tel ou tel collaborateur !...

« Comme Chirac, dit un proche, Dominique a été marqué par le vote du 21 avril, par ce sentiment d'être face à un peuple déboussolé. D'ailleurs, s'il a rêvé un temps du ministère de l'Intérieur, c'était pour panser les plaies de la nation. Alors, quand il a pris les rênes du Quai, c'était aussi pour y obtenir des résultats. » D'où cette diplomatie toute de mouvement, voire de « coups », menée à la hussarde. « Il est très rare, a dit à son propos Jacques Chirac, de rencontrer un homme qui, comme lui, soit à la fois un poète et un commando. »

Le 11 juillet, Villepin s'envole pour une visite-express à Washington. Vingt-quatre heures sur place, pas une minute de plus. Avec une mission bien précise : rétablir avec son homologue Colin Powell des relations mises à mal par les flèches de Védrine sur le « simplisme ». Lors de leurs premières rencontres, à un sommet de l'OTAN à Reykjavik, puis à Paris, les deux protagonistes ont eu un bon contact. Depuis, ils se téléphonent régulièrement. L'allant du Français, issu d'une lignée de militaires, séduit l'ancien général en chef de la guerre du Golfe. D'autant que ses déclarations sont à l'avenant : aux journalistes américains, il confie son « admiration » pour les États-Unis. Et, cerise sur le gâteau, il s'exprime avec aisance en anglais, donne même ses conférences de presse dans cette langue. Cela faisait longtemps qu'un ministre français n'en avait pas fait autant.

À Washington, l'ambassadeur François Bujon de l'Estang et son épouse organisent un grand dîner à la Résidence, sur Kalorama Road. Colin Powell, qui fuit d'ordinaire les mondanités, fait ce soir-là une exception pour « Dominique ». La réception est amicale, chaleureuse, brillante. D'anciennes gloires sont de la partie, comme Zbiniew Brzezinski ou Henry Kissinger. À quatre-vingts ans passés, « Dear Henry » reste une star du Tout-Washington politique. Il fait un peu figure d'oracle de Delphes : on le consulte toujours. « Si vous voulez faire plaisir à un nouveau ministre français qui vient pour la première fois à Washington, confie un diplomate, invitez-le avec Kissinger : il sera ébloui. »

Portant un toast en l'honneur de Powell, Villepin lui lance : « Le monde d'aujourd'hui n'est pas menacé par une puissance trop forte. Il est menacé par une carence de puissance. Nous avons besoin d'action. » De l'anti-Védrine dans le texte. Powell apprécie l'hommage : au Quai d'Orsay, songe-t-il, le style a vraiment changé.

BUSH CHOISIT L'ONU

Paris-Washington. Vendredi 6 septembre 2002.

Chaque année, dans les derniers jours du mois d'août, se tient à Paris, au centre Kléber dans le XVIe arrondissement, la Conférence des ambassadeurs. C'est l'occasion, pour tous les représentants de la France – qui achèvent en général, à cette période, leur séjour estival dans l'Hexagone – de se voir indiquer les grandes orientations de la diplomatie pour l'année à venir. Le temps fort de ces deux jours de réunion étant le discours, très attendu, du chef de l'État. En août 2002, le sujet qui revient sur toutes les lèvres, en marge des séances officielles, c'est l'Irak. Plus exactement, les bruits de bottes que font entendre les Américains dans la région du Golfe : 60 000 GI seraient déjà déployés sur zone. « Bluff ou menace sérieuse ? » s'interrogent les diplomates français. L'un d'entre eux au moins n'a aucun doute. François Bujon de l'Estang, qui est alors, pour quelques mois encore, ambassadeur à Washington, a été frappé par le « climat guerrier » qui règne dans la capitale américaine depuis le printemps. « Dans les dîners en ville, dans mes rencontres avec mes homologues étrangers ou avec des journalistes américains, il n'était question que du *regime change* à Bagdad : c'était obsessionnel. » À partir de mars/avril 2002, les télégrammes diplomatiques en provenance de l'ambassade à Washington donnent l'alerte : « Les États-Unis, y est-il indiqué en substance, préparent une guerre contre l'Irak. Cette dernière paraît inévitable. Le Président Bush n'a sans doute pas encore pris sa décision, mais son mouvement naturel le pousse à cette guerre. »

À l'issue des réunions avenue Kléber, Dominique de Villepin organise, au Quai d'Orsay, une réunion spécialement consacrée à l'Irak. Sont conviés les ambassadeurs en poste dans les capitales arabes, ainsi que leurs collègues des places les plus importantes : Washington, Londres, Moscou, la mission auprès des Nations unies à New York... L'ordre du jour consiste à réfléchir, comme dans un *brainstorming* à l'américaine, sur la manière de réagir au projet de l'administration Bush. « C'est au cours de cette réunion, se souvient un participant, qu'a été inventée la démarche en deux temps. Le Président Chirac la vendra ensuite à la Maison Blanche. » Dispositif en deux temps ? Premièrement, Paris recommande de durcir le ton vis-à-vis de Saddam Hussein. Celui-ci doit comprendre qu'il n'a plus le choix et doit accueillir les inspecteurs de l'ONU, « virés » d'Irak en 1998. Au Conseil de sécurité de voter une résolution « musclée » pour imposer ce retour. Deuxièmement, au cas où le maître de Bagdad ferait de l'obstruction, sabotant ou entravant le travail des experts de l'ONU, le Conseil de sécurité se réunirait à nouveau afin d'examiner les mesures à prendre. Mais les Français n'évoquent pas, à ce stade, un recours automatique à la force. C'est une option, mais pas la seule. Voilà la fameuse proposition française, qui donnera lieu plus tard au bras de fer sur la deuxième résolution. Le 6 septembre, lorsque Chirac décroche, sur son bureau de l'Élysée, le combiné blanc qui le relie directement à la Maison Blanche, il propose à George Bush cette démarche en deux temps. « L'équipe Bush a accueilli cela de manière positive, raconte un négociateur français. Elle retenait surtout, il est vrai, que la France durcissait le ton envers l'Irak. »

Reste à « vendre » l'idée française *urbi et orbi*. Afin de marquer son territoire, Chirac se dit qu'il n'y a rien de tel que de donner une interview où il exposera sa vision de la politique à adopter vis-à-vis de l'Irak. Puisqu'il veut en priorité faire passer le message auprès des Américains, il n'y a qu'à proposer au *New York Times* de l'interroger. Cela tombe bien puisque l'influent quotidien a entrepris une série d'articles dans lesquels il questionne en profondeur des dirigeants sur l'impact des attaques terroristes sur leurs politiques un an après le 11 septembre. Dimanche 8 septembre, Chirac reçoit donc à l'Élysée la correspondante du journal à Paris. Dès la première question, il tient à rappeler son attachement aux États-Unis : « C'est un pays que j'aime, que j'admire, que je respecte, naturellement, et c'est un pays que je connais. J'y ai vécu à plusieurs reprises, lorsque j'étais jeune. J'ai fait de longs séjours aux États-Unis, j'ai été étudiant aux États-Unis, j'ai travaillé aux États-Unis, j'ai été "soda-jerk" et "fork-lift trucker" [vendeur de sodas et cariste], j'ai été chauffeur, j'ai été journaliste, j'ai eu une carte de presse, que j'ai toujours. » Chirac sait que, pour faire passer son message, il doit commencer par flatter les Américains. Avant de les critiquer. Il embraie ensuite sur la nouvelle doctrine américaine d'attaque préventive (« extraordinairement dangereuse ») et, enfin, le morceau de choix, l'Irak.

Le *New York Times* comprend bien la démarche chiraquienne, puisque dans le journal du lendemain, l'article démarre sur cette phrase : « Le Président de la France propose un plan en deux étapes qui pourrait conduire les Nations unies à autoriser la force contre l'Irak. » Deux ans plus tard, pour justifier la position française, les diplomates du Quai d'Orsay continuent de se référer à cet article : « Chirac n'a jamais dévié de son interview au *New York Times*, explique l'un d'entre eux, en poste à Washington. Il n'a jamais exclu d'aller à la guerre, mais seulement si les conditions étaient réunies et approuvées par l'ONU. Cet entretien était l'aboutissement d'un processus de réflexion entamé dès le printemps 2002 visant à trouver une solution à la question : que peut-on faire si Saddam Hussein continue de défier la communauté internationale ? »

L'interview au *New York Times*, dans sa version intégrale disponible sur le site Internet de l'Élysée, comprend également une pique sévère à l'attention du vice-Président américain, que Chirac n'a jamais aimé : « [Pourquoi] Monsieur Cheney ne part-il pas faire sa guerre tout seul ? [...] Ce que dit Monsieur Cheney ne m'intéresse pas. » Le Président français en profite également pour réécrire l'histoire de son premier entretien avec Bush, ce qui n'a certainement pas dû plaire au Texan : « Je ne connaissais pas le Président Bush avant qu'il soit élu et je crois avoir été le premier dirigeant à le rencontrer puisque, très gentiment, il est venu me voir à l'ambassade de France. J'étais à Washington et je repartais le soir et, très gentiment, il a téléphoné pour dire “Est-ce que je peux venir vous dire bonjour à l'ambassade ?" » Drôle de version, quand on sait que l'Élysée a fait un lobbying forcené pour pouvoir rencontrer le nouveau Président... Et Chirac, incorrigible, d'ajouter : « Ce devait être son père qui lui avait dit ça » !

Le jour où paraît l'interview, le Tout-Washington de la politique et de la diplomatie se presse au cinquantième anniversaire d'un prestigieux *think tank*, le *Center for strategic and international studies* (CSIS). Invité d'honneur : Richard Armitage, numéro deux du Département d'État. Dans son speech, Armitage évoque les propos de Chirac, les juge encourageants, et se félicite que la France se décide à se montrer plus ferme envers Bagdad. Au moment des petits fours, l'ambassadeur Bujon de l'Estang s'approche de Richard Armitage et lui glisse : « Ce que je trouve encourageant, pour ma part, c'est que vous trouviez les propos de Jacques Chirac positifs ! » L'Américain rit. Mais toute l'ambiguïté franco-américaine réside là : chacun des deux partenaires ne veut retenir du discours de l'autre que ce qui va dans son propre sens...

Le long et chaud mois d'août américain

La décision de Chirac d'exposer publiquement la voie souhaitée par la France provient notamment du fait qu'il a suivi, durant tout l'été, les passes d'armes internes à l'administration Bush entre partisans d'une solution « onusienne » négociée, et va-t-en-guerre pressés d'en découdre. Les hostilités, curieusement, avaient été déclenchées le dimanche 4 août par l'un des plus proches conseillers de Bush père, le général Brent Scowcroft. Ce dernier avait déclaré au cours d'une émission de télévision que l'administration devrait d'abord aller devant l'ONU et réclamer le retour des inspecteurs en Irak. « Et si Saddam Hussein n'est pas d'accord, cela nous donnera le *casus belli* que nous n'avons pas pour le moment. » Colin Powell, qui est jusque-là resté en retrait face à la gesticulation des faucons mais qui pense la même chose, décide de s'en ouvrir à Bush. Au soir du 5 août, il dîne avec le Président à la Maison Blanche. Puis il poursuit la conversation dans l'aile privée. Là, comme l'explique le journaliste Bob Woodward, Powell, qui a une relation malaisée avec Bush, se lâche. Il lui explique les conséquences probables d'une intervention en Irak, les risques de déstabilisation de la région et la nécessité de rallier d'autres pays à la cause américaine si le pire devait être envisagé. Pour rassembler les alliés, insiste le secrétaire d'État qui sent que, enfin, Bush l'écoute, il n'y a guère que l'ONU. « Que feront la Russie et la France ? » demande Bush. « On devrait pouvoir les convaincre », réplique Powell. Dans la foulée, il prévient également le Président d'une possibilité : « Si vous vous en remettez à l'ONU, vous devez accepter que le problème avec l'Irak puisse être résolu par la diplomatie. Dans ce cas, il n'y aura pas de guerre. Cela signifiera une solution bien moins nette que d'aller renverser le bonhomme. » Bush opine du chef, sans se livrer.

Powell regagne son domicile satisfait d'avoir pu développer ses arguments, pour une fois sans les interférences de Dick Cheney ou Donald Rumsfeld. Une semaine plus tard, Brent Scowcroft remet le couvert dans le *Wall Street Journal*. Il insiste sur la probabilité d'un « Armageddon au Moyen-Orient » si les États-Unis attaquent l'Irak unilatéralement. Sa prise de position arrive au même moment que celles de James Baker et

Lawrence Eagleburger, tous deux ex-Secrétaires d'État de « Poppy » Bush, et d'Henry Kissinger, qui prônent tous la voie onusienne. Cette fois-ci, c'en est trop pour la Maison Blanche, qui réagit à cette attaque des « anciens ». Condoleezza Rice tance son mentor Scowcroft au téléphone. Il comprend alors que ce qui gêne le Président c'est moins le contenu de leurs prises de position que l'aspect « Papa Bush se décide à tirer sur la laisse de son chien fou de fils pour le remettre dans le droit chemin en demandant à ses fidèles de hausser le ton », selon le commentaire d'un proche de la Maison Blanche.

Il n'empêche, Colin Powell est convaincu de tenir la corde. Il est convaincu d'avoir réussi à imposer son point de vue, d'autant que les Britanniques s'agitent beaucoup en coulisses, faisant valoir qu'ils ont besoin d'une résolution de l'ONU vis-à-vis de leur opinion. Mais Powell oublie à qui il a affaire... Dick Cheney, qui n'entend pas se faire doubler sur son flanc gauche se rend le 26 août à Nashville, dans le Tennessee, pour prononcer un discours devant des anciens combattants. Il balance l'artillerie lourde, son traditionnel rictus au coin de la bouche : « Exprimé simplement, il ne fait aucun doute que Saddam Hussein possède des armes de destruction massive et qu'il les amasse afin de les utiliser contre nos amis, nos alliés, et contre nous. [...] Un retour des inspecteurs ne fournirait aucune assurance de son respect des résolutions des Nations unies. » Et de conclure sa charge : « Les risques de l'inaction sont bien supérieurs au risque d'agir ! » Cheney, dont la fonction consiste souvent à exprimer tout haut ce que Bush ne peut pas dire lui-même en public, vient de se payer une partie de tir à la colombe...

La famille Bush étant des plus secrètes, on ne saura

jamais ce qui s'est échangé entre le père et le fils cet été-là. La chroniqueuse Maureen Dowd ironisera : « On n'a pas besoin d'un plan de guerre mais d'une bonne thérapie familiale ! » Toujours est-il que ces passes d'armes par discours et journaux interposés ont clairement révélé le fossé séparant l'équipe Cheney-Rumsfeld-Wolfowitz de ses prédécesseurs de l'ère Reagan-Bush. Et, ce n'est sans doute pas un hasard, mais plutôt une question de génération : Baker, Scowcroft ou Eagleburger sont des familiers de Jacques Chirac qui, en retour, leur porte un grand respect. Selon un diplomate français en poste à Washington, ces affrontements estivaux auront une conséquence indirecte : « Quand, six mois plus tard, le climat s'envenimera véritablement entre la France et les États-Unis, aucun de ces hommes ne pourra jouer les intermédiaires entre les deux pays. Ils connaissaient tous Chirac et voyaient bien que Bush ne faisait pas du tout ce qu'il fallait pour négocier avec lui. Mais aucun n'a souhaité intervenir car Bush avait tellement râlé cet été-là afin qu'on ne lui tire pas le tapis sous les pieds, qu'ils ont préféré se tenir à l'écart. »

À L'ONU, CHACUN VOIT CE QUI LUI PLAÎT

C'est dans cette ambiance de guérilla intérieure et de tension internationale – Gerhard Schröder mène sa campagne de réélection en Allemagne sur un message anti-guerre – que George W. Bush se rend à l'ONU le 12 septembre. Encore ému par les cérémonies de commémoration des attentats du World Trade Center qui se sont déroulées le jour précédent, Bush s'avance vers son pupitre, face à une Assemblée générale silencieuse.

En gage de bonne volonté, il commence par annoncer que les États-Unis réintègrent l'UNESCO après dix-huit années d'absence, avant de s'attaquer à la question de l'Irak. Piètre orateur, sa voix s'affirme néanmoins au fur et à mesure qu'il énumère les résolutions du Conseil de sécurité enfreintes par Saddam Hussein depuis onze ans. Puis il met l'ONU devant ses responsabilités : « Les Nations unies serviront-elles l'objectif de leur création ou deviendront-elles obsolètes ? » Enfin, il en vient à la décision qui a été laborieusement arrachée par Powell après d'intenses journées de tractations, et pas moins d'une vingtaine de brouillons du discours : les États-Unis acceptent de s'engager dans la voie des Nations unies et de travailler à l'élaboration d'une résolution du Conseil de sécurité visant à assurer le retour des inspecteurs en Irak. De manière inexplicable, cette formule cruciale a sauté du texte s'affichant sur le prompteur ! Bush hésite, continue à lire, puis il choisit d'insérer de mémoire la fameuse phrase : « Nous travaillerons de concert avec le Conseil de sécurité pour les résolutions nécessaires. » À cause de ce temps d'arrêt, certains penseront que cette décision a été improvisée par le Président lui-même à la tribune. Alors qu'elle était le fruit de plusieurs semaines de débats acharnés. Mais pour faire bonne mesure Bush ajoute : « Les objectifs des États-Unis ne doivent pas être mis en doute. Les résolutions du Conseil de sécurité doivent être appliquées ou bien l'action sera inévitable. Et un régime qui a perdu sa légitimité perdra aussi son pouvoir. » Sous-entendu : Saddam Hussein obtient un répit. Mais les faucons restent déterminés à lui régler son compte.

Quand le Président américain achève son allocution, tout le monde a entendu ce que chacun voulait bien entendre. Les partisans d'une solution diplomatique se déclarent satisfaits d'avoir été rejoints par les États-Unis. Dominique de Villepin assure que la position américaine « est compatible avec l'approche française », énoncée par Chirac quelques jours plus tôt. Quant aux idéologues de Washington, ils se montrent satisfaits puisque le Président a placé l'ONU devant ses responsabilités et clairement laissé entendre que les États-Unis se réservaient le droit d'ouvrir seuls la route de Bagdad. La voie pour la résolution 1441 est tracée, mais elle comporte des ambiguïtés. Les Américains n'ont certainement pas renoncé à une action unilatérale. Ivo Daalder, un des meilleurs analystes de la politique étrangère de Bush et un ancien de l'équipe Clinton, explique : « La vérité c'est que Bush avait décidé fin 2001-début 2002 qu'il ferait la guerre. Point final. La stratégie de l'ONU n'a jamais été considérée comme une alternative à la guerre, mais comme le moyen de bâtir une large coalition. La querelle entre Cheney et Powell a été résolue en adoptant la voie Powell pour atteindre l'objectif de Cheney. Éviter la guerre a peut-être été envisagé en théorie, mais jamais en pratique par l'administration Bush. »

Cette stratégie de l'ONU recèle un intérêt non négligeable pour la Maison Blanche. Elle permet de gagner du temps. Le général Tommy Franks, un militaire « pur jus » auréolé de sa victoire en Afghanistan, peaufine encore la préparation de son nouveau plan d'invasion de l'Irak, et le pré-positionnement des troupes américaines dans le golfe Persique, entamé depuis quelques mois, est loin d'être achevé. Franks et Donald Rumsfeld ont adopté une stratégie qu'ils baptisent entre eux « Caché à l'air libre » : c'est-à-dire qu'ils renforcent discrètement leurs effectifs dans la région en envoyant une unité par-ci, quelques navires et des avions par-là. Ils ont également donné carte blanche aux commandants au Qatar et au Koweït pour rallonger des pistes d'atterrissage ou bâtir des hangars supplémentaires. Même si toute ces opérations ne sont pas conduites dans le secret, elles restent suffisamment discrètes pour ne pas créer un vent de panique internationale. En même temps, il n'échappe ni à Saddam Hussein, ni aux autres pays, que les Américains ont entamé des préparatifs de guerre : leurs menaces sont sérieuses.

UN POUR TOUS, TOUS POUR LA 1441

New York. Siège de l'ONU. Vendredi 8 novembre 2002

Au premier étage du palais de verre de Manhattan, un couloir banal, moquette défraîchie, mène à l'amphithéâtre où siège le Conseil de sécurité des Nations unies. Autour de la gigantesque table circulaire, sous l'imposante tapisserie symbolisant la renaissance de la paix tel un phénix, les mains se lèvent presque simultanément. Les ambassadeurs se regardent les uns les autres, comptant mentalement les voix. Quinze pour, aucune contre. La résolution 1441 est adoptée à l'unanimité. C'est une petite surprise car tout le monde ou presque s'attendait à une abstention de la Syrie, unique pays arabe à siéger. Seuls deux hommes autour de la table n'ont pas eu besoin de jeter un coup d'œil à leur homologue syrien pour vérifier s'il levait la main. John Negroponte, ambassadeur des États-Unis à l'ONU, venait d'être informé quelques minutes plus tôt par les Syriens de cette décision *via* un coup de fil reçu sur son téléphone portable, alors qu'il traversait la rue pour se rendre au Conseil de sécurité. Quant à Jean-David Levitte, l'ambassadeur de France, Chirac lui avait annoncé la nouvelle un peu plus tôt dans la matinée. Le Président français était en effet informé aux meilleures sources, puisqu'il venait de passer lui-même une demi-heure au téléphone à convaincre Bachar Al Assad de voter en faveur de la résolution.

Chirac, qui n'aime rien tant que cajoler les fils de ses anciens collègues chefs d'État (Assad en Syrie, Mohamed VI au Maroc... et Bush aux États-Unis) a déployé des trésors de diplomatie pour rallier le jeune Président à la position commune. Pas facile en effet de convaincre le dirigeant d'un pays arabe de s'allier aux Occidentaux pour menacer un voisin... Chirac est néanmoins parvenu à ses fins, offrant ainsi sur un plateau un beau vote unanime aux Américains, qui avaient fait pression sur la Syrie de leur côté, sans arracher d'accord. L'après-midi de cette journée est consacré aux félicitations que s'adressent les dirigeants pour ce succès diplomatique. Tous semblent très heureux de l'issue, mais ils sont surtout soulagés d'avoir mis derrière eux huit semaines de négociations intenses qui ont failli achopper à de multiples reprises. Tant pis si, dans les minutes qui suivent le vote, les Français et les Américains offrent des interprétations divergentes de « la 1441 ». L'essentiel aujourd'hui est d'être parvenu à préserver une unité de façade face à Saddam Hussein.

HUIT SEMAINES SUR LE FIL DU RASOIR

Tout a démarré dans la foulée du discours de Bush le 12 septembre dans cette même enceinte de l'ONU. Tout s'annonçait bien, se souvient l'ambassadeur Jean-

David Levitte : « L'allocution de Bush avait suscité un grand espoir : on se disait que les Américains avaient choisi la voie diplomatique. » Dès lors, les rouages de l'ONU entrent en action. Première étape : s'assurer que les Irakiens ne feront pas obstruction à un retour des inspecteurs dans leur pays. Aux côtés du Secrétaire général des Nations unies Kofi Annan, les Français font passer le message aux Irakiens qu'il est dans leur intérêt de coopérer, car les États-Unis rêvent d'en découdre. Le 16 septembre, Annan annonce qu'il a reçu une lettre du gouvernement irakien autorisant le retour des inspecteurs « sans conditions ». Les Américains voient dans cette missive et la façon dont Annan l'a communiquée à la presse une manipulation « onusienne » visant à offrir à Saddam Hussein une marge de manœuvre. John Negroponte, l'ambassadeur des États-Unis à l'ONU, file chez son homologue français : « Étiez-vous au courant de cette lettre ? » demande-t-il, énervé. Levitte répond par l'affirmative et confirme que la France a joué les intermédiaires. Rapporté à Washington, cet échange plonge la Maison Blanche dans tous ses états : « Les Français nous mettent déjà des bâtons dans les roues », entend-on dire dans les couloirs.

Un observateur français comprend à ce moment que « les Américains auraient préféré passer directement aux préparatifs de guerre, sans passer par la case négociations ». La confirmation de ce pressentiment arrive très vite, le 26 septembre, sous la forme du premier projet de résolution émanant de Washington. Ou du Pentagone, pour être plus précis, tellement le texte s'inspire de la ligne de pensée des faucons. Quand les ambassadeurs lisent le projet, ils ne savent pas trop s'il faut en rire ou en pleurer. Même les Britanniques et les Espagnols, pourtant les plus proches alliés de la Maison Blanche, expliquent à Colin Powell que sa résolution est « invotable ». Le texte propose que des militaires américains accompagnent les inspecteurs de l'ONU, que les scientifiques irakiens puissent être interrogés hors de leur pays, que soient établies des zones de « non-circulation » autour de sites jugés sensibles, et d'autres brimades encore. Et le projet conclut que toute résistance à l'application de cette résolution sera jugée comme une « violation patente » (*material breach*) ouvrant la voie à l'utilisation de « tous les moyens nécessaires » pour restaurer la paix et la sécurité – le mot de passe onusien pour une intervention militaire.

Alerté par Powell et Condoleezza Rice sur le caractère « totalement invendable à New York » de ce texte, Bush appelle Chirac le 27 septembre. Il a d'ores et déjà compris que les Français vont être ses principaux opposants dans l'antichambre du Conseil de sécurité. Chirac lui explique qu'il faut travailler sur le texte et insiste sur sa vision de la « double résolution » : une première pour fixer les demandes à l'Irak, une seconde pour déterminer les conséquences d'une non-coopération. Le Président français fait néanmoins une concession : « Si vous acceptez le principe d'une seconde résolution avant toute intervention militaire, nous sommes prêts à accepter un lien étroit, mais pas automatique entre les deux. » Bush ne se prononce pas. Mais il décide d'envoyer le secrétaire d'État adjoint Marc Grossman à Paris pour discuter.

À l'ONU, Jean-David Levitte, cinquante-six ans, est l'« homme de la France », en liaison permanente avec l'Élysée et le Quai d'Orsay. À sa façon, il est l'archétype du haut fonctionnaire à la française : tiré à quatre épingles, extrêmement courtois, un peu rigide lorsqu'il passe à la télévision. En même temps, c'est un homme intellectuellement brillant, toujours franc avec ses interlocuteurs, parfaitement à l'aise avec ses homologues anglo-saxons. « Il n'a pas une goutte de sang français en lui », explique à *Vanity Fair* l'ambassadeur de Grande-Bretagne aux États-Unis, Jeremy Greenstock, faisant référence à son père russe, grand intellectuel du judaïsme, et à sa mère anglo-hollandaise. « Et pourtant il est 100 % passionnément français ! » Levitte a toute la confiance de Chirac, dont il a été le conseiller diplomatique. L'ambassadeur figure même parmi les administrateurs du musée du septennat en Corrèze. Le chef de l'État a plusieurs fois songé à lui comme ministre... sans jamais se décider à le nommer, persistant à ne voir en lui qu'un « grand commis de l'État ». Avec Dominique de Villepin, la relation est plus compliquée. Si les deux hommes se respectent, une certaine rancœur existe entre eux, remontant à 1993, lorsqu'ils avaient été mis en concurrence pour devenir directeur de cabinet d'Alain Juppé aux Affaires étrangères. Villepin avait été choisi malgré sa carrière moins brillante au Quai d'Orsay, et Levitte en avait été blessé. Pour ne rien arranger, lorsque tous deux travaillaient à l'Élysée de 1995 à 2000, Villepin avait l'habitude de se gausser dans les couloirs de l'attitude guindée de Levitte, avec ses immuables chemises anglaises à col blanc. Le discret et le flamboyant, le mariage de la carpe et du lapin qui, pourtant, n'entravera à aucun moment la conduite d'une diplomatie française monocéphale.

Pendant que les ministres (Villepin, Powell, Jack Straw pour les Anglais, Igor Ivanov pour les Russes) s'appellent au téléphone plusieurs fois par jour et se rencontrent occasionnellement, Levitte travaille d'arrache-pied avec ses collègues de l'ONU. La période est à la fois cocasse et tendue. Cocasse parce que les ambassadeurs apprennent à se connaître et en viennent à plaisanter les uns avec les autres, demandant régulièrement à John Negroponte ce qu'il a dans ses poches comme marge de négociation : « Tu es sûr, John, que tu n'as rien de plus au fond de tes poches ? Regarde bien si tu n'as rien oublié... », raconte un participant. Amusant, mais uniquement rétrospectivement. Car les Américains essaient de déplacer les passages litigieux d'un article à l'autre de la résolution, espérant faire passer leurs idées intactes : « Nous n'étions pas d'accord avec ce passage dans le troisième paragraphe ; il ne nous plaît pas davantage dans le cinquième... », rétorquent les opposants. La période est également tendue car personne n'oublie que les enjeux sont tout simplement la guerre ou la paix. Et parce que les petits pays du Conseil de sécurité se sentent sous la menace perpétuelle de Washington. « Des gens de la Maison Blanche, qu'on ne nous présentait jamais, faisaient toujours partie des délégations américaines, prenant des notes sur tout ce qui se disait et intervenant parfois pour dire : “Hors de question de changer cela, la Maison Blanche ne veut pas !” », se souvient un négociateur.

Néanmoins, pas à pas, ligne après ligne, les diplomates avancent durant tout le mois d'octobre. L'intérêt des Américains et de leurs alliés, Britanniques en tête, est d'obtenir une résolution qui leur assure légitimité internationale et soutien populaire : à cette époque une grosse majorité d'Américains préfère clairement une action dotée d'un feu vert de l'ONU. L'intérêt des Français et des Russes est de relancer la machine diplomatique et de garantir la légalité d'une éventuelle guerre à laquelle ils risquent d'être amenés à participer si Saddam Hussein refuse de désarmer. Car à l'époque, tout le monde est convaincu, y compris les Français, que l'Irak possède probablement des armes chimiques et bactériologiques, ainsi qu'un programme nucléaire.

Entre Américains et Français, les Britanniques jouent les messieurs bons offices. « C'est une répartition des rôles assez classique entre nous à New York, confie un diplomate anglais. À l'intérieur du dispositif, nous conseillons les Américains, nous modérons les choses. À l'extérieur, on écoute les Français, qui avancent des arguments avec lesquels nous sommes parfois d'accord. Résultat, notre médiation a permis d'aboutir à un texte nuancé, à propos notamment de la non-automaticité de l'action armée. » Mais une source française, proche des négociations, estime, elle, que les Anglais ont tendance à exagérer leur influence sur les Américains...

Au moment où la Maison Blanche poursuit les négociations ardues à l'ONU, clamant qu'une solution diplomatique est possible, Bush assure ses arrières. Il fait voter le 10 octobre par le Congrès une résolution autorisant l'usage de la force contre le régime de Saddam Hussein. Dans une atmosphère de chasse aux sorcières où toute personne qui s'oppose au Président est traînée dans la boue et dénoncée comme un « traître » par les Républicains proches de l'administration, le texte est voté avec l'appoint de nombreux Démocrates par 296 voix contre 133 à la Chambre et 77 contre 23 au Sénat. La plupart des ténors de l'opposition, dont John Kerry et Hillary Clinton votent en faveur de la résolution. La campagne électorale pour les élections de « mid-term » (renouvellement de la Chambre des Représentants et d'un tiers du Sénat) a lieu dans la même ambiance.

Des différences fondamentales

Dans les premiers jours de novembre, les négociations touchent à leur fin. Mais plus on s'approche d'un accord, plus elles deviennent intenses. Au final le désaccord entre Français et Américains porte sur un seul petit mot. Les premiers insistent pour que la résolution précise : « Une fausse déclaration [des armes possédées par les Irakiens] ET un manque général de coopération constituent une violation flagrante. » Les seconds demandent que le « ET » soit remplacé par un « OU », offrant plus de souplesse. Villepin et Powell s'appellent sans arrêt, y compris durant le mariage de la fille du Secrétaire d'État : ce samedi soir, Powell a juste le temps de raccrocher son téléphone portable pour conduire sa fille à l'autel... Mais la France reste inflexible. Powell s'attache alors à convaincre la Maison Blanche, faisant valoir à Bush et aux faucons que le passage d'une résolution des Nations unies est finalement plus important pour eux que son contenu dans le moindre détail. Le 7 novembre au petit matin, Powell appelle Villepin et lui dit : « On est d'accord pour le ET. » Le Français lui répond : « Parfait. Chirac va appeler Bachar Al Assad et on va essayer d'obtenir un vote 15-0. » Les Américains sont un peu surpris, et surtout sceptiques : ils ont essayé de faire pression sur la Syrie, sans résultat. Mais Chirac pense réussir à convaincre le dirigeant syrien. Même si cela ne change rien sur le plan juridique, le vote à l'unanimité donne plus de poids politique à une résolution.

Le lendemain, deux heures avant le vote de la résolution, le président de la République est au téléphone avec Assad : « Vous ne voulez pas la guerre et vous savez que le seul moyen pour l'éviter, c'est que Saddam désarme. Or la seule solution pour cela c'est que nous formions un front uni : il ne faut pas qu'il y ait l'épaisseur d'une feuille de papier entre vous et nous. » Chirac veut à tout prix convaincre le Syrien avant le week-end, quand doit se tenir un sommet de la Ligue arabe. Si Assad s'y rend avant d'avoir voté sur la résolution, il flanchera. S'il vote avant, les responsables de la Ligue arabe devront s'aligner. Au bout d'une demi-heure de discussion, Chirac remporte le morceau. Deux heures plus tard, la résolution est votée à l'unanimité. Elle offre à Bush l'opportunité de crier victoire, même s'il n'a pas obtenu la résolution musclée qu'il souhaitait au départ. Ni « la gâchette libre », c'est-à-dire l'automaticité d'une intervention militaire en cas de non-coopération des Irakiens. Trois jours plus tôt, son parti a remporté les élections de « mid term », lui donnant le contrôle de tous les leviers de pouvoir à Washington. Bush est au sommet de sa forme politique. Mais la résolution 1441 contient les germes des désaccords futurs entre Français et Américains. Powell est parvenu à insérer une phrase indiquant que l'Irak fera face à de « graves conséquences » si la résolution est violée. Un terme que Washington traduit par le seul mot « guerre ». La France, évidemment, ne lit pas du tout la même chose...

Durant ces longues semaines de négociations, l'affrontement États-Unis et Grande-Bretagne contre le reste du monde est devenu un duel entre la France et les États-Unis. Dans ce combat, les adversaires se sont découverts dans les détails. La France a compris qu'il y avait deux camps aux États-Unis. D'un côté les faucons, impatients d'en découdre avec Saddam Hussein et qui ne voient, au mieux, dans la résolution de l'ONU qu'un moyen de gagner du temps en attendant que les troupes dans le golfe Persique, désormais au nombre de 60 000, soient prêtes à entrer en action. De l'autre côté, un homme presque seul, Colin Powell, attaché aux règles du multilatéralisme. Surtout, Paris a compris qu'une décision aux États-Unis n'était jamais définitive. « Il suffit de relire les Mémoires de Kissinger pour se rendre compte de cela, explique Jean-David Levitte. Quand le Président américain arbitre en faveur d'un camp, les perdants ne rentrent pas dans le rang pour suivre la ligne ainsi décidée, comme c'est le cas en France. Ils retournent sur leurs bases et entreprennent un nouvel assaut pour imposer leur position. Cela n'a jamais de fin ! » Que Bush ait choisi de suivre Powell à l'ONU n'a pas convaincu l'équipe Cheney-Rumsfeld-Wolfowitz de se rallier à la voie diplomatique. Au contraire, ils ont poursuivi pendant tout l'automne leur travail de sape visant à convaincre le Président et l'opinion publique qu'il fallait attaquer l'Irak unilatéralement.

Les Américains, eux, ont réalisé que, malgré l'unité apparente des Français, une différence semblait exister entre Chirac et son ministre des Affaires étrangères. « Chirac a laissé Villepin se glisser dans le siège du conducteur, raconte un proche de la Maison Blanche. Il était évident pour tous ceux qui rencontraient Villepin à cette période qu'il était beaucoup plus anti-guerre que son Président. »

Pourtant, en cette fin d'automne 2002, le climat demeure « correct » entre Paris et Washington. Fin novembre, François Bujon de l'Estang s'apprête à quitter Washington, après sept années au poste d'ambassadeur. Effectuant sa tournée d'adieu, il sollicite un rendez-vous avec George Bush à la Maison Blanche. « Oubliez ça, lui fait-on savoir : le Président n'a pas le temps de recevoir les ambassadeurs qui s'en vont. » Mais Bujon a un contact ancien avec Bush. Il s'adresse donc à Condi Rice, laquelle lui décroche assez vite une entrevue. Une seule condition, glisse-t-elle : « N'en dites rien à vos collègues des autres pays... » Le 3 décembre, Bujon se rend à la Maison Blanche. L'entretien, il s'en souvient, a duré trente-cinq minutes – ce qui est considérable dans l'agenda de « W. ». « Monsieur le Président, lui lance le Français, je sais que vos amis ont quelques réserves à propos de l'ONU, mais reconnaissez que l'on se porte mieux avec cette résolution 1441. » « Vous avez parfaitement raison, répond Bush. Je remercie d'ailleurs encore la France pour ce vote à l'unanimité. J'adresse un grand bravo à Jacques pour avoir convaincu la Syrie de voter avec nous. C'est vraiment grâce à votre Président qu'on a obtenu cet excellent résultat. » Là-dessus, l'Américain conclut sur un hommage vibrant à la France, allant jusqu'à rappeler que, sans elle, les États-Unis ne seraient pas indépendants : « Votre pays, dit-il à Bujon, est vraiment notre ami le plus ancien et le plus fidèle » !...

LA MISE EN GARDE DE CHIRAC À BUSH

Prague (République tchèque). Jeudi 21 novembre 2002

Les rues de Prague n'ont pas connu une telle effervescence policière depuis la chute du régime communiste : toute une partie du centre-ville est bloquée et des militaires en armes patrouillent nuit et jour. Pas question de laisser éclater le moindre incident, la moindre manifestation, durant ce sommet de l'OTAN exceptionnel. Pour la première fois depuis la fin de la Guerre froide, sept ex-pays de l'Est vont intégrer le Traité de l'Atlantique Nord (l'OTAN), une organisation qui avait été créée pour les combattre cinquante-trois ans auparavant. L'occasion est « historique », comme l'ont décrété le secrétaire général de l'Otan, Lord Robertson, et le Président américain George W. Bush. Pourtant, le sujet qui occupe tous les esprits à l'ouverture de ce sommet n'est pas l'extension de l'Alliance militaire jusqu'aux portes de la Russie, mais l'Irak.

Une quinzaine de jours se sont écoulés depuis le vote à l'unanimité de la résolution 1441 du Conseil de sécurité de l'ONU, mais l'ambiance entre les deux camps, États-Unis-Grande-Bretagne d'un côté, France-Allemagne de l'autre, n'est toujours pas au beau fixe. Tout le monde scrute le langage corporel des différents dirigeants pour essayer de deviner leurs pensées. Bush est-il toujours furieux contre Gerhard Schröder qui l'a traîné dans la boue lors de sa campagne de réélection ? Blair a-t-il toujours une dent contre Chirac qui lui a demandé quelques jours plus tôt : « Comment expliquerez-vous à votre fils Leo que vous avez aidé à déclencher une guerre ? » Chirac parlera-t-il à Bush après lui avoir mis des bâtons dans les roues à l'ONU ? Et comme s'il était encore nécessaire de jeter de l'huile sur le feu, un des plus proches conseillers du Premier ministre canadien Jean Chrétien ne peut s'empêcher de s'exclamer devant les journalistes lors du discours d'ouverture de Bush : « Quel crétin ! »

« Vous allez créer des bataillons de petits Ben Laden ! »

C'est dans cette ambiance tendue que Bush et Chirac se rencontrent pour un entretien privé. Les deux Présidents ne se sont pas parlé depuis le vote de « la 1441 » à l'ONU et ne se sont pas vus face à face depuis cinq mois. Comme à son habitude, Chirac est détendu et chaleureux. Quant à Bush, il commence à avoir l'expérience de ce genre de sommet international et apparaît moins « coincé ». Mais le Président français n'est pas venu juste pour passer le bonjour à ses « amis George et Barbara ». Il suit ce qui se dit et s'écrit à Washington et il voit bien que les durs de l'administration continuent de sonner les tambours de guerre. Il décide de mettre Bush en garde sur ce qui l'attend s'il choisit de partir à la bataille. « En France, nous n'avons pas peur d'une guerre parce que nous sommes des pacifistes. Nous craignons une guerre parce que ses conséquences seraient très graves. L'Irak n'a jamais connu la démocratie. C'est un pays qui possède une tradition violente qui remonte bien avant Saddam Hussein. Ne sous-estimez pas la complexité de l'Irak : c'est un pays composite avec des Chiites, des Sunnites, des Kurdes, des Turcomans, et tout cela ne demande qu'à exploser. Nous connaissons bien la région puisque nous avons été les colonisateurs là-bas. Vous, vous ne la connaissez pas. » Jacques Chirac ne mâche pas ses mots. Bush, de son côté, écoute. Le Président français qui est lancé continue : « Si vous intervenez, vous allez voir que les pays voisins vont eux aussi avoir la tentation de s'immiscer. Peut-être pas les gouvernements directement, mais les éléments les plus extrémistes des différentes populations et des différentes religions. Une fois que vous serez là-bas, vous allez devoir y rester des années, et vous prenez le risque de créer des bataillons de petits Ben Laden deuxième génération ! »

Si le Président américain accuse le coup de se voir prédire le pire par ce Français qui lui donne des leçons, il n'en laisse rien paraître. Bush reste comme d'habitude calme et tranquille. Il répond à Chirac : « Je vous ai écouté avec attention. Merci de votre franchise. » « George Bush n'est jamais agressif dans la discussion, explique quelqu'un qui a assisté à plusieurs entretiens de ce type avec le Président américain. Il remercie toujours son interlocuteur de lui livrer son point de vue, mais en même temps on ne sait jamais ce qu'il pense vraiment. » Bush se lance alors dans son discours habituel sur les seize résolutions sur l'Irak qui n'ont pas été appliquées, le discrédit de l'ONU, etc. Il explique, comme il le fait souvent aux États-Unis, que « la 1441 » est la dernière chance de Saddam Hussein.

Quand les deux hommes se séparent, Bush s'est vu décrire exactement ce qui se déroulera un an plus tard. Mais il n'a apparemment rien entendu. Un diplomate familier des conversations Bush-Chirac explique : « Quand ils discutent tous les deux de pays comme la Syrie ou l'Iran, il y a un vrai dialogue, avec des échanges de points de vue et d'informations. Dès qu'ils abordent l'Irak, Bush se fige et ils en viennent chacun à assener leurs vérités sans s'écouter. » Dans l'entourage du Président français, beaucoup pensent néanmoins que le « sermon de Prague » est un moment important, parce qu'il « met en garde les néo-conservateurs contre les dangers de prendre leurs rêves pour la réalité ». Un peu présomptueux sans doute, car la Maison Blanche n'a pas d'oreille pour ceux qui lui disent comment penser.

Lorsque les deux leaders sortent de leur tête-à-tête, Bush arbore un large sourire pour les photographes et les caméras, mais il ne répond à aucune question. Selon le quotidien *USA Today*, « Bush refuse toutes les questions des journalistes afin d'éliminer la possibilité pour Chirac d'exprimer ses objections sur sa politique irakienne ». Le Président américain se hâte de rejoindre les autres chefs d'État des pays de l'Otan, en particulier ceux des anciens pays de l'Est qui, eux, jouent des coudes pour se retrouver à côté de lui sur la photo officielle... Comme souvent lors de ses rares séjours à l'étranger, Bush est venu à Prague chercher une « photo-opportunity ». Il la trouve auprès de ces dirigeants de l'Est qui regardent davantage du côté des États-Unis que de l'Europe occidentale. La plupart lui font d'ailleurs passer le message : ils se rangeront derrière les Américains en cas de conflit avec l'Irak. Mais ils se gardent de spécifier quel type d'engagement ils entendent offrir. Bush obtient également une déclaration unanime de l'OTAN stipulant que « l'Irak doit rendre publiques puis détruire ses armes biologiques, chimiques et nucléaires, ou faire face à de graves conséquences ». Rien de nouveau depuis la résolution de l'ONU, mais cet engagement solennel permet à Bush de rentrer aux États-Unis en proclamant qu'il jouit d'un vaste soutien international.

Un nouvel axe franco-allemand

S'il a accepté de s'entretenir en privé avec Chirac, le Président américain n'a pas souhaité faire de même avec Gerhard Schröder. Il concédera juste, pour sauver les apparences, « avoir eu une rencontre cordiale avec le Chancelier allemand ». Bush ne lui a en effet toujours pas pardonné d'avoir été réélu deux mois auparavant grâce à une campagne électorale anti-guerre. Selon de nombreuses sources à Washington, Schröder avait promis à Bush, lors d'une visite en début d'année 2002, qu'il ne s'opposerait pas publiquement aux États-Unis si jamais ils devaient menacer d'entrer en guerre contre l'Irak. Pour Bush, cette parole trahie du Chancelier est un acte déloyal pour lequel il n'a aucune indulgence. Aujourd'hui, beaucoup d'observateurs de la politique internationale considèrent cette crise « personnelle » américano-allemande comme un élément fondateur du divorce transatlantique. « Imaginez, explique Ivo Daalder, un ancien de l'équipe Clinton auteur d'un livre sur la politique étrangère de Bush, si Bush, le 22 septembre, avait appelé Schröder pour lui dire : "Félicitations pour votre victoire aux législatives, mais je n'ai pas aimé la façon dont vous avez conduit votre campagne. Maintenant oublions cela. Vous n'aimez peut-être pas ma position sur l'Irak, mais la position que vous avez prise est inacceptable pour un allié. Vous pouvez décider de ne pas me soutenir, mais de grâce faites-le en silence." À ce moment-là, Schröder aurait pu faire amende honorable, s'écarter, et laisser la France seule en première ligne. Mais Bush n'a pas donné ce coup de téléphone et l'Allemagne n'a eu d'autre solution que de se ranger aux côtés de la France. »

Du coup, Chirac et Schröder, qui jusqu'ici ne s'entendaient pas vraiment, sont tombés dans les bras l'un de l'autre, et ont décidé, en plus de leurs intérêts européens communs, de s'unir contre les Américains et les Britanniques. Aujourd'hui, les néo-conservateurs de Washington n'ont pas de mots assez durs pour stigmatiser Gerhard Schröder, « ce politicien provincial sans envergure », « cet hédoniste frivole qui n'a pas hésité à endommager la relation germano-américaine pour un maigre avantage électoral », selon deux proches de la Maison Blanche. Pour la première fois depuis la Seconde Guerre mondiale, les États-Unis ne sont pas soutenus par l'Allemagne. Laquelle, un comble, s'allie aux Français. Selon un diplomate français en poste aux États-Unis, « Bush n'aime pas Chirac, mais il le respecte parce que Chirac a toujours été franc avec lui, et lui a toujours dit ce qu'il pensait. Par contre, il déteste Schröder parce qu'il estime que celui-ci l'a trahi ».

La France retrouve l'OTAN

Si Chirac a peut-être marqué un point contre Bush en lui administrant sa leçon de géopolitique, il lui en rend certainement un, en revanche, sur un autre terrain : celui de l'OTAN. Ce sommet de Prague marque un tournant décisif dans la vie de l'Alliance. Pour la première fois, celle-ci se voit reconnaître le droit d'agir « hors zone ». Ce qui signifie, en clair, que des forces de l'OTAN pourront être projetées en dehors du territoire européen. Il s'agit d'une revendication déjà ancienne des Américains, qui voient là un moyen de redynamiser une structure qui a perdu une bonne part de sa raison d'être depuis la chute du mur de Berlin. C'est surtout, à leurs yeux, un moyen de façonner un instrument militaire à leur main, dont ils espèrent pouvoir se servir sur des théâtres d'opérations conformément à leurs intérêts. Une sorte de « boîte à outils », dans laquelle Washington pourra puiser des unités de commandos polonais ici, des spécialistes tchèques de la décontamination bactériologique et chimique là, et puis encore un régiment d'hélicoptères en Allemagne. Ils assembleront ensuite le tout pour l'expédier sur tel ou tel point chaud de la planète. En ce mois de novembre 2002, l'objectif immédiat est l'Afghanistan. Afin de pouvoir concentrer leurs forces spéciales sur la traque de Ben Laden, et fort occupés par ailleurs à préparer la guerre en Irak, les Américains souhaitent confier le fardeau du rétablissement de la paix (*peace making*) à leurs alliés de l'OTAN. Ce qui n'aurait pas été possible avant Prague, l'Afghanistan étant manifestement « hors zone ».

La France, qui a quitté le commandement militaire intégré en 1966 mais a gardé un pied dans l'Alliance politique, s'est longtemps opposée à cette évolution. Justement parce qu'elle fait la part trop belle aux États-Unis, qui n'auront plus qu'à se baisser pour constituer une de leurs coalitions *good willing* (de bonnes volontés), comme pour *Enduring Freedom* en Afghanistan ou comme... celle qu'ils échafaudent déjà pour l'Irak. Mais, à Prague, Chirac donne sa bénédiction au projet de Bush et Rumsfeld. « Nous avons cédé pour trois raisons, explique Jean-François Bureau, porte-parole du ministère de la Défense. Premièrement, en pleine crise sur l'Irak, nous ne voulions pas multiplier les points de friction avec les États-Unis. Deuxièmement, c'était une sorte de donnant-donnant : en échange d'une concession sur l'OTAN, nous attendions des Américains qu'ils se montrent plus souples sur nos projets en matière de Défense européenne. Enfin, les militaires refusent d'être tenus à l'écart de l'Alliance. Car si vous n'êtes pas dans le coup avec les Américains, si vous n'êtes plus retenus pour aucune coalition, vous pouvez difficilement rester une armée crédible : une armée digne de ce nom doit pouvoir opérer avec les Américains. »

Du coup, non seulement les Français donnent leur feu vert à une OTAN « projetable » hors du Vieux Continent, mais ils intègrent en outre le tout nouvel outil de l'Alliance, sa force de réaction rapide (NRF, Nato Response Force). Une sorte de corps « pompier » de 20 000 hommes d'élite, qui devra être capable d'intervenir très vite sur n'importe quel théâtre de crise dans le monde. Mieux : la France en devient le second contributeur en troupes, après les États-Unis. Le général de Gaulle doit se retourner dans sa tombe...

MISSION SECRÈTE AU PENTAGONE

Washington. Pentagone. Lundi 16 décembre 2002

La voiture officielle file vers les faubourgs de Washington DC. Elle franchit la « frontière » invisible de l'État de Virginie, s'engage au-dessus du fleuve Potomac. La silhouette massive et compacte du Pentagone est en vue. Cet immeuble administratif construit en 1941, hébergeant 23 000 agents militaires et civils, est le plus vaste au monde. C'est aussi un des plus étonnants. Il faut imaginer cinq anneaux concentriques : chacun a la forme d'un pentagone et compte cinq étages. Tous les anneaux sont reliés par des corridors : 28 kilomètres de couloirs au total ! Mais l'ensemble est conçu de telle sorte qu'on ne met jamais plus de 7 minutes à pied pour aller d'un point du Pentagone à un autre.

Encore quelques instants et, depuis la rocade d'autoroute qui dessert le siège du commandement militaire américain, la voiture longera la façade ouest du building. Les engins de travaux publics y sont toujours à l'œuvre. Quinze mois plus tôt, ce bloc a été percuté par l'un des Boeing civils détournés par les kamikazes de Ben Laden.

Cent vingt-cinq agents ont péri dans l'effondrement de la façade ou dans l'incendie qui a suivi le crash. À ce bilan s'ajoutent les cinquante-neuf victimes du Boeing 757. Dans son vaste bureau, aménagé de pupitres pour travailler debout, décoré de statuettes en bronze dont un bison trônant sur la table de réunion, le secrétaire à la Défense Donald Rumsfeld conserve un morceau de carlingue trituré du vol *United Airlines 77*. Plus loin, dans le quartier ouest, une pièce fait office de mausolée. Sur les murs des corridors qui y mènent, des dessins d'enfants ont remplacé les portraits de grands soldats (Bradley, Eisenhower, McArthur...) et les tableaux de médailles. À l'intérieur, sont gravées les listes portant les noms des disparus. À l'écart, une plaque rend hommage à une victime supplémentaire : un agent du Pentagone qui n'était pas à son bureau ce matin-là. Envoyé en mission extérieure, il avait pris place à bord d'un des deux avions projetés sur les tours jumelles à New York.

L'homme qui descend de la limousine et pénètre dans le « saint des saints » de la Défense américaine est un officier français de très haut rang : le général Jean-Patrick Gaviard, sous-chef « Opérations » à l'état-major des armées. Il s'engage dans le lobby éclairé par des néons jaunes, croise les centaines d'uniformes bleu nuit, kaki, beige clair, qui s'affairent, mêlés aux costumes sombres ou aux tailleurs des agents civils féminins. La mission de Gaviard est classée « secret défense ». Divulguée, elle ferait l'effet d'une bombe : le général trois étoiles vient présenter à ses homologues américains les offres de service de la France, dans la perspective d'une guerre en Irak. « Mais attention, prévient aussitôt l'émissaire français selon une source militaire : rien n'est encore décidé au niveau politique. Et, en tout état de cause, rien ne se fera avec nous si un feu vert de l'ONU n'est pas donné à une intervention. » Malgré ces précautions oratoires d'usage, le geste revêt une importance considérable. Il est le signe que, parallèlement aux efforts diplomatiques de Paris pour imposer en Irak la solution des inspections de l'ONU, Jacques Chirac envisage bien une participation militaire française « au cas où »... Voilà qui cadre mal avec la posture du tandem Chirac-Villepin, applaudi par une classe politique quasi unanime et plébiscité, dans tous les sondages, pour son action à la tête du « camp de la paix ». « Ce n'était pas du double langage de notre part, se défend un proche de l'Élysée. Simplement, nous ne pouvions pas exclure l'hypothèse où Saddam Hussein commettrait une boulette. Or, en cas de provocation, Bush et Powell auraient obtenu sans mal du Conseil de sécurité une légitimation de leur action. La France aurait pu difficilement rester à l'écart. Voilà pourquoi notre armée devait être prête. Mais nous tenions à une discrétion absolue sur ce volet militaire : sinon, certains auraient jugé étrange de voir les Français fourbir leurs armes au moment où les inspections commençaient à porter leurs fruits. On aurait pu nous suspecter de vouloir jouer un rôle aux côtés des Américano-Britanniques afin de préserver nos intérêts en Irak après la guerre. Rien ne devait donc filtrer. »

Sur le terrain, le temps presse. En ce début d'hiver 2002, les Américains ont déjà déployé dans la région du Golfe un dispositif considérable – laissant peu de doutes sur leurs intentions véritables. Une armada composée de deux porte-avions et 51 bâtiments, 600 avions de combat, une centaine d'hélicoptères, 700 chars et quelque 100 000 hommes. Et des renforts affluent chaque jour. Sacré arsenal pour de simples « pressions » sur Bagdad... « Étant donné le coût occasionné par une seule journée d'un tel déploiement, vous imaginez bien que si les boys sont là-bas, c'est pour faire la guerre », confie d'ailleurs ingénument un journaliste new-yorkais à un officiel français.

L'armée française doit, sans tarder, prendre ses dispositions. « S'insérer dans une coalition de telle ampleur ne s'improvise pas, explique une source militaire. Il faut prévoir des droits de survol et des plates-formes pour nos avions, négocier un droit de passage du canal de Suez pour le *Charles-de-Gaulle*, trouver des bases pour nos troupes autour de l'Irak, savoir quel type de missions on pourra remplir, combien d'hommes cela nécessitera... Et s'assurer, en cas de participation, que la France aura son mot à dire sur les objectifs attaqués, les cibles visées : bref, qu'elle sera associée aux décisions. Le rôle du chef d'état-major, c'est de préparer des options. Au pouvoir politique, ensuite, de retenir celle qui l'intéresse. »

Chez les Britanniques, les préparatifs ont démarré depuis longtemps. Dès l'été précédent, les militaires français ont noté chez leurs collègues des signes qui ne trompent pas. « Des unités stationnées dans les Balkans ont été rapatriées en Angleterre. On y reconditionnait hommes et matériels en mode *désert* : le but de la manœuvre était clair. »

Les militaires veulent « y aller »

Au mois de novembre, les stratèges du Pentagone alertent tous leurs alliés. « Nous sommes en train de planifier les opérations possibles en Irak. Ceux qui souhaitent participer à une guerre éventuelle doivent nous informer au plus vite, en précisant ce qu'ils peuvent faire. » Demande assortie d'une *shopping list* : une circulaire en forme de liste de commissions, qui fait le tour des capitales « amies » (excepté Londres, déjà dans le coup) et sur laquelle figurent, en guise de fournitures : « besoins en forces spéciales », « en hélicoptères d'attaque », « appui aérien » ou encore « soutien naval ». Aux pays candidats de cocher la case de leur choix... ou celle qui correspond à leurs moyens.

À Paris, le procédé fait tiquer les militaires. Certes, le général Henri Bentégeat, chef d'état-major des armées, connaît bien les Américains, lui qui fut attaché militaire à Washington durant la guerre du Golfe : la finesse, il le sait, n'est pas leur fort. Mais là, tout de même, avec cette *shopping list*, on traite la France comme si elle ne pesait pas plus que la Nouvelle-Zélande !...

Malgré ce manque de tact du Pentagone, bien des militaires poussent à la roue, agacés à l'idée que les Britanniques pourraient s'embarquer seuls dans l'aventure, et s'imposer un peu plus comme la première armée européenne. Jacques Chirac est consulté. Il demande à Bentégeat, qu'il apprécie pour l'avoir eu à ses côtés en tant que chef de l'état-major particulier de l'Élysée, de plancher sur des scénarios d'engagement. « Nous avons procédé à une revue d'effectifs, raconte une source au ministère de la Défense. Compte tenu des 13 000 soldats déjà impliqués dans des opérations extérieures (Balkans, Afghanistan, Côte d'Ivoire), nous pouvions fournir un contingent de type Daguet, soit 10 à 15 000 hommes, en prélevant des unités parmi nos forces pré-positionnées en Afrique et dans les départements d'outre-mer. Mais la composante terrestre n'était pas l'essentiel. Nous étions davantage intéressés par un dispositif aérien. Voire aéronaval, avec le porte-avions *Charles-de-Gaulle*. Seulement nous mettions une condition : si on y allait, ce serait avec une zone sous notre entière responsabilité, à l'instar des Britanniques dans la région de Bassora. » Ces préparatifs, menés en totale discrétion, prennent deux à trois semaines. Quelques pots de peinture ont pourtant failli tout flanquer par terre. Un beau jour, un fournisseur trop bavard révèle en effet que l'armée vient de lui passer une grosse commande de teinte « sable ». À l'évidence, le camouflage des jeeps et des blindés prêts à partir pour l'Irak ! L'état-major s'en sort par une pirouette, jurant qu'il ne s'agit là que d'un renouvellement de stocks prévu de longue date. Le responsable de l'intendance, piètre stratège, n'aurait pas pensé à différer sa commande, vu le contexte. L'explication vaut ce qu'elle vaut...

Le 16 décembre, l'émissaire de Paris débarque donc à Washington, avec des plans plein son attaché-case. Les Américains ne sont pas vraiment surpris. Depuis la fin de la Guerre froide, les Français ont combattu à leurs côtés dans tous les conflits ou presque : Somalie, Bosnie, Kosovo, Afghanistan... Des partenaires difficiles, qui renâclent et tapent du pied, mais finissent toujours par se rallier. Militairement, cela ne change pas le rapport de forces, mais politiquement, avoir la France à ses côtés compte pour Washington.

Ce que Gaviard propose à ses homologues du *Joint Command Staff*, ce jour-là, c'est un « Kosovo plus ». En clair, l'envoi d'une bonne centaine d'avions, assorti d'une composante terrestre d'environ 10 000 hommes. Jean-Patrick Gaviard ne parle pas à la légère. Grand, brun, belle gueule de baroudeur, cet ancien pilote de chasse, général de division à cinquante-trois ans, représentait la France au QG de l'opération *Allied Forces* au Kosovo en 1999. À son poste actuel de « chef op' », boulevard Saint-Germain, c'est lui qui planifie, en liaison directe avec Bentégeat, l'emploi des armées. La France, annonce-t-il, peut fournir une panoplie aérienne complète : des Mirage 2000 et des Super Étendard pour bombarder, plus des Mirage IV et F1 pour assurer les missions de reconnaissance. Le général insiste sur un autre volet : celui de la guerre électronique, domaine dans lequel l'armée française – indépendance oblige – est mieux équipée que celles de l'OTAN, habituées à s'en remettre aux Américains. Au Kosovo, le recours au DC-8 Sarig et au Nord Gabriel, capables d'écouter, brouiller et espionner l'ennemi, a garanti aux tricolores une certaine autonomie. Enfin, les satellites Spot et Hélios compléteraient l'ensemble.

Gaviard, qui a travaillé avec les Américains dans leurs *War rooms*, est tout particulièrement admiratif de leur système de gestion du champ de bataille. Mais l'émissaire français connaît aussi leur gros défaut : ils ont une fâcheuse tendance à « balader » leurs partenaires. En les envoyant par exemple canarder des cibles sur la nature desquelles les commandements alliés n'ont aucune info : « Tout ce que leurs pilotes ont à faire, c'est d'appuyer sur le bouton », dit un militaire. Inacceptable pour Paris, qui refuse de mettre en jeu ses bonnes relations avec le monde arabe et musulman. D'où l'exigence d'avoir ses propres moyens de renseignement, comme au Kosovo.

Au Pentagone, les collaborateurs du chef du Centcom Tommy Franks sont vivement intéressés par la proposition du général. Les Français ont fait du « bon boulot », non seulement au Kosovo mais aussi en Afghanistan. Ils y sont certes arrivés tardivement, et leurs avions n'y ont largué en tout et pour tout que... treize bombes. Mais ils étaient les seuls, parmi les forces alliées, à pouvoir voler aussi bien dans les neiges du nord montagneux afghan que dans les vents de sable du sud désertique. Quant aux hommes d'élite des forces spéciales, au sol, ils participent aux côtés des Américains à la traque contre Ben Laden et ses sbires. « Dans quel délai estimez-vous pouvoir être opérationnels ? » demandent à Gaviard les hommes du Pentagone. La réponse n'est pas du ressort du général. C'est au Président de décider. Car celui-ci met à toute l'affaire une condition sine qua non : attendre le prochain rapport de la mission des inspecteurs de l'ONU en Irak, afin de savoir si oui ou non Saddam est décidé à coopérer. « Cela risque d'être trop tard, répliquent les Américains. Le rapport est attendu pour le 20 janvier. D'ici là, au rythme où se déploient nos forces, il va être difficile de vous intégrer à notre dispositif. » Néanmoins, ils s'engagent à trouver une solution, le moment venu. À Washington, désormais, on va s'accrocher longtemps à cette perspective d'un ralliement français.

En retour, l'émissaire de Paris attend des informations sur les scénarios d'attaque américains. « Comment comptez-vous agir ? Ne craignez-vous pas d'être très gênés par les conditions climatiques, vent et chaleur du désert ? Allez-vous utiliser des *mininukes* ? » Il s'agit de mini-bombes nucléaires, dites de théâtre, dont l'emploi aurait déjà été envisagé – mais sans suite – en Afghanistan, dans le réseau caverneux de Tora Bora, repaire supposé de Ben Laden. Toutes questions d'autant plus importantes que, depuis le début de la crise, Paris a quelque peu perdu contact avec les Américains. Il y a bien en permanence, depuis l'automne 2001, un général français avec une petite équipe au Centcom (centre de commandement pour le Moyen-Orient) de Tampa, en Floride. Mais il est là dans le cadre d'*Enduring Freedom* (Afghanistan), et se voit rigoureusement interdire l'accès aux bâtiments où se concoctent les plans d'invasion de l'Irak... Lorsque Gaviard regagne Paris, il a acquis une certitude : quoi qu'il arrive, désormais, les Américains sont décidés à attaquer l'Irak. Quant à sa mission, elle restera secrète et le général se garde aujourd'hui encore de l'évoquer. « Si on l'avait divulguée, avance-t-on du côté du ministère de la Défense, elle aurait été surinterprétée : les médias auraient conclu que, ça y est, nous étions prêts à faire la guerre. Cela aurait gêné l'action des politiques. Ces derniers avaient un seul but : garder ouvertes les deux options, la paix ou la guerre s'il le fallait. » À l'évidence, ce genre de révélation aurait brouillé le message de l'Élysée et du Quai d'Orsay.

Chirac fait machine arrière

L'analyse n'est pas fausse. Trois semaines plus tard, l'affaire des vœux de Chirac aux armées, le 7 janvier à l'Élysée, en est la démonstration *a contrario*. Ce mardi matin, dans le cadre solennel de la salle des fêtes, devant un parterre de généraux et d'amiraux aux épaulettes dorées, le chef de l'État demande aux militaires « de se tenir prêts à toute éventualité ». Et d'ajouter, l'air grave alors qu'il vient d'évoquer les théâtres extérieurs « sur lesquels nos forces sont déployées » :

« D'autres, hélas, pourraient s'ouvrir. » Dans l'esprit de beaucoup, les choses sont claires : tout est dans ce « hélas », qui ne figurait d'ailleurs pas dans le texte du discours préparé à l'avance. Le Président, avance-t-on, n'a pas pu improviser à la légère. Juste avant lui, d'ailleurs, le chef d'état-major, Henri Bentégeat, a souligné dans son discours que « tout semble se conjuguer pour que les armées soient encore fortement mobilisées en 2003 ». Quant à Michèle Alliot-Marie, ministre de la Défense, elle confirme, martiale : « Les armées sont prêtes. » Enfin, « signe » supplémentaire : l'annonce, intervenue juste avant Noël, que le *Charles-de-Gaulle* appareillera fin janvier, alors qu'il aurait dû en principe entamer une période de carénage de six mois. Il n'en faut pas plus aux médias pour évoquer un possible « changement de cap » de la Présidence. Les médias français qui s'engouffrent dans cette voie recevront le surlendemain, à l'occasion des vœux à la presse, un léger « savon » de la part de Chirac. Mais ce sont surtout les Anglo-saxons qui s'emparent de l'affaire. Dans la foulée de la cérémonie matinale, CNN, Fox News et consorts balancent flash sur flash pour évoquer le « ralliement » de la France. Colère à l'Élysée. L'après-midi, les vœux du corps diplomatique permettent à Chirac de rectifier ce que tout le monde avait cru comprendre le matin. La décision de recourir à la force, dit-il, « doit être prise par le Conseil de sécurité de l'ONU ». Machine arrière, toute... Il n'empêche : « Pendant toute cette période qui court jusqu'à mi-janvier, la France croyait – à l'instar des États-Unis – que Saddam ne pourrait pas s'empêcher de faire une bêtise et de fournir un prétexte en or à l'équipe Bush », se souvient un proche du Président. L'armée devait donc se tenir prête.

« LES CAROTTES SONT CUITES »

Washington. Maison Blanche. Lundi 13 janvier 2003

C'est une de ces journées d'hiver comme il y en a tant dans la capitale américaine : froide et ensoleillée, avec à peine quelques nuages dans le ciel. Maurice Gourdault-Montagne, le conseiller diplomatique de Jacques Chirac, et Jean-David Levitte, devenu ambassadeur de France aux États-Unis en décembre, filent vers la Maison Blanche dans leur grosse voiture noire aux vitres teintées. Ils ont rendez-vous pour déjeuner avec Condoleezza Rice. MGM, comme tout le monde le surnomme à Washington (ce sont les initiales de la Metro Goldwyn Mayer, qui a nourri des générations de bambins avec ses *cartoons* du samedi matin), a été envoyé en mission commandée par Jacques Chirac. L'objectif du chef de l'État est double : premièrement, exposer à nouveau la position de la France, son soutien aux inspections de l'ONU et son refus de suivre les États-Unis dans une intervention unilatérale en Irak ; deuxièmement, sonder la position américaine, savoir où ils en sont exactement. Sur ce deuxième point, Paris ne cesse de s'interroger avec la plus grande perplexité. Les Américains sont-ils vraiment décidés à faire la guerre coûte que coûte, comme le laisse supposer l'ordre de mobilisation envoyé à des dizaines de milliers de soldats et réservistes le 24 décembre ? Ou sont-ils toujours impliqués dans le processus diplomatique qui a besoin d'un peu de temps ?

MGM est relativement confiant. « La guerre apparaît de moins en moins probable », a-t-il précisé en privé la semaine précédente à un petit groupe de hauts fonctionnaires à l'Élysée. Ses collègues allemands semblent penser la même chose. Même Jack Straw, le ministre britannique des Affaires étrangères, a déclaré en public que la relative coopération irakienne faisait progresser les chances d'une solution diplomatique « à 60 %-40 % ». Levitte, de son côté de l'Atlantique, est plus circonspect. Lors des négociations à l'ONU sur la « 1441 » il a pu mesurer la détermination des Américains à résoudre le « problème Saddam » par leurs propres moyens. De plus, même s'il n'est arrivé à Washington que depuis un mois, il est parfaitement conscient de cette ambiance de « marche à la guerre » qui règne dans la capitale, des pages du *Washington Post* jusqu'aux dîners en ville qui ne bruissent que des dernières « sorties » des faucons. Gourdault-Montagne réalise cependant que les forces américaines désormais massées dans le Golfe (plus de 100 000 soldats) sont bien plus qu'il n'en faut pour mettre la pression sur Saddam Hussein au nom de la « diplomatie coercitive ». Tout retrait ferait désormais courir à Bush le risque du ridicule. Jacques Chirac, en expert des cultures asiatiques, sait que la crainte de « perdre la face » est un puissant moteur des décisions politico-stratégiques.

Les deux Français sont rapidement introduits dans

le bureau de la conseillère à la Sécurité nationale. Ils prennent place autour de la table en acajou, en compagnie de l'adjoint de Rice, Stephen Hadley. Condoleezza Rice, selon son habitude, conduit la réunion comme un conseil d'administration : efficacité, précision, pas de bla-bla. MGM ne tergiverse pas : il expose les réticences françaises à toute intervention américaine en Irak. Il reprend peu ou prou les grandes lignes de l'exposé qu'avait fait Chirac à Bush au mois de novembre : risques de déstabilisation des régimes de la région, embrasement du conflit israélo-palestinien, aggravation du ressentiment des Arabes à l'égard de l'Occident, problèmes de légalité internationale... « Tous les arguments que nous apportons sont balayés d'un revers de main les uns après les autres, de manière très sèche, raconte un participant français à la réunion. Tout ce que nous proposons est jugé impossible. On nous dit que les préparatifs militaires doivent s'accélérer. » Gourdault ne veut pas lâcher le morceau. Il insiste, mettant en avant ce qui est à l'époque la grande crainte de la France : l'agitation de la « rue arabe » chez les voisins de l'Irak, avec le risque d'une flambée islamiste. Inflexible, Rice rétorque : « Les dirigeants arabes seront à nos côtés. Ce sont des autocrates, ils ont suffisamment de pouvoir dans leur pays pour écraser toute dissidence qui deviendrait dangereuse ! Nous ne sommes pas inquiets. » Les deux hommes, pourtant pragmatiques en matière de politique étrangère, sont stupéfaits. Au moment où les États-Unis proclament sur toutes les antennes qu'ils veulent apporter la liberté, la démocratie et le respect des droits de l'Homme en Irak et au Moyen-Orient, la principale conseillère de Bush leur explique que les dictateurs moyen-orientaux ont du bon puisqu'ils sont capables de museler leurs citoyens !... Condi Rice conclut : « Tout ce qui pourrait arrêter le cours actuel des choses [sous-entendu les préparatifs militaires], c'est la chute ou le départ de Saddam Hussein. »

En quittant la Maison Blanche, les deux diplomates français se regardent : « Les carottes sont cuites », se disent-ils. « Nous avons réalisé à ce moment précis que la décision américaine était prise. Les États-Unis iront à la guerre de toute manière, quel que soit le résultat des inspections et du processus diplomatique en cours. » Maurice Gourdault-Montagne ressort avec la même conviction de ses deux autres rendez-vous à Washington. L'adjoint de Colin Powell, Richard Armitage, et le numéro deux du Pentagone, Paul Wolfowitz, balayent eux aussi la demande française de donner davantage de temps et de moyens aux inspecteurs de l'ONU en Irak. Wolfowitz, l'homme qui ne rêve que d'en découdre avec l'Irak depuis onze ans, monte sur ses grands chevaux. L'attitude française est « mollassonne » et « irresponsable ». « Le monde entier est sous la menace des armes de destruction massive irakiennes, surtout si elles tombent entre les mains de terroristes. Même le bureau de Chirac n'est pas à l'abri d'une attaque chimique », lance-t-il en substance à MGM, selon les auteurs Phil Gordon et Jeremy Shapiro (*Allies at war*). Au passage, il révèle au conseiller de Chirac que la « fenêtre d'opportunité » militaire pour attaquer l'Irak est ouverte jusqu'à la mi-mars. Après cette date, la température et les vents violents de la saison estivale rendent le combat dans le désert extrêmement difficile. Voilà la France prévenue !

Ce que ne savent pas les Français en quittant la Maison Blanche, c'est qu'ils sont les premiers ou presque à apprendre – incidemment – que la décision d'entrer en guerre est prise côté américain. Bob Woodward, dans son livre sur la « marche à la guerre », rappelle que Rice, Dick Cheney et Donald Rumsfeld ont appris de la bouche du Président qu'« il va falloir y aller » au début du mois de janvier. Mais ce lundi 13 est le jour précis où Bush reçoit Colin Powell pour lui annoncer sa décision et lui demander son soutien. C'est ce jour-là aussi qu'il convie dans son bureau le Prince Bandar, l'ambassadeur d'Arabie Saoudite à Washington qui est un ami de la famille Bush, pour lui faire part de son choix. Les Français, indirectement, sont donc parmi les premiers informés... avant même des alliés privilégiés tels que Tony Blair ou José-Maria Aznar !

Maurice Gourdault-Montagne n'a plus rien à faire à Washington. Il rentre à Paris le lendemain et annonce clairement à Chirac qu'il ne faut plus se faire d'illusions sur l'attitude des États-Unis. La balle est désormais dans le camp français. Quelle position adopter ? « Nous avons choisi de demeurer fidèles à l'idée que toute solution devait passer par le Conseil de sécurité et une résolution de l'ONU », se remémore Jean-David Lévitte

Les hommes du Président

Ce qui permet au camp français de rester aussi ferme sur ses positions, c'est l'extrême cohésion de l'équipe qui, autour du Président, « fait » la politique étrangère française. Un véritable clan qui va agir, selon la formule d'un hiérarque du Quai d'Orsay, comme un « pack diplomatique » : d'autant plus efficace qu'il est ramassé, compact et soudé. Tous se connaissent et travaillent ensemble depuis dix ans au moins. Tous sont en plus des chiraquiens de choc, dévoués et bûcheurs. Au cœur du dispositif, Dominique de Villepin.

Pour comprendre cette alchimie, il faut remonter à 1995, année pivot. Lorsque Jacques Chirac, tout juste élu président de la République, choisit Villepin comme secrétaire général de l'Élysée, celui-ci vient de passer deux ans au Quai d'Orsay, où il dirigeait le cabinet du ministre des Affaires étrangères Alain Juppé. Ce dernier, déménageant du Quai à Matignon, nomme à la tête de son cabinet Maurice Gourdault-Montagne, l'ancien adjoint de Villepin. « Maurice » et « Dominique » sont amis depuis beaucoup plus longtemps encore : leur lien remonte à leurs années communes à Sciences Po. En 1995, toujours, le « sherpa » – mot importé du Nepal et signifiant « ouvreur de piste » – de l'Élysée s'appelle Jean-David Levitte. Comme Chirac, ce dernier cultive un penchant pour le monde asiatique : il a étudié le chinois et l'indonésien. Lorsque Levitte s'envolera pour New York et prendra la tête de la mission française auprès de l'ONU, c'est Jean-Marc de La Sablière qui deviendra conseiller diplomatique du chef de l'État. Quelques années plus tôt, La Sablière, alors directeur des Affaires africaines et malgaches au Quai d'Orsay, avait pour adjoint... un certain Dominique de Villepin.

En ce début 2003, les cartes ont été rebattues, mais les joueurs sont les mêmes : Villepin dirige le Quai. Gourdault – en France on ne l'appelle pas MGM – est à l'Élysée le nouveau « sherpa ». Grand, plutôt strict d'allure derrière de fines lunettes, franc et direct, ce père de cinq enfants, chanteur amateur dans une chorale, rentre du Japon – un pays cher au cœur de Jacques Chirac – où il avait été nommé ambassadeur après le fiasco de la dissolution. Les dons de polyglotte de Gourdault, quarante-neuf ans, qui manie une dizaine de langues dont l'hindi et l'ourdou, épatent Chirac. En revanche, le nouveau « sherpa » ne connaît pas l'Amérique, où il n'a jamais été en poste, et n'est familier d'aucun membre de l'administration Bush. Jean-Marc de La Sablière remplace depuis décembre, au siège des Nations unies, Jean-David Levitte qui déménage, lui, de New York pour Washington. Levitte succède à François Bujon de l'Estang, autre « joker » de Chirac, qui prend sa retraite du Quai d'Orsay et entame une seconde carrière dans les affaires, en prenant la direction du groupe Citibank à Paris. Archétype du haut fonctionnaire un peu gris, discret voire introverti, La Sablière, cinquante-six ans, est moins à l'aise que son prédécesseur avec les Américains. Mais c'est un fin connaisseur de l'ONU, où il a accompli une bonne partie de sa carrière. Au sein de cette équipe, qui ne se connaît qu'un seul patron – Jacques Chirac – les circuits de décision sont ultracourts. Entre Paris, New York et Washington, les « hommes du Président » échangent infos, analyses et impressions chaque jour – parfois plusieurs fois par jour – par téléphone.

Aux « hommes » du Président, il faut ajouter deux femmes. Depuis le premier jour du septennat, Catherine Colonna est porte-parole de Jacques Chirac. Elle occupait jusqu'ici les mêmes fonctions au Quai d'Orsay, où ses patrons étaient... Juppé et Villepin. « Sans appartenir au premier cercle des *initiés* – les Jérôme Monod, Maurice Ulrich, Frédéric de Saint-Sernin, Gourdault-Montagne ou encore Agathe Sanson, l'adjointe de Claude Chirac – cette énarque célibataire est néanmoins une pièce-maîtresse du dispositif, témoigne un observateur familier du « Château » (surnom de l'Élysée) : elle façonne par petites touches, avec un art consommé du dit et du non-dit, la stature internationale du chef de l'État. » Un de ses ex-collaborateurs n'a pas oublié le cours magistral qu'elle lui administra un jour pour apprendre à « lâcher » le moins d'infos délicates possible dans un communiqué de presse ou lors d'un *briefing* avec les journalistes. Mais c'est aussi une grande « pro », très disponible, infatigable, qui manie volontiers l'humour et affiche un style décontracté. À l'orée de son quinquennat, pendant l'été 2002, Chirac a personnellement insisté auprès d'elle pour la faire renoncer à partir vers d'autres horizons...

Claude, la fille cadette du Président, occupe, à quarante ans, une place à part. Rue de l'Élysée, d'où elle accède à son bureau plus discrètement que par l'entrée d'honneur du 55 rue du Faubourg-Saint-Honoré, on peut croiser cette jolie blonde flanquée de Scotch, son labrador. Spécialiste incontestée de la communication, passionnée par les questions écologiques, les rapports Nord/Sud et par... les États-Unis, elle a vite flairé l'hostilité des Français à une aventure militaire en Irak. Un talent qu'elle a fait mûrir en Amérique, auprès d'un des plus grands gourous de la communication politique : Roger Ailes, ancien conseiller de Reagan et de Bush père, aujourd'hui PDG de Fox News. C'est chez Ailes qu'elle a découvert le fameux prompteur « invisible » de Chirac, qui fera un malheur dans la campagne présidentielle de 2002. « Dotée d'un *pif* phénoménal pour anticiper les tendances des Français, Claude use et abuse de tous les outils de la com moderne », poursuit le familier de l'Élysée. Elle commande sondage sur sondage, réunit des « groupes quali » où, derrière une glace sans tain, un panel représentatif de la société discute de tel ou tel sujet. Claude Chirac, épaulée par des spécialistes tels que des psychanalystes ou des « pros » du marketing, a récemment défriché un nouveau champ d'action dans son formatage de l'image présidentielle : celui des mots. Il s'agit de deviner ceux qui feront mouche et ceux qu'il vaut mieux éviter dans la bouche de Chirac. Le revers de la médaille, c'est que le Président se retrouve sous une sorte de « camisole médiatique », qu'il n'apparaît presque jamais spontané.

La griserie des sondages

Les sondages donnent raison au « pack » chiraquien qui milite obstinément contre la guerre. « Lors des premières études sur ce thème, à l'été 2002, nous trouvions 58 % de Français opposés à une intervention en Irak, témoigne Bruno Jeanbart, de l'Institut CSA. Début janvier 2003, ce chiffre atteint 76 %. Les "anti-guerre" se recrutent dans toutes les classes d'âge, et dans toutes les familles politiques : du Parti communiste au Front national. » En clair, en s'imposant comme le leader du camp de la paix, Chirac n'est pas loin de retrouver auprès de ses compatriotes, huit mois après le second tour de la présidentielle, sa stature de « Monsieur 82 % ». Il n'y a pas que les sondages : dans les capitales d'Europe, de Rome à Varsovie, de Londres à Madrid, la population commence à exprimer dans la rue (à coups de centaines de milliers, parfois même de millions de manifestants) son rejet d'un conflit dont elle ne comprend pas les motifs. Ou, plutôt, dont elle subodore qu'ils sont liés aux intérêts pétroliers, voire à un mobile personnel de Bush Junior, qui voudrait venger la tentative d'assassinat contre son père lors d'une visite au Koweït en 1993.

À voir leur ligne confortée aussi largement par l'opinion, les « hommes du Président » n'ont-ils pas la tentation d'en faire trop ? De succomber à l'euphorie et d'aller trop loin dans leur désir de « contrer » l'hyperpuissance américaine ? Le risque de se laisser ainsi « griser » existe d'autant plus que l'équipe fonctionne en circuit fermé. Et qu'aucun membre du clan n'oserait contredire Chirac, ni même Villepin. Du coup, on s'enferre trop longtemps à Paris dans une vision en net décalage avec la perception de ceux qui vivent et travaillent avec les Américains, comme les diplomates et les militaires qui ont compris depuis plus de six mois que l'administration Bush ne fera pas marche arrière.

À l'Élysée, chaque matin, une réunion consacrée à l'Irak se tient à 9 heures dans le Salon doré, au premier étage du palais. C'est le cabinet de travail de Jacques Chirac : bureau de style Louis XV (celui du général de Gaulle), lampe Napoléon III, horloge en or ciselé, quelques statuettes africaines ou chinoises de valeur, parquet lambrissé, portes-fenêtres donnant sur le parc où se déroule chaque 14 juillet la garden-party. « Le bureau présidentiel n'a pas été transformé en *war room*, avec cartes d'état-major punaisées au mur », sourit un participant. Assistent à ces *brainstorming* le conseiller diplomatique – La Sablière puis Gourdault-Montagne –, le chef d'état-major particulier, le général Jean-Louis Georgelin, la porte-parole Catherine Colonna. Ces séances peuvent aussi avoir lieu dans la pièce attenante au bureau présidentiel : une salle de réunion où Chirac a fait installer une vaste table autour de laquelle peuvent aisément prendre place une quinzaine de collaborateurs. On commence par faire le point sur les derniers événements, par décrypter les télégrammes diplomatiques tout juste parvenus : en raison du décalage horaire avec Washington et New York, beaucoup de choses se passent pendant la nuit. En fonction de l'ordre du jour, le cercle est élargi à Villepin (quand il est à Paris !) et au chef d'état-major des armées, le général Henri Bentégeat.

En revanche, le Premier ministre Jean-Pierre Raffarin et la ministre de la Défense, Michèle Alliot-Marie, sont tenus hors du coup par le « clan ». Entre novembre 2002 et avril 2003, Chirac se consacre presque entièrement à la crise irakienne, joue à fond son rôle sur la scène internationale. Et il se dégage en revanche de toute obligation intérieure, allège considérablement son agenda hexagonal. Ses concitoyens ne le reverront d'ailleurs pour une de ces visites en province qu'il affectionne qu'après l'été 2003.

Certains élus de droite, malgré l'unanimisme ambiant, commencent à renâcler. Chirac, maugréent-ils, s'isole trop, refuse de descendre de la stratosphère des questions de géopolitique. Pis : il laisse trop de marge de manœuvre à son ministre des Affaires étrangères. « Villepin nous a déjà fait le coup de la dissolution, lâchera ainsi un vieux grognard du “Grand” [surnom affectueux de Chirac] ; il ne va pas maintenant nous déclencher une guerre contre les États-Unis. » Un journaliste français qui connaît le diplomate-poète depuis longtemps confie que « dès le départ, Villepin a joué la carte de l'opposition aux États-Unis, en partie par ambition personnelle. Il a compris très vite le parti politique qu'il pouvait tirer de cette position qui l'a fait passer du statut de bureaucrate inconnu à celui de star médiatique ». Plus dur encore, un député de la majorité grince : « C'est le syndrome Pepsi/Coca : pour imprimer sa marque, la meilleure solution quand on est inconnu, c'est de cogner sur son prestigieux rival. »

L'EMBUSCADE

New York. Palais des Nations unies. Lundi 20 janvier 2003

Pavillon d'honneur d'Orly, dimanche 19 janvier. Début d'après-midi. Sur la piste, les réacteurs de l'Airbus de la République chauffent déjà quand Dominique de Villepin grimpe à bord. Le ministre des Affaires étrangères apparaît bronzé, en forme. Pas trace sur son visage du marathon diplomatique que la crise irakienne lui fait mener depuis la fin de l'été. Pourtant, le piège ivoirien, où la France est sérieusement malmenée, s'est encore ajouté à son agenda. Villepin, à son habitude, salue la petite délégation de journalistes installée à l'arrière de l'appareil. Il regagne ensuite ses « quartiers », à l'avant, pour y troquer son costume sombre contre un polo noir à manches longues, sous un pull en cachemire bleu clair : la « tenue de voyage » d'un ministre à qui il est arrivé de passer cinq jours de la même semaine en avion. Dure vie de famille pour ce père de trois adolescents, marié à Marie-Laure, une passionnée d'art. Le 14 novembre précédent, c'est en plein ciel, retour de

Tunis, que ses collaborateurs lui ont réservé une fête surprise pour son 49e anniversaire.

Un journaliste l'interroge : « Monsieur le ministre, qu'allons-nous faire à New York ? » L'intéressé répond par une boutade : « Nous allons essayer de recaler la planète. » C'est vrai que les choses semblent mal parties. Dans le Golfe, les bruits de rangers se font entendre chaque jour plus fort. L'Irak, avec le conflit qui s'annonce, est dans tous les esprits. Mais c'est dans le huis clos du palais de verre qui abrite, sur la 1re Avenue à Manhattan, le siège des Nations unies, qu'une guerre – feutrée – va commencer.

En ce mois de janvier, la France, par un heureux hasard du calendrier, assure la présidence tournante du Conseil de sécurité. Chirac et Villepin y voient l'occasion rêvée de reprendre l'initiative sur le terrain diplomatique. Quelques jours plus tôt, en effet, après la mission à Washington du « sherpa » Maurice Gourdault-Montagne, Paris a acquis la conviction que l'administration Bush, se souciant comme d'une guigne des inspections de l'ONU, est déterminée à attaquer le pays de Saddam Hussein. Dans le Golfe, d'ailleurs, les GI sont maintenant au nombre de 160 000. Cette « révélation » a fait l'effet d'une douche froide. Les Français tombent de haut : ne cultivaient-ils pas l'illusion de ramener les Américains à la raison ? Mais le « pack » ne renonce pas si facilement. Bush, ne serait-ce que pour contenter son allié Blair, ainsi qu'une bonne partie de l'opinion américaine, a besoin d'un feu vert de l'ONU pour légitimer son expédition punitive.

En tout état de cause, les États-Unis, s'ils souhaitent rester dans les clous de la légalité internationale, devront donc réunir une majorité qualifiée de neuf voix sur quinze au Conseil de sécurité. Il faudra en outre qu'aucun « veto » ne leur soit opposé par un des cinq « grands », les membres permanents du Conseil : Chine, Russie, Grande-Bretagne, États-Unis, France. *A priori*, ce risque est faible : depuis la chute du mur de Berlin et la fin du bras de fer URSS/États-Unis, il est rare que l'un des « grands » use de cette « arme atomique » de la diplomatie contre un autre membre du « club ». La plupart des « veto » sont ceux émis par les États-Unis pour bloquer les résolutions – émanant en général des dix membres non-permanents, élus au Conseil pour deux ans – condamnant Israël pour son action dans les territoires palestiniens. Résultat : lorsqu'il faudra se compter, au moment d'un vote sur une action militaire en Irak, tout dépendra du « marais ». Ce terme désigne les pays hésitants, prêts jusqu'à la dernière minute à basculer dans l'un ou l'autre camp. Or, ces derniers jours, des rumeurs alarmantes courant à New York ont été rapportées par Jean-Marc de La Sablière, chef de la mission française à l'ONU. Non seulement les Américains et les Britanniques seraient sur le point de « mettre en bleu » (en jargon onusien : présenter un texte déjà rédigé, prêt à être voté) une deuxième résolution, autorisant le recours à la force en Irak. Mais, en plus, ils seraient pratiquement assurés de détenir les neuf voix nécessaires en leur faveur ! Pour parer à ce danger, Villepin et Chirac décident de frapper un grand coup. Objectif : retourner le « marais » en s'imposant comme le leader déterminé et crédible du camp de la paix.

Au-dessus de l'Atlantique, à 11 000 mètres d'altitude, le chef du Quai d'Orsay met la dernière touche à son plan. Pour mener ce « Blitzkrieg » à l'ONU, il est épaulé par ses plus proches conseillers. Renaud Muselier a également pris place dans l'avion de New York, ce dimanche 19 janvier. Le très « politique » secrétaire d'État aux affaires étrangères résume son job d'une formule : « Villepin fait tout, je fais le reste. » Dans la salle austère du Conseil de sécurité, où il occupe le fauteuil bleu juste derrière son ministre – et à côté de l'ambassadeur La Sablière – Muselier est probablement le seul à garder en permanence un sourire aux lèvres...

Au décollage, Villepin a prévenu les journalistes : « Je vais travailler deux ou trois heures, et puis on dînera tous ensemble dans mon carré. » Histoire d'avoir de la matière, pour concocter les premières dépêches d'agence, les premiers flashes radios qui pourront être envoyés vers Paris dès l'atterrissage à « JFK » (l'aéroport Kennedy). C'est l'avantage de cet avion, un véritable cadeau pour la diplomatie française. Un Airbus A319 CJ (pour Corporate Jet), équipé comme un avion de super-PDG : chambre à coucher avec (petite) salle de bains pour le maître des lieux, carré VIP avec fauteuils de première, plus une trentaine de sièges d'un confort équivalent à celui d'une bonne classe affaires. Pour agrémenter le tout, un service à bord (assuré par des militaires – hommes et femmes – de l'armée de l'air) composé de mets concoctés par un émule d'Alain Ducasse, accompagnés d'excellents bordeaux (château batailley, un pauillac), meursault et champagne. Le seul inconvénient, c'est que les jeunes lieutenants-colonels qui le pilotent ont parfois tendance à décoller « court » ou à atterrir en style commando, faisant vibrer la carlingue.

Ce bijou, Hubert Védrine en rêvait. Son homologue allemand Joschka Fischer, l'ex-gauchiste des années 70 devenu une star de la politique outre-Rhin, avait déjà le sien, et ne cessait d'en vanter les mérites : « On se déplace incomparablement plus vite – et plus confortablement – que sur les lignes régulières, et l'on peut emmener des journalistes pour qu'on parle enfin de notre action diplomatique ! » Mais voilà, en 1995, le début du septennat avait été placé sous le signe de l'État modeste. Les excellences furent donc priées de prendre les compagnies normales, comme tout le monde. Ces bonnes résolutions ne durèrent qu'un temps. Dès 1997, Chirac et son Premier ministre Jospin se mirent aisément d'accord pour passer commande de deux A 319 CJ. Ces deux initiales accolées valurent d'ailleurs aux avions, livrés au printemps 2002, d'être surnommés... les « Chirac-Jospin ».

Calé dans son fauteuil, le patron du Quai dresse les grandes lignes de la manœuvre française. Le statut de président du Conseil de sécurité l'autorisant à convoquer des séances exceptionnelles, auxquelles sont conviés les ministres des Affaires étrangères des quinze membres (et non leurs seuls ambassadeurs à l'ONU), Paris a décidé d'organiser une conférence exceptionnelle sur le terrorisme. Sujet fédérateur s'il en est depuis le 11 septembre. Colin Powell, qui avait prévu d'autres engagements pour ce lundi 20 janvier, jour férié aux États-Unis pour cause de « Martin Luther King Day », a fini par promettre à « Dominique » sa venue, sur l'insistance de ce dernier au téléphone. C'est un geste important de la part du Secrétaire d'État américain : en tant que plus haut responsable noir de l'administration, il a mille choses prévues ce jour-là, et de toute façon c'est une célébration qui compte beaucoup pour lui personnellement – son deuxième prénom est Luther. Mais la lutte antiterroriste n'est qu'un prétexte. Le plan français consiste à utiliser cette tribune rêvée, en présence – outre Powell – du Britannique Jack Straw, de l'Allemand Fischer, du Russe Ivanov, plus tous les ministres des « petits pays » (Cameroun, Guinée, Mexique, Chili, Syrie, Bulgarie, etc.), ainsi bien sûr que du Secrétaire général Kofi Annan, pour lancer la contre-offensive diplomatique aux projets guerriers américano-britanniques. Du haut de sa chaire mondiale, la France va faire savoir qu'elle s'opposera au projet de deuxième résolution.

Le rendez-vous du Waldorf Astoria

Kennedy-Airport, New York. Le cortège officiel file vers l'East River. Le soir tombe à Manhattan. À peine arrivé, Villepin quitte son hôtel, le UN Plazza, pour aller rencontrer Colin Powell dans sa suite du Waldorf Astoria. Villepin, qui s'est fait *briefer* sur les *talk-shows* politiques dominicaux sait que la rhétorique américaine est montée d'un cran. Ce matin, Powell, Rice et Rumsfeld ont tous expliqué de manière coordonnée que « le délai de grâce touche à sa fin : si Saddam Hussein n'a pas l'intention de désarmer, alors peu importe combien de temps durent les inspections ». En privé, le Secrétaire d'État avertit son collègue français de « ne pas sous-estimer la volonté des États-Unis de résoudre le problème sans le faire traîner ». Une mise en garde sérieuse puisque Powell a la confirmation depuis une semaine que Bush a décidé d'attaquer l'Irak vaille que vaille. Villepin promet toutefois à Powell qu'il n'abordera pas le sujet de l'Irak le lendemain, puisque ce n'est pas l'objet de la réunion.

Villepin tient parole. Il ne mentionne à aucun moment l'Irak dans son allocution. Mais Joschka Fischer n'a pas cette prévention, il saute à pieds joints dans le débat irakien : « Nous sommes vivement préoccupés par le fait qu'une frappe militaire contre le régime de Bagdad entraînera des risques considérables et imprévisibles quant à la lutte internationale contre le terrorisme. » Il se trouve que Villepin et Fischer se sont vus au petit déjeuner dans la suite du Français à l'UN Plazza. Se sont-ils réparti les rôles ? Cela semble fort probable. Toujours est-il que le Russe Ivanov décide lui aussi d'ajouter son grain de sel en se déclarant « en faveur d'un règlement politique de la situation en Irak, dans le strict respect des résolutions pertinentes du Conseil de sécurité ». Powell est déstabilisé. Il est obligé de s'éloigner de son discours préparé à l'avance pour répondre aux Allemands et aux Russes. « Il faut espérer qu'une solution pacifique sera possible, mais si l'Irak ne respecte pas pleinement ses obligations, nous ne devons pas fuir les responsabilités que nous nous sommes imposées », assène-t-il, revenant à trois reprises sur ces « responsabilités ». Seul l'Anglais Jack Straw lui apporte son soutien ce matin-là.

Lorsque la séance s'achève, Powell n'est pas de la meilleure humeur. La réunion a évidemment dévié sur l'Irak, comme il le pressentait, et il a été obligé de se défendre. Néanmoins « Dominique » a tenu sa promesse et n'a rien dit. Colin Powell se rend donc comme prévu à la résidence privée de l'ambassadeur de France auprès de l'ONU, un magnifique duplex sur Park Avenue, pour un déjeuner avec Kofi Annan et les quatorze autres ministres des Affaires étrangères. Villepin ne peut suivre immédiatement : en tant que Président du Conseil, il doit tenir une conférence de presse. Là, il aborde l'Irak, comme si le sujet lui brûlait la langue depuis ce matin : « Si la guerre est la seule façon de résoudre le problème, nous entrons immédiatement dans une impasse. L'intervention militaire unilatérale sera perçue comme une victoire de la loi du plus fort, une attaque contre la primauté du droit et la moralité internationale. » Mais comme Villepin ne sait pas faire les choses posément, il s'emballe, évoque « tous les problèmes du monde qui sont liés entre eux » et discourt avec sa verve habituelle. Alors qu'il vient de répondre longuement à une question sur l'inconstance de la France, un journaliste lui demande soudain s'il est prêt à opposer son veto à toute action militaire ? Villepin se lance : « Nous pensons qu'une intervention militaire serait la pire solution et que le recours à la force ne peut être qu'un dernier recours, à supposer que toutes les autres voies aient été épuisées. À partir de là, vous évoquez le droit de veto. La France, comme membre permanent du Conseil de sécurité, assumera toutes ses responsabilités, fidèle aux principes qui sont les siens. Et je réponds une nouvelle fois à la question qui m'a été posée sur l'inconstance de la France : croyez bien qu'en matière de respect des principes, nous irons jusqu'au bout. » La seule mention du mot veto fait frémir l'assistance : un veto français contre les États-Unis, ce serait du jamais vu ou presque. La seule fois où Paris a osé voter contre Washington, c'était en 1956, pour s'opposer à la résolution américaine condamnant l'expédition militaire franco-britannique sur le canal de Suez, que l'Egyptien Nasser venait de nationaliser. La tension était si forte, dans les couloirs du Conseil de sécurité, que le représentant de la France à l'ONU n'eut pas le cœur d'aller lui-même affronter les Américains.

Du coup, ce fut à son adjoint qu'il revint de brandir ce veto « historique ».

Colin Powell, qui est arrivé entre-temps sur Park Avenue, regarde la conférence de presse à la télévision. À partir de ce moment-là, deux versions divergentes des faits se font concurrence. L'adjoint de Powell au ministère, qui est aussi son meilleur ami dans la vie, Richard Armitage, décrira ainsi la réaction du Secrétaire d'État : « Il n'avait pas l'air content du tout. Et quand il n'est pas content, il devient froid. Il pose ses yeux sur vous avec les mâchoires serrées et ce n'est pas beau à voir. » Un autre proche de Powell ajoute qu'il « s'est senti trahi par Villepin. Non seulement parce qu'il menace ainsi en public d'utiliser l'arme atomique du veto, et du coup ôte la menace de guerre qui pèse sur les épaules de Saddam Hussein. Mais surtout parce qu'en faisant cela il tend un piège à Powell qui est son seul allié dans l'administration Bush. Villepin le laisse en rase campagne pour être dévoré par les faucons ». Le lendemain, toute la presse américaine dénonce une embuscade et clame que les efforts à l'ONU ne servent plus à rien puisque la France a décidé qu'elle ferait tout pour empêcher une guerre.

Mais il existe une seconde version de cette journée. « Dans l'avion de retour pour Washington, témoigne un journaliste qui suit Powell depuis longtemps, le Secrétaire d'État a laissé entendre qu'il savait ce que Villepin allait dire. Il n'a en réalité pas été surpris. Mais la déclaration de Villepin a soulevé une tempête à Washington et les faucons sont tombés à bras raccourcis sur Powell avec leur refrain habituel : *Colin s'est fait humilier et rouler dans la farine par les Français*. Du coup, Powell, pour se défendre, a contre-attaqué en clamant qu'on lui avait tendu une embuscade. » Un diplomate européen qui a suivi le Secrétaire d'État ce jour-là confirme : « C'est Powell qui s'est mis à parler d'embuscade. Il a choisi de surjouer ce qui s'était passé pour reprendre la main en interne aux États-Unis et faire taire ses critiques. »

Quelle que soit la version des faits retenue, le résultat est identique : Colin Powell se range du côté des faucons. Il sait désormais que la guerre est inévitable et c'est sa manière à lui de dire à la Maison Blanche : « J'en suis, même si on me met des bâtons dans les roues. » Le général Anthony Zinni, un autre ami du chef de la diplomatie, déclarera deux jours plus tard : « Powell sait dans quelle direction nous allons et il préfère conduire le train. La meilleure façon de faire cela n'est pas de rester dans les wagons mais de grimper dans la locomotive. »

LE « PLAN SECRET » FRANCO-ALLEMAND

Château de Versailles. Mercredi 22 janvier 2003. Munich 8-9 février 2003

Cela commence comme un concours d'élégance sous les ors et les scintillements, dans le célèbre château. Une réception comme la galerie des Glaces n'en a pas connu depuis longtemps. Cela finit par une empoignade de charretiers entre deux camps qui perdent leur sang-froid : des échanges à fleurets mouchetés, on passe aux insultes et aux menaces fusant de chaque côté de l'Atlantique. Entre la France et les États-Unis la fièvre monte.

Ce mercredi 22 janvier, Jean-Louis Debré, le président de l'Assemblée nationale, a réussi son coup : plus d'un millier d'élus français et allemands, l'Assemblée nationale et le Bundestag, sont réunis en ces lieux chargés d'histoire. On y célèbre avec faste le quarantième anniversaire du traité de l'Élysée. En 1963, moins de vingt ans après la fin de la Seconde Guerre mondiale, alors que les souvenirs de l'occupation et de la barbarie nazie étaient encore vifs dans les mémoires, le général Charles de Gaulle et le chancelier Konrad Adenauer avaient courageusement décrété, par ce pacte, la réconciliation franco-allemande. À Versailles, leurs lointains successeurs Jacques Chirac et Gerhard Schröder démontrent que non seulement le couple tient toujours, mais qu'il est déterminé à trouver un second souffle. En deux jours de festivités – Versailles le mercredi, Berlin le lendemain – les deux hommes font assaut d'amabilités, multiplient les effusions.

Étonnantes embrassades de la part de deux dirigeants, l'un de droite, l'autre social-démocrate qui, depuis l'arrivée du second au pouvoir en 1998, s'étaient battu froid, et même plus d'une fois sévèrement affrontés : à propos de politique agricole commune ou du poids de l'Allemagne au sein de l'Union élargie. En 2002, réélus, tous deux ont décidé de relancer le moteur franco-allemand. Les voilà s'affichant en leaders d'une Europe qui tiendrait tête aux États-Unis. Ciment de ce rapprochement spectaculaire : l'opposition à la guerre en Irak. Schröder, cinquante-huit ans, politicien pugnace, charmeur et roué, qui partage avec Chirac ce talent de flairer les attentes de ses contemporains, en a fait un argument de campagne pour gagner sur le fil, en septembre 2002, des législatives à haut risque pour le SPD. Il n'a pas hésité, dans l'emballement des meetings, à aller très loin dans la remise en question de l'alliance fondamentale – pour ne pas dire sacrée – avec les États-Unis depuis 1945 et l'instauration du plan Marshall. Les esprits étaient si échauffés qu'une des colistières du chancelier, la ministre de la Justice Herta Daeubler-Gmelin, a comparé les méthodes de Bush à celles... d'Adolf Hitler. La Maison Blanche n'a ni pardonné, ni oublié.

Dans le tourbillon des agapes du quarantième anniversaire, qui détonnent dans l'atmosphère mondiale de veillée d'armes, le Chancelier est particulièrement remonté. Il est contre la guerre, avec ou sans mandat de l'ONU. « La guerre n'est jamais inévitable, lance-t-il lors d'une interview télévisée en duo avec le Président français. J'ai dit clairement, pour l'Allemagne, que nous ne pouvions ni l'approuver ni y participer. » Et Chirac de lui emboîter le pas : « Voilà : c'est la politique commune. » Le Président français n'était jamais allé aussi loin. Jusqu'ici, il n'excluait pas totalement une guerre en ultime recours, si Saddam Hussein refusait de désarmer. L'euphorie des retrouvailles, les sondages montrant la condamnation sans équivoque, par les Français, d'une éventuelle intervention en Irak, les manifestations qui se multiplient dans les capitales d'Europe et du monde... tout cela a sans doute aidé à « durcir » la position française. À l'aligner sur le « pacifisme » allemand. En même temps, les deux nations vont pouvoir agir ensemble, puisque depuis le 1er janvier, l'Allemagne siège en tant que membre non permanent au Conseil de sécurité de l'ONU. Schröder qui, selon un officiel français, « joue sa carrière dans cette affaire » est trop heureux de s'appuyer ainsi sur un partenaire doté du si précieux droit de veto.

« Vieille Europe » contre « mammouth »

À Washington, la naissance de ce nouveau front agace prodigieusement le secrétaire à la Défense Donald Rumsfeld. Dans un recoin de l'immense dédale du Pentagone, des bureaux sont affectés aux spécialistes de défense des grands journaux américains et des principaux médias internationaux. La pression des reporters est, du coup, permanente. Plus encore en période de crise internationale. Rumsfeld, soixante-dix ans, qui aime à jouer les professeurs debout derrière son pupitre, distribuant bons et mauvais points, enchaîne les *briefings*. Le voilà interrogé sur l'attitude des Français et des Allemands. Sur ses lèvres minces, un sourire méprisant : « La France et l'Allemagne ? C'est la vieille Europe, en perte de vitesse », raille le chef de file des faucons. Pour lui, l'avenir, ceux qui comptent, ce sont les nouveaux pays de l'Est, dynamiques, pressés d'accéder au capitalisme, prêts à appliquer les recettes de l'oncle Sam, qui vient d'ailleurs de les embarquer dans l'OTAN.

À Paris et Berlin, ces flèches contre la « Vieille Europe » déclenchent un tollé... mais elles font sourire les autres capitales européennes. Gerhard Schröder choisit l'ironie : « Rumsfeld, vous connaissez ? » Côté français, les réactions sont musclées : sur Europe 1, Roselyne Bachelot, ministre de l'Écologie (ex-présidente du groupe d'amitié France/Irak à l'Assemblée), gaffeuse notoire qui a cependant l'oreille de Chirac, cite « le mot de Cambronne » : « m... » à l'Américain ! Une autre femme du gouvernement, Michèle Alliot-Marie, ministre de la Défense, ne se montre guère plus « diplomatiquement correcte » à l'égard de son homologue Rumsfeld : « Nous ne sommes plus dans la préhistoire où celui qui avait la plus grosse massue allait essayer d'assommer l'autre pour lui piquer son cuisseau de mammouth. » Entre Paris et Washington, c'est l'escalade verbale. Ni Matignon ni l'Élysée ne cherchent à minimiser ces propos. D'autant que les réactions de la classe politique, en moins fleuri, sont unanimes contre l'« outrance » américaine. Un conseiller influent, proche du palais présidentiel, compare en privé « Bush et sa clique » à des « extrémistes dignes de Jean-Marie Le Pen ». Chirac, lui, reste silencieux. Mais, beaucoup plus tard, lorsque le scandale des tortures dans les prisons irakiennes éclatera au printemps 2004, il ironisera : « J'espère que Rumsfeld, ce n'est pas la nouvelle Amérique... »

Par le hasard du calendrier diplomatique, les protagonistes américains, allemands et français se retrouvent tous à Munich, le week-end des 8 et 9 février. Chaque année, dans la capitale bavaroise, se tient une réunion de l'élite mondiale de la défense, à laquelle participent des ministres de l'OTAN. Pas un sommet officiel, plutôt une sorte de *think-tank* où les participants planchent, en toute liberté de parole, sur des thèmes de sécurité, d'antiterrorisme et bien sûr de défense. D'ordinaire, dans cette Allemagne alliée inconditionnelle des États-Unis, où stationne toujours un nombre considérable de GI, le chef du Pentagone arrive en terrain conquis. Qui plus est en Bavière, terre d'élection de la CSU, l'aile chrétienne et conservatrice de la droite allemande proaméricaine. Mais la situation n'est plus la même. Le secrétaire américain à la Défense s'en rend compte, à peine débarqué de son énorme C-17 militaire, lorsque son cortège est accueilli par 15 000 pacifistes qui défilent avec des pancartes contre la guerre. Il n'y a cependant pas de quoi impressionner cet ancien champion de lutte qui serait parfaitement capable, sous ses allures de grand-père narquois, d'étaler un gêneur d'une simple manchette. Quand il s'avance dans le hall du centre de conférences munichois, râblé, regard en coin, celui que son patron George Bush surnomme *Rumstud* (l'étalon) a quelque chose d'un caïd de cour de récré...

L'autre camp est représenté par quelques ténors. À commencer par le ministre allemand des Affaires étrangères, Joschka Fischer. Dans sa turbulente jeunesse, ce quinquagénaire a frayé avec l'extrême gauche activiste, dans l'Allemagne de la bande à Baader. Depuis, cet Européen convaincu s'est imposé comme la figure emblématique des Verts, et passe pour le responsable le plus créatif de son pays, pour avoir donné du lustre à une diplomatie longtemps inexistante. C'est aussi un joggeur forcené, qui a réussi à perdre une cinquantaine de kilos et vante son bonheur conjugal avec sa nouvelle – et beaucoup plus jeune – épouse. Fischer, s'il a été agacé par la moquerie sur la vieille Europe, paraît néanmoins partisan de calmer le jeu. Avec Schröder, il a d'ailleurs des divergences sur la ligne adoptée vis-à-vis des États-Unis. Son discours est fort. « Merci aux États-Unis de nous avoir libérés des nazis et de nous avoir aidés à construire notre démocratie [...]. Mais, excusez-moi, monsieur Rumsfeld, je ne suis pas convaincu que la guerre contre l'Irak soit la meilleure solution. »

L'implacable Rumsfeld serait-il touché ? Dans un premier temps, il fait mine de s'excuser pour sa formule sur la « vieille Europe », s'étonnant même de « toute cette agitation » à propos de « choses qui arrivent dans une alliance ».

« Comment terminerez-vous cette querelle ? » lui demande un journaliste. « Cela se termine, c'est tout. Comme dit le vieux dicton : si tu es dans un trou, arrête de creuser. » Mais *Rumstud* reprend vite le dessus. De sa tribune munichoise, Rumsfeld appelle tous les pays européens « à rejoindre la plus importante coalition de l'histoire » qui se prépare à la guerre contre l'Irak. Quatre-vingt-dix nations seraient déjà enrôlées derrière la bannière étoilée. D'où sort-il ces chiffres ? Mystère. Soudain, il devient menaçant. Pointant du doigt les délégués allemands et français, il les met en garde : la France et l'Allemagne prennent le risque de « s'isoler elles-mêmes, plutôt que d'isoler les États-Unis ».

Michèle Alliot-Marie, qui participe à la conférence, s'apprête à bondir. Cette gaulliste, ethnologue de formation, poigne de fer derrière un sourire glamour et des lunettes siglées, ex-patronne du RPR chiraquien, « politique » jusqu'au bout des ongles, s'est glissée à merveille dans l'uniforme depuis sa nomination surprise à la Défense (elle guignait la présidence de l'Assemblée) en mai 2002. Elle a abandonné ses tenues couleur pastel pour de stricts tailleurs-pantalons bleu nuit ou beige, qui lui donnent un vague air de général passant les troupes en revue. En ministre qui soigne sa « com », elle saute en parachute, vole avec la patrouille de France, ne rechigne pas aux tournées des popotes de Barcelonnette à Kaboul. À l'hôtel de Brienne, siège du ministère rue Saint-Dominique, elle conserve sur une console de son majestueux bureau, le Salon bleu ouvrant sur de magnifiques pelouses au cœur de la capitale, des numéros d'*Armées d'aujourd'hui* et autres revues spécialisées... à côté des pages politiques des quotidiens parisiens. Forte de crédits militaires en hausse (par la volonté de Jacques Chirac), MAM surfe sur un certain état de grâce. Mais elle se tient en retrait de la crise irakienne. Le « clan » Villepin, avec lequel elle ne s'entend guère, ne lui a réservé aucun rôle particulier. De toute façon, dans le système français, le vrai chef des armées est le président de la République. Le ministre de la Défense est avant tout un exécutant, loin d'assurer un rôle comparable à celui du secrétaire américain. Jusqu'à sa sortie sur la

« vieille Europe », elle entretenait d'ailleurs avec Rumsfeld une relation plutôt « correcte ». Lorsque ce dernier la vit arriver pour la première fois à une réunion de l'OTAN, il parut intrigué : comment, une femme à la tête de ce monde de machos... ?

Visiblement, Alliot a décidé de profiter de la rencontre de Munich pour régler une bonne fois son compte à l'impudent Donald. « Être allié, martèle-t-elle devant ses collègues scotchés sur leurs fauteuils, ce n'est pas de dire : mon idée est forcément la bonne et tous ceux qui ne sont pas d'accord avec moi doivent être écartés ou exclus. Être allié, c'est un statut qui implique le dialogue et le respect des partenaires. Cela veut dire qu'on évite les accusations infondées, les assertions mensongères. C'est savoir se consulter pour trouver un consensus. » Un véritable rappel aux « fondamentaux » d'une relation transatlantique vieille de deux cents ans. Les mots sont pesés. À l'évidence, ils ont été soigneusement préparés, et ont reçu l'imprimatur des « hommes du Président ». Sur un terrain aussi glissant, pas question de laisser les ministres improviser. Cependant MAM, une fois encore, ajoute sa petite touche personnelle. Ironisant sur la « combativité » de la délégation américaine qui vient d'effectuer un long périple en avion, elle conclut, mordante : « Je crois qu'il va bientôt falloir inscrire le *jetlag* dans la liste des produits dopants !... »

RUMSFELD CLAQUE LA PORTE

Mais cette joute verbale n'est qu'un hors-d'œuvre : le plus « fumant » reste à venir. C'est un journaliste allemand qui provoque involontairement l'étincelle, ce samedi 8 février. « Que pensez-vous, demande-t-il à Rumsfeld lors d'un point de presse, du plan franco-allemand de désarmement de l'Irak ? » L'intéressé ne répond pas, interdit. « Il avait l'air de songer : mais de quoi est-ce que ce type est en train de me parler ? » raconte un témoin de la scène. Un plan franco-allemand ? Rumsfeld n'en a jamais entendu parler. À Washington, personne ne l'a informé d'un projet de ce genre : ni au Pentagone, ni à la Maison Blanche, ni même au département d'État, là où les contacts avec les Européens sont les plus étroits. Et pour cause : ce fameux « plan » est encore secret.

C'est une indiscrétion en provenance du magazine *Spiegel*, à paraître le lundi suivant, qui a levé le voile sur l'affaire : Paris et Berlin auraient concocté, indique le journal avec force détails, un dispositif alternatif à une invasion anglo-américaine de l'Irak. Le but est de remettre l'ONU au centre du jeu, et de tenter ainsi de sauver la paix. Vieille habitude munichoise, pourraient persifler les mauvais esprits...

De quoi s'agit-il ? Selon *Der Spiegel*, ce plan élaboré par les diplomates des deux côtés du Rhin prévoit plusieurs points. Premièrement, tripler le nombre des inspecteurs de l'ONU en Irak, qui sont environ une centaine. Deuxièmement, des milliers de Casques bleus européens seraient déployés sous mandat onusien en Irak pour garantir la sécurité des inspecteurs... et de leurs « sources » locales. Les faucons de Washington ne prétendent-ils pas que Saddam menace d'assassiner les scientifiques tentés de parler aux inspecteurs ? Lesquels seraient ainsi, selon les faucons, éternellement condamnés à faire chou blanc.

Troisièmement, l'espace aérien au-dessus du pays

serait bouclé, et quadrillé par des Mirage IV français d'observation, des drones (avions sans pilotes) allemands et des avions espions américains U2, mis au service des Nations unies. Là encore, une critique en sourdine des États-Unis. Car ces derniers, tout en dénigrant des inspections qui ne donnent rien, se gardent bien de prêter à la mission de Hans Blix des moyens performants de détection. C'est une façon détournée de dire aux Américains : « Puisque vous avez de prétendues preuves, mettez tout sur la table et dites-nous comment vous les avez obtenues... » Enfin, le plan propose un renforcement des sanctions économiques contre l'Irak. Objectif : fragiliser le régime baasiste en accentuant la pression.

La réaction de Donald Rumsfeld ne se fait pas attendre. Il se retourne vers le ministre allemand de la Défense, Peter Struck : « Est-ce vrai ? Vous avez un plan ? » L'Allemand se montre à la fois embarrassé et naïf : « Oui, nous parlons de ce plan avec les Français, mais nous ne sommes pas encore prêts à en parler avec vous. C'est une initiative commune du président Jacques Chirac et du chancelier Gerhard Schröder. » Ce scénario, à l'entendre, devrait être présenté par Villepin et Fischer le 14 février à l'ONU. De furieux, Rumsfeld devient ivre de rage : une initiative aussi importante, et c'est un journaliste qui la révèle au représentant du gouvernement américain ! L'ancien lutteur se met à arpenter les couloirs de la conférence, bousculant tout sur son passage. Il fait donner sa garde rapprochée : « Si la France et l'Allemagne préparent un plan qu'elles pensent présenter à la communauté internationale et si personne sauf la presse n'en parle au secrétaire à la Défense, le moins que l'on puisse dire est que ce n'est pas la meilleure façon d'entamer une discussion », assène, cinglant, un membre du staff de Rumsfeld. Après la « leçon » administrée par MAM, cela s'appelle un retour à l'envoyeur.

Quant au plan en lui-même, les Américains le jugent déplacé. Une « diversion » qui ne pourrait que servir Saddam, fulmine le chef du Pentagone. Cruel, il rappelle que la présence de Casques bleus (français, aurait-il pu ajouter) n'a pas empêché le massacre de Srebrenica (Bosnie) en 1995. Depuis Washington, Condoleezza Rice s'agace : « Nous n'allons pas fouiller partout dans un pays grand comme la Californie. » Powell est tout aussi cassant : « Nous n'avons pas besoin de plus d'inspections, mais de plus de coopération de la part de Saddam Hussein. » En privé, Français et Allemands sont traités de « femmelettes » incapables de prendre leurs responsabilités. Comme Paris et Berlin, rejoints par la Belgique, s'opposent en plus à l'octroi de mesures de protection de l'OTAN à la Turquie, car cela ferait entrer selon eux l'alliance dans une « logique de guerre », on est à deux doigts de la rupture avec Washington. Le soir même, sans attendre la fin de la conférence, Rumsfeld claque la porte et regagne Washington. Pas une seule fois dans la journée il n'aura eu un entretien direct avec Michèle Alliot-Marie.

Le « plan secret » va faire long feu. Les Russes et les Belges se déclarent, certes, intéressés par l'initiative. Mais en Allemagne, la colère américaine soulève un vent de panique. L'opposition et la presse conservatrice dénoncent la « super-gaffe diplomatique » de Schröder. Berlin bat en retraite, pris en tenaille entre son nouvel ami français et son protecteur américain de toujours. De son côté, Paris s'est empressé de démentir : il n'existe aucun plan, tout au plus des « propositions » qui devront être examinées au Conseil de sécurité, en présence de tous ses membres. « Nous envisagions, c'est vrai, de doter les inspecteurs de moyens supplémentaires », se souvient un négociateur français. « Mais il n'y a jamais eu de plan secret », tranche un proche de l'Élysée. Et d'ajouter, lapidaire : « C'était une invention-exagération médiatico-incontrôlée du côté allemand. » Avec l'enthousiasme des débutants, le nouveau front franco-allemand a effectué un démarrage pour le moins brouillon.

LA LETTRE DES HUIT

Bruxelles. Siège du Wall Street Journal. *Jeudi 30 janvier 2003*

Mike Gonzalez se frotte les mains. Le rédacteur en chef adjoint des pages *Opinions* du *Wall Street Journal Europe* vient de réussir un beau coup. Dans une demi-douzaine de quotidiens – en plus du sien – paraît ce matin-là une lettre où huit dirigeants européens proclament que « le lien transatlantique est la garantie de notre liberté. [...] [C'est] une relation qui ne doit pas devenir la victime des tentatives persistantes du régime irakien de menacer la sécurité du monde ». Le texte est signé par Tony Blair, José-Maria Aznar, Silvio Berlusconi, ainsi que par les présidents ou Premiers ministres du Portugal, du Danemark, de la République tchèque, de la Hongrie et de la Pologne. Si le contenu de la lettre est relativement inoffensif – une reconnaissance de la dette historique de l'Europe à l'égard des États-Unis et la volonté de voir la résolution 1441 appliquée – la manière dont ce texte est présenté sur la place publique constitue un véritable camouflet. Ni la France, ni l'Allemagne, ni les instances de l'Union européenne n'ont été averties de cette parution dans laquelle huit capitales européennes disent en substance ce que Tony Blair confie en privé à la même époque, selon les chercheurs Phil Gordon et Jeremy Shapiro : « Mon objectif est de bâtir une Europe unie proaméricaine. Mais si cela se révèle impossible, je préfère une Europe divisée avec un flanc proaméricain plutôt qu'une Europe unie alignée contre les États-Unis. » La « Lettre des Huit » résonne comme un coin enfoncé à coups de massue dans une Europe qui vole en éclats.

À Bruxelles, où est basé le *Wall Street Journal Europe* – l'édition européenne du grand quotidien américain des affaires – Mike Gonzalez joue les vierges effarouchées lors d'un entretien sur la RTBF. Cet ancien journaliste de l'Agence France Presse est interrogé sur les retombées de cet article qui se propage dans la matinée comme une onde de choc dans toute l'Europe. « Non, non », assure-t-il, il ne voit vraiment pas « en quoi cette lettre pose problème », ni en quoi elle favorise la position des États-Unis, qui cherchent à diviser l'Europe sur la question irakienne. Il n'est pourtant pas très difficile d'identifier la patte de Washington dans cette « Lettre des Huit ».

L'initiative de l'article revient bien à Mike Gonzalez qui, la semaine précédente, avait contacté les bureaux de Silvio Berlusconi et de Tony Blair pour leur demander de réagir aux déclarations franco-allemandes sur leur rôle de « moteur de l'Europe ». Toutefois, à l'opposé du reste du quotidien, sans conteste l'un des meilleurs au monde, les pages *Opinions* du *Wall Street Journal* ne sont pas un modèle de débats contradictoires. Elles sont, aux États-Unis, et à un degré moindre en

Europe, la chasse gardée de tous les penseurs néo-conservateurs et des excités de la droite dure qui, souvent, se contentent de reprendre dans leurs articles les arguments qui leur sont fournis clefs en main par la Maison Blanche et le parti républicain. Mike Gonzalez est un bon représentant de ce courant : n'écrit-il pas des éditoriaux expliquant que « Paris s'oppose au renversement de Saddam Hussein parce que celui-ci doit des millions de dollars aux banques françaises » ? Et ses arguments sont parfois « limites » : « L'administration Bush fait des efforts sincères pour faire passer son message [de démocratie et de libre échange] dans le monde islamique [...] La France sera peut-être le dernier pays musulman à être convaincu des bonnes intentions américaines. »

Mike Gonzalez appelle donc Rome et Londres, mais la réponse de ses interlocuteurs est tiédasse. En revanche, le conseiller diplomatique d'Aznar est enthousiaste. Madrid est en effet ulcéré par « l'arrogance franco-allemande » : une façon de reléguer l'Espagne à la *mesa de los niños* (la table des enfants), comme le dira plus tard Aznar à Chirac. Un brouillon d'article est donc rédigé à Madrid puis envoyé à Tony Blair, qui se laisse convaincre par l'idée. Ce dernier encourage les Espagnols à le faire circuler auprès d'autres dirigeants européens susceptibles de le signer. La lettre est envoyée à Rome, Lisbonne, Amsterdam, Copenhague, Prague, Varsovie et Budapest. Tous les récipiendaires acceptent de la parapher. Sauf le Premier ministre hollandais. S'il refuse, c'est parce qu'il est en pleine campagne électorale et ne veut pas prendre le risque d'apparaître trop proaméricain. Ces leaders savent en effet que la guerre en Irak n'est pas populaire auprès de leurs concitoyens.

Dans les huit pays qui signent la lettre, les sondages indiquent que l'opposition à la guerre va de 72 % des personnes interrogées au Portugal à 84 % en Grande-Bretagne !

Pendant ce temps, la France, l'Allemagne, la Belgique et le Luxembourg sont soigneusement tenus dans l'ignorance de ce qui se trame. La Grèce, présidente en exercice de l'Union européenne, n'est pas mieux lotie. Quant à l'Espagnol Javier Solana, chargé de la difficile mission de coordonner la politique étrangère européenne, il sera informé de la « Lettre des Huit » le matin de sa parution en écoutant la radio, alors qu'il venait laborieusement, la semaine précédente, de rassembler les Quinze autour d'une déclaration commune sur l'Irak... Washington, par contre, est informé de la démarche entreprise. Plusieurs conseillers de Bush suivent le projet, sans toutefois se mêler du contenu, et le porte-parole de Blair, Alastair Campbell, envoie une copie du texte à la Maison Blanche la veille de sa publication.

Le « facilitateur » washingtonien

Si l'implication de Washington en était restée là, on aurait pu évoquer une bienheureuse convergence de vues et d'intérêts. Mais un second individu est venu traîner ses guêtres dans cette opération, laissant les traces de l'Oncle Sam : Bruce Jackson. Ce 30 janvier, cet individu est fort occupé à envoyer une lettre, analogue à celle qui vient de paraître, à dix autres pays de l'ancien bloc soviétique : Albanie, Bulgarie, Croatie, Estonie, Lettonie, Lituanie, Macédoine, Roumanie, Slovaquie et Slovénie. Le langage ressemble beaucoup à celui de la

« Lettre des Huit », insistant encore plus fortement sur la responsabilité des démocraties « dans la défense de leurs propres valeurs face aux dangers posés par la tyrannie ». Les communicants de la Maison Blanche auraient pu écrire ce texte les yeux fermés. L'ont-ils fait ? Certainement pas : ce n'était pas nécessaire avec Bruce Jackson sous la main. Jackson est un personnage typiquement washingtonien, gravitant autour de l'administration Bush sans apparaître dans aucun organigramme, mais doté d'une influence souterraine non négligeable. Ayant travaillé au Pentagone dans les années 80 comme officier du renseignement militaire sous les ordres de Dick Cheney, Paul Wolfowitz et Richard Perle (un autre Républicain influent sans portefeuille), il a ensuite profité de ses connexions militaires pour déménager chez Lockheed Martin, un des plus gros fabricants d'armes au monde. Là, il est devenu spécialiste de l'OTAN, et l'un des plus ardents promoteurs de l'intégration des anciens pays de l'Est dans l'organisation transatlantique. Depuis 2002, il œuvre à son compte comme lobbyiste pour l'élargissement de l'OTAN. Ce qui fait dire au représentant diplomatique lituanien à Washington : « Bruce est tout simplement l'ambassadeur officieux des États-Unis auprès de l'OTAN. »

C'est à ce « titre » que, fin janvier, au cours d'un dîner dans l'Ambassade ultramoderne de Slovaquie, Bruce Jackson apprend le souhait du « Groupe de Vilnius » (les dix pays susmentionnés) de rédiger une déclaration de soutien aux États-Unis sur l'Irak. Cette idée n'est pas gratuite. Dans quelques jours, le Congrès des États-Unis doit voter pour approuver l'entrée de six de ces dix pays dans l'OTAN. Jackson leur propose donc de rédiger cette déclaration à leur place afin, dit-il,

« d'impressionner les sénateurs en montrant l'implication des nouvelles démocraties dans la lutte pour la liberté ». Si cela ne mérite peut-être pas l'appellation de chantage, cela a un fort goût de marché « donnant-donnant ». Jackson se met donc au travail. Au passage, comme l'a raconté le *Financial Times*, il aide à obtenir la signature de Vaclav Havel, le président de la République tchèque, sur la « Lettre des Huit ». Un signe évident de l'implication de Washington dans ces deux opérations épistolaires conjointes.

Quand Bruce Jackson commence à faire circuler sa lettre pour recueillir l'approbation des « Dix de Vilnius », il souhaite la faire paraître dans la presse le 5 février, jour où Colin Powell doit intervenir devant le Conseil de sécurité de l'ONU. D'ailleurs, il fait démarrer son texte par cette phrase : « En début de journée, les États-Unis ont apporté au Conseil de sécurité des Nations unies les preuves indiscutables de la possession par l'Irak de programmes d'armes de destruction massive, de ses efforts manifestes pour échapper au contrôle des inspecteurs de l'ONU et de ses liens avec le terrorisme international. » Cela est écrit plus de six jours avant l'intervention de Colin Powell, à un moment où ce dernier n'a même pas encore commencé l'examen des « preuves » qu'il va fournir. Beau sens de l'anticipation... Afin de gagner du temps, Bruce Jackson explique aux « Dix » que le texte qu'il leur soumet n'est pas négociable. C'est à prendre ou à laisser ! Ils prennent tous. Une fois que la lettre sera rendue publique, Jackson déclarera au *Financial Times* : « L'idée était de briser le monopole franco-allemand sur la conduite de la politique étrangère européenne. [...] Si la France et l'Allemagne peuvent dire aux autres Européens quoi faire, nous pouvons faire la même chose. Ce qui est bon pour les uns est bon pour tous. » Un diplomate français remarque au passage que, dans les chancelleries de l'Est, le texte de la lettre circule sur des papiers à en-tête des ambassades américaines...

« Blair ne m'en a pas soufflé mot ! »

À Paris, la « Lettre des Huit » provoque un petit choc. C'est de la bouche de journalistes que le Quai d'Orsay apprend l'existence de ce texte, la veille de sa publication. Lorsque Chirac est informé à son tour, les bras lui en tombent : « C'est marrant, déclare-t-il selon *Libération*, je viens d'avoir Blair au téléphone et il ne m'en a pas soufflé mot ! » Dans un premier temps, pourtant, l'Élysée décide de faire profil bas, tente d'en minimiser la portée. La lettre comporte d'ailleurs, assure sans rire l'entourage présidentiel, « beaucoup de choses que la France aurait pu signer ou même écrire, notamment en ce qui concerne le désarmement de l'Irak ». La ministre de la Défense Michèle Alliot-Marie, fidèle à son registre, ironise : « Sur les vingt-cinq membres de l'Europe élargie, il n'y a que huit signataires. Ce n'est donc pas vraiment la France qui est isolée. » Elle ne sait pas encore que cinq autres candidats vont s'y ajouter, avec la déclaration de Vilnius (les trois États baltes, plus la Slovaquie et la Slovénie).

Le mardi 4 février suivant, du coup, le sommet franco-britannique, prévu de longue date dans la charmante station balnéaire du Touquet, se déroule dans une ambiance tendue, malgré les sourires de façade. Cette rencontre avait d'ailleurs déjà été décalée : elle aurait dû se tenir en décembre, mais un coup de gueule de Chirac, qui avait traité Tony Blair de « mal élevé » lors d'un sommet européen (à cause d'un différend sur la politique agricole commune), en avait entraîné le report. Là, après l'affaire de la « Lettre des Huit », il aurait tout de même été délicat d'annuler encore une fois ! Seulement, dans les coulisses, les délégués britanniques s'entendront reprocher ce coup de Jarnac. D'autant qu'un autre « incident » agace les Français. Le matin même, en effet, la presse britannique a fait ses gros titres sur un « ralliement » de Paris à la guerre en Irak. Manifestement, quelqu'un au sein du gouvernement Blair avait organisé des « fuites » en ce sens. Au Touquet, l'ambassadeur de Grande-Bretagne en France, sir John Holmes, aura fort à faire entre une équipe française très remontée, et ses compatriotes, auxquels il reprochera leur maladresse. Si, à un moment, Londres a pu caresser l'espoir d'être rejoint par Paris, le meilleur moyen de le réduire à néant était d'annoncer cela en « une » des tabloïds anglais...

Mais la vengeance est un plat qui se mange froid, doit songer Chirac. Et autant être vingt-cinq à table : le message passera mieux. Le lundi 17 février, le chef de l'État se rend à Bruxelles pour un sommet destiné... à recoller les morceaux de l'Europe. Depuis que le principe de leur adhésion (qui deviendra effective en 2004) a été acquis fin 2002, les nouveaux pays sont représentés à ces réunions. En débarquant dans la capitale belge, Jacques Chirac a quelque raison d'être satisfait : sa politique étrangère est applaudie dans le monde entier, la classe politique nationale marche comme un seul homme derrière lui, tandis que ses rivaux Blair, Aznar et Berlusconi, non contents d'être désavoués dans les sondages, affrontent chez eux des manifestations monstres contre la guerre. Pour couronner le tout, le nom du Président français vient d'être proposé – par une organisation caritative costaricaine totalement inconnue ! – comme candidat au prix Nobel de la Paix. Comme grisé, Chirac n'y va pas par quatre chemins : en lançant un appel à s'unir derrière la bannière étoilée, les ex-pays communistes ont été selon lui « pas très bien élevés et un peu inconscients des dangers que comportait un trop rapide alignement sur la position américaine ». Bref, assène le chef de l'État, ils ont « manqué une bonne occasion de se taire ». À l'évidence, la « Lettre des Huit » et la « Déclaration des Dix » n'ont pas été digérées. Consternation et stupeur à l'Est. Cette sortie digne d'un maître d'école est perçue comme une gifle par des États tout juste émancipés de la férule soviétique (en France, d'ailleurs, plusieurs éditorialistes – de droite comme de gauche – avaient laissé entendre que ces peuples aiment à être vassalisés !).

En réalité, cela faisait un certain temps que Paris avait ces pays dans le collimateur, en particulier la Pologne. Juste après le sommet européen de Copenhague de décembre 2002, qui avait scellé leur entrée dans l'Union, Varsovie avait annoncé l'achat, pour renouveler la flotte de son armée de l'Air, de... F-16 américains. Colère des Français, qui « roulaient » pour le constructeur Dassault – le PDG Serge Dassault est un proche du Président – en lice pour cet important contrat. Pis, les Polonais avaient montré une hargne étonnante – « à la Thatcher » selon des diplomates – à Copenhague, pour arracher à la dernière minute une rallonge des aides européennes. L'Europe, vue des anciens satellites de l'URSS, c'est bon pour le marché unique et les avantages économiques, mais pour les choses sérieuses, à commencer par la défense, c'est aux États-Unis et à l'OTAN que l'on s'adresse. « Mais l'Europe, répliquera sèchement Dominique de Villepin, ce n'est pas seulement un tiroir-caisse. » Ce que nombre de partenaires retiendront de ces échanges, c'est que Paris peut se comporter de manière aussi brutale que Washington...

UNE BOULE DE FEU

À 10 heures du matin heure locale samedi 1er février, une boule de feu fait son entrée dans l'atmosphère au-dessus du Texas. La navette spatiale Columbia vient de se désintégrer en vol, tuant sur le coup ses sept astronautes. Les Américains ressentent un choc instantané, comme si dix-huit mois après les attentats du 11 septembre un nouveau drame venait les heurter dans ce qu'ils ont de plus symbolique. À la Maison Blanche, les appels des quatre coins du monde commencent à arriver. Tous les chefs d'État veulent présenter leurs condoléances au Président. Jacques Chirac en fait bien évidemment partie. La France a beau être à couteaux tirés avec les États-Unis, la politesse a encore droit de cité. L'équipe de la Maison Blanche organise un planning serré des appels. Celui du chef d'État français est pris parmi les premiers.

George Bush décroche le combiné depuis le Bureau ovale et on lui passe Jacques Chirac, qui s'adresse à lui directement en anglais. Pour la première fois, Chirac se dispense d'un bout à l'autre des services d'un interprète. Ce qu'il a à dire, ce sont des mots personnels, quelques phrases sur les tragédies auxquelles doit faire face un président. « La conversation est brève mais très émotionnelle », selon un proche de l'Élysée qui a entendu l'échange. Chirac, qui commence à bien connaître Bush et veut sincèrement lui témoigner ses sentiments, conclut : « George, je vais prier pour vous et les disparus. » Bush, dont la corde sensible vient d'être touchée, répond : « Jacques, vous êtes un homme bon ! »

LA SÉANCE DES PREUVES DE POWELL

New York. Siège de l'ONU. Mercredi 5 février 2003

« Mes chers collègues, tout ce que je vous expose aujourd'hui s'appuie sur des sources solides. Ce ne sont pas des affirmations dans le vague. Ce que nous vous offrons, ce sont des faits et des conclusions basés sur des renseignements solides. » Quand Colin Powell prononce ces mots dans l'enceinte du Conseil de sécurité de l'ONU, ses gestes et son regard indiquent qu'il n'est pas là pour amuser la galerie. La présence du directeur de la CIA, George Tenet, assis juste derrière lui, renforce l'idée que l'heure est grave. Les États-Unis vont révéler leurs meilleures preuves des manipulations de Saddam Hussein et des infractions du régime irakien. Comme c'est devenu l'habitude depuis quelques semaines en cette période de crise internationale, les ambassadeurs aux Nations unies des quinze pays du Conseil de sécurité ont cédé leur place à leurs ministres de tutelle. Dominique de Villepin est présent aux côtés des ses homologues Joschka Fischer, Jack Straw, du

Russe Igor Ivanov et de l'Espagnole Ana Palacio. Rien n'étant laissé au hasard ni aux erreurs d'interprétation, les chargés du protocole de l'ONU ont pris soin de recouvrir d'un drap la grande tapisserie dans le hall, reproduisant le *Guernica* de Pablo Picasso, devant laquelle tout le monde passe...

La salle du Conseil de sécurité est pleine à craquer. Avec la crise irakienne, nombre de journalistes américains ont redécouvert l'existence de l'organisation internationale, et se sont fait accréditer en urgence. D'ordinaire, leurs (rares) articles sur l'ONU concernaient ces « diplomates du tiers-monde » qui accumulaient les impayés de loyers à Manhattan. Ceux qui n'ont pu entrer sont branchés sur CNN ou une des autres chaînes de télévision qui retransmettent la séance en direct. La tension est à son comble. Depuis plusieurs jours, les médias ont fait monter la sauce. Colin Powell va présenter le *smoking gun*, le flagrant délit en face duquel plus personne – et surtout pas la France – ne pourra reculer. Même si, en privé, Powell a fait passer le message qu'il n'apporterait pas les preuves déterminantes devant conduire à la guerre mais plutôt « la » preuve que les inspections doivent être renforcées, il a été débordé par le matraquage médiatique des faucons de Washington. En militaire habitué aux présentations délicates et complexes, il a apporté avec lui une batterie de diapositives, de photos satellites, d'extraits d'écoutes téléphoniques. Et il a fait installer deux écrans géants pour que personne ne perde une miette de ce qu'il faut bien appeler « le spectacle ».

Il est 10 h 35 du matin quand le Secrétaire d'État américain entame sa présentation. Il offre son interprétation des relevés d'écoutes : n'y entend-on pas que des soldats irakiens s'efforcent de dissimuler quelque chose hors de la vue des inspecteurs ? Il décrit des mouvements suspects de camions observés depuis les satellites américains ; il explique que l'Irak possède des drones susceptibles d'asperger « ses voisins et même d'autres pays dont les États-Unis » avec des agents biologiques ; il brandit une fiole de la taille du pouce pouvant contenir, assure-t-il, « suffisamment d'anthrax pour neutraliser » un pays entier. Il parle ainsi, avec précision, pendant une heure un quart, ne se départant à aucun instant de sa gravité.

À Washington, où tout le monde a l'œil rivé sur son écran, la présentation de Powell est unanimement applaudie, y compris par les opposants à la guerre : « remarquable », « convaincante », « éclairante » sont les qualificatifs qui reviennent le plus souvent. L'ancien Secrétaire d'État adjoint de Clinton, James Rubin, assène sur CNN : « Les opposants à une intervention militaire qui ont regardé Powell devront être particulièrement sourds ou aveugles pour camper sur leurs positions ! » La Maison Blanche est en extase : son représentant le plus populaire et le plus crédible vient de marquer un but en or. Hélas pour l'ancien général, cette journée restera dans sa biographie comme celle où il aura sérieusement égratigné sa réputation. Un an plus tard, tout ce qu'il a exposé ou presque se révélera sans fondement. Powell aurait-il été manipulé ?

Le fidèle soldat

Quatre jours plus tôt, le 1er février, un samedi, Colin Powell se rend au siège de la CIA à Langley, sorte de campus en pleine végétation à une vingtaine de kilomètres à l'ouest de Washington, pour un examen approfondi du « dossier irakien ». Le Président lui a demandé quelques jours plus tôt de se charger de la présentation à l'ONU. Il en a été flatté, comprenant qu'on lui demande de rééditer le fameux discours d'Adlai Stevenson en octobre 1962 devant l'ONU, lorsque ce dernier avait démontré aux yeux du monde la présence indéniable de missiles soviétiques sur l'île de Cuba grâce à des images satellites. Mais lorsqu'il arrive à la CIA, Powell n'est pas de bonne humeur. Le vice-Président Cheney lui a remis un dossier de 50 pages rassemblant une liste de « preuves » sur les programmes secrets d'armement irakien, les liens avec les terroristes, les sites cachés de missiles : tout est passé au crible. Le problème est que, aux yeux de l'ancien chef d'état-major, la plupart de ces informations ne tiennent pas la route. Les sources lui paraissent peu fiables et rarement corroborées. Il sent derrière tout cela la patte de l'unité spéciale de « traitement du renseignement » créée au Pentagone par le clan des faucons, dont la source principale est un groupe d'exilés irakiens mené par Ahmed Chalabi. En privé, Powell parle de cette unité comme du « bureau de la Gestapo ».

Le Secrétaire d'État a donc décidé d'expédier à la poubelle le dossier fourni par Dick Cheney et de tout reprendre à zéro à la CIA, en travaillant jour et nuit dans la salle de réunion du directeur George Tenet. Mais là aussi, les renseignements qu'on lui fournit paraissent douteux. À un moment, exaspéré, Powell jette en l'air les documents qu'on lui fait passer en s'écriant : « Tout cela c'est de la merde ! » Songe-t-il à abandonner ? Apparemment pas. Petit à petit, il rassemble les données qu'il juge les plus fiables, aidé par Tenet qui joue les équilibristes entre les demandes maximalistes de Cheney et les informations faiblardes de ses services. Powell, comme toute l'administration américaine et de nombreux gouvernements étrangers, se fonde sur une analyse « rationnelle » de Saddam Hussein : s'il n'a rien à cacher, ni armes interdites ni programme nucléaire, pourquoi accepte-t-il depuis dix ans de subir les sanctions de l'ONU, faisant ainsi une croix sur des dizaines de milliards de dollars de revenus pétroliers, alors qu'il lui suffirait d'ouvrir ses portes aux inspections ? Tout le passé de Saddam Hussein révèle un dictateur mégalomane et imprévisible, mais les Américains s'entêtent à plaquer sur son comportement un vernis de rationalité. Quant à la CIA, elle ne dispose que de quatre agents actifs sur le sol irakien.

Au final, malgré ses emportements et son refus de lester sa barque avec n'importe quelle information, Colin Powell délivre devant le Conseil de sécurité un discours relativement conforme aux attentes de la Maison Blanche. « Powell comme Janus a deux visages, explique un journaliste qui le suit depuis longtemps. D'un côté, c'est un soldat fidèle dévoué au Président. De l'autre c'est un diplomate prudent qui voudrait être l'allié et l'ami de tout le monde. » Powell oscille sans cesse entre ces deux pôles mais, de plus en plus, il accepte le rôle de bon soldat dévoué à son chef. Quelques jours avant sa présentation, il croise Dick Cheney, qui lui lance : « Votre cote de popularité dépasse les 70 % : vous pouvez bien vous permettre de perdre quelques points... »

PARIS « N'Y CROIT PAS »

À Paris aussi, la séance, très attendue, est suivie avec une attention particulière. Dans les ministères et les rédactions, les postes de télévision sont branchés sur les chaînes d'information en continu, françaises ou anglophones. Les spécialistes hexagonaux du renseignement scrutent eux aussi le spectacle. Sur la forme, certains s'étonnent que l'on montre ostensiblement le patron de la CIA, qui a vraiment l'air de chaperonner le Secrétaire d'État : « Comme si ce dernier n'était pas en lui-même assez crédible, et qu'il ait fallu un professionnel pour donner l'onction à ses propos. » En revanche, que Powell accumule autant de « preuves » manifestement bidon ne surprend pas plus que cela les experts français. « Rappelez-vous le jugement de Jules César, dans la *Guerre des Gaules*, sur les carences de ses ennemis : *les espions gaulois ne disent à leurs chefs que ce qu'ils veulent bien entendre*. Le problème est exactement le même avec l'administration Bush ! »

Sur le fond, le jugement est beaucoup plus sévère. Car les Français, eux, « savent ». Sans doute pas tout, loin s'en faut. Mais ils possèdent une connaissance appréciable du terrain irakien, et sont pratiquement les seuls – avec les Américains et les Russes – dans ce cas. Ils ont des liens anciens avec des militaires irakiens, dont ils ont équipé et entraîné les pilotes qui volent sur Mirage F-1. Avec les scientifiques de ce pays, aussi, dont beaucoup ont séjourné longuement en France, dans les années 70/80, lors du programme nucléaire Osirak. En principe, un programme purement civil. Mais dans les faits, qui peut garantir que certains des Irakiens qui défilaient au centre de Saclay, dans les Yvelines, n'ont pas laissé traîner une oreille ou jeté un œil sur des programmes plus sensibles ? Fait révélateur, à cet égard : l'ambassadeur d'Irak à Paris, dans les années 80, était un personnage plus connu pour ses qualités de physicien nucléaire que pour ses talents de diplomate... Les Israéliens, en tout cas, n'ont pas accordé le bénéfice du doute : leurs F-15 ont rasé la centrale d'Osirak en juin 1981.

Cette proximité a un avantage, affirment les connaisseurs : Paris en sait long sur les avancées irakiennes en matière d'armement. « Ce qu'ils savent sur nous permet d'en savoir encore plus sur eux. » Au total, les Français, qui conservent de solides contacts au pays de Saddam, ont de bonnes raisons d'être informés de ce qui s'y passe réellement. Ces compétences sont d'ailleurs exploitées à l'ONU : plusieurs experts français occupent des postes importants au sein du corps des inspecteurs, et c'est un général tricolore qui dirige la cellule d'analyse, au siège de la mission Hans Blix à New York. Paris met de plus à la disposition de cette dernière ses Mirage-IV d'observation, qui, à partir de fin février, vont survoler l'Irak... Et dont les photographies aériennes feront un détour par la rue Saint-Dominique, au ministère de la Défense, avant d'arriver à New York.

Dès le début de la crise, à la fin de l'été 2002, le gouvernement a décidé de « mettre le paquet » sur la situation interne irakienne. « L'équipe Chirac/Villepin voulait en savoir le plus possible sur le programme d'armes de destruction massive, témoigne un proche du dossier. L'objectif était d'avoir notre propre estimation, afin de ne pas nous laisser balader, comme les autres pays, par les Américains. » Un « Groupe spécial sur l'Irak » a donc été créé, sous l'égide du ministre des

Affaires étrangères. Il s'agit d'une structure interministérielle, qui coiffe notamment les différentes sources de renseignement sur l'Irak : DGSE, DRM (renseignement militaire), plus tout ce qui remonte des postes diplomatiques de la région. La France, qui a un passé colonial dans plusieurs de ces pays (Liban, Syrie) et coopère étroitement avec certains services de renseignement et forces spéciales (Jordanie, Qatar, Émirats arabes unis...), est assurée d'avoir des « infos ». Les plus importantes sont décortiquées et commentées dans les *briefings* matinaux des « hommes du Président », au « Château ». Mais il reste forcément une part d'ombre. Paris ne peut pas être assuré à 100 % de l'innocuité ou de la dangerosité des programmes d'armement irakiens.

Les Français en savent assez néanmoins pour douter, en ce 5 février, des « preuves » fournies par Colin Powell. Outre leurs propres renseignements, ils connaissent certaines méthodes des Américains, coutumiers de tentatives de bluff. Un ancien très haut responsable du renseignement se remémore un épisode particulièrement édifiant. « C'était en 1993, raconte-t-il. Les Américains informent leurs alliés de l'OTAN que Saddam Hussein, deux ans après la guerre du Golfe, est en train de réarmer. Il masserait des divisions blindées le long de la frontière koweïtienne, préparant visiblement une nouvelle attaque contre l'émirat pétrolier. Une réunion au siège de l'OTAN, en Belgique, est organisée. Les émissaires du Pentagone présentent à tous les délégués un jeu d'images satellites : aucun doute, la menace irakienne est bien réelle. Mais les Français (qui siègent dans cette instance) demandent à examiner les photos de plus près : elles leur rappellent quelque chose. Vérification faite, ces documents dataient de la guerre du Golfe.

Les Américains avaient maquillé les dates ! Nous n'avons pas été dupes, car nous possédions, grâce à nos satellites Spot, les mêmes images de 1991. Et nous avions en plus celles de 1993 : les vraies, qui ne montraient rien d'alarmant à la frontière irako-koweïtienne... » En fait, les États-Unis cherchaient tout simplement, à l'époque, à justifier par un prétendu regain de tension le maintien des *boys* dans la région du Golfe. Ces « manip » pourraient prêter à sourire. Mais avec le recul, et tout ce que l'on a appris depuis sur la réalité des armes de destruction massive, cela donne plutôt le frisson...

L'ULTIME COUP DE FIL

Paris. Palais de l'Élysée. Vendredi 7 février 2003

Il est 5 heures de l'après-midi. Dans son cabinet de travail, à l'Élysée, Jacques Chirac s'empare du combiné qui le relie spécialement à la Maison Blanche. À Washington, où il n'est que 11 heures du matin, George W. Bush attend le coup de téléphone du chef de l'État français. La veille, l'Américain a averti, martial, le Président irakien Saddam Hussein, retranché dans ses palais de Bagdad : « *the game is over* » – « la partie est terminée ». Mais le message s'adresse aussi au reste de la planète. Et tout particulièrement à la France, qui s'acharne, à l'ONU, à retarder la guerre, en manœuvrant pour donner encore sa chance à l'équipe du Suédois Hans Blix. Comme si on n'avait toujours pas compris à Paris que le véritable objectif des faucons de la Maison Blanche n'est pas le désarmement de l'Irak, mais le renversement du régime à Bagdad ! Ce vendredi, Chirac s'apprête à informer Bush que la France va demander un débat au Conseil de sécurité, le 14 février, sur son plan d'inspections renforcées.

« Hello George, how are you today ? » Comme d'habitude, les premiers échanges ont lieu en anglais. Chirac manie bien cette langue. N'a-t-il pas participé un jour, sans traduction, au célèbre « Larry King Show », sur CNN ? Avec son homologue américain, il utilise cette langue le temps de prononcer les formules de politesse d'usage, éventuellement de prendre quelques nouvelles plus personnelles. Mais cette partie-là des conversations téléphoniques est nettement écourtée par rapport à l'époque Clinton. Ou aux appels avec Tony Blair : quand Chirac téléphone au Premier ministre britannique, ce dernier s'amuse à lui passer son fils Leo, le temps de dire quelques mots au bambin. Avant même que ne débute la crise irakienne, Chirac et Bush, qui n'ont jamais « accroché », limitaient au strict minimum l'aspect « non professionnel » de leurs entretiens. Celui-ci n'échappe pas à la règle. Les deux hommes passent sans tarder aux choses sérieuses. Jacques Chirac revient à l'usage du français. À l'Élysée, un interprète a pris place dans la pièce, sous les ors et les moulures grande époque. En général, un ou deux conseillers, parfois trois lors des coups de fil les plus importants, assistent à la conversation. Ils s'installent dans les canapés et banquettes de style, autour de la table basse qui fait face au bureau. De l'autre côté de l'Atlantique, dans le Bureau ovale, George Bush est lui aussi épaulé par ses collaborateurs. À Washington, contrairement à Paris, le traducteur se tient très rarement dans la pièce : il est « branché » sur la ligne, et peut aussi bien se trouver dans la capitale fédérale qu'à plusieurs milliers de kilomètres de là. Le sherpa, côté Élysée, et le conseiller à la sécurité nationale, côté Maison Blanche, se sont appelés au préalable, pour préparer l'entretien : l'ordre du jour, les éventuels points délicats, la durée prévisible... Mais, le moment venu, leur rôle consiste à rester suffisamment discrets pour préserver l'illusion d'un échange direct entre les deux Présidents. Ainsi va la haute diplomatie.

Bush écoute patiemment Chirac évoquer son contre-projet. « La guerre n'est pas inévitable. Il y a encore des alternatives pour atteindre notre objectif. La guerre doit être l'ultime recours, une fois que toutes les autres solutions ont été essayées. Les inspections donnent des résultats ; il faut les poursuivre. » Bush prend acte de ces paroles. Mais il ne fait aucun commentaire. Le Président français renouvelle, une dernière fois, sa mise en garde. « Attention, il y a de gros risques à mener une opération militaire. Le résultat pourrait être en totale contradiction avec le but que vous recherchez, celui de mettre fin à une dictature pour donner naissance à une démocratie. Vous pourriez fort bien vous retrouver avec une majorité chiite qui voudra imposer sa loi. Est-ce que cela serait vraiment conforme à l'idée que nous nous faisons tous de la démocratie ? » Ces arguments, Jacques Chirac les martèle à chacune de ses conversations avec le chef de la Maison Blanche. La réaction à l'autre bout du fil est encore une fois la même : « Oui, Jacques. Je vous comprends parfaitement. Mais, voyez-vous, depuis le 11 septembre, les choses sont différentes à nos yeux. Nous avons été attaqués. Et l'Irak de Saddam Hussein représente une menace directe et immédiate contre la sécurité des États-Unis. » À Paris, le Président lève les yeux au ciel. L'air plus las qu'exaspéré. Lui si prompt à s'échauffer, à piquer une colère véhémente, il garde son calme. Il sait que la discussion est close. Que son interlocuteur ne déviera plus d'un pouce. Il a une mission. « N'oubliez pas, dit Bush, que c'est à moi qu'il revient de serrer dans mes bras les familles qui ont perdu un proche. »

« Professionnellement », « amicalement » même, selon leurs entourages, les deux hommes font le constat définitif de leur désaccord. Le ton est posé, cordial. Au téléphone, d'ailleurs, ils ne se sont jamais emportés, encore moins invectivés l'un l'autre. Bref, il n'y a pas eu d'éclats – comme il y en eut en revanche entre Chirac et Blair – entre ces deux Présidents campant sur des positions aux antipodes l'un de l'autre. « Je souhaite sincèrement, insiste George Bush, que cela n'affecte en rien nos relations personnelles. Ni naturellement les relations entre la France et les États-Unis. Je tiens à la qualité des ces relations. C'est très important. » Ils raccrochent. Chirac et Bush ne se reparleront plus avant neuf longues semaines...

Jeux d'espions à l'ONU

Pendant ce temps-là, dans les couloirs de l'ONU, les diplomates préparent la réunion du 14 février au cours de laquelle le chef des inspecteurs Hans Blix doit remettre son prochain rapport. Le sérieux et rondouillard Suédois de soixante-quatorze ans a été tiré de sa retraite quelques mois plus tôt par Kofi Annan, afin de retourner en Irak chasser les missiles et autres ADM détenus en violation de l'embargo sur les armes imposé au régime de Saddam Hussein. Blix, qui a hérité d'une réputation de « dur » à l'égard des Irakiens depuis son passage à la direction de l'Agence internationale de l'Énergie atomique dans les années 90, n'est pourtant pas vu d'un très bon œil par les faucons de Washington. Au mois d'octobre précédent, Paul Wolfowitz lui est tombé dessus lors d'une réunion, mi-sarcastique, mi-menaçant : « Vous savez qu'ils possèdent des armes de destruction massive quand même ? ! » Un avertissement réitéré quelque temps plus tard, avec encore plus de force et sans la moindre once de subtilité, par le vice-Président Dick Cheney : « Si vos découvertes ne nous satisfont pas, sachez que nous n'hésiterons pas à vous discréditer ! » Afin de ne rien laisser au hasard, les Américains ont également entrepris de rassembler, par l'intermédiaire de la CIA, un épais dossier sur Hans Blix, concernant autant sa carrière professionnelle que sa vie personnelle. Il faut dire que le bras droit de Bush, Karl Rove, est d'origine norvégienne. À ce titre, il n'a que très peu de sympathie et d'estime pour ses ex-voisins suédois qui n'ont cessé de leur « piquer » du territoire depuis le XVIIe siècle...

Dans cette atmosphère de quasi-guerre froide, chaque camp se surveille avec la plus grande intensité. Pas question de laisser échapper le moindre indice, ou la moindre parole signalant le durcissement ou l'assouplissement de la position de l'autre. Les microphones cachés reprennent du service sur la 1re Avenue à Manhattan... Si l'espionnage est aussi vieux que la diplomatie, les écoutes sont aussi vieilles que l'ONU. « Ce n'est pas pour rien que l'on surnomme le palais des Nations unies la Maison de verre, raconte un ancien chef de mission onusien. C'est bien simple : on part du principe que tout le monde parle à tout le monde et que tout le monde écoute tout le monde. Pendant les travaux de la résolution 1441, chaque fois que nous sortions d'une réunion dans le bâtiment de l'Union européenne, situé de l'autre côté de la rue, nous découvrions immédiatement en discutant avec nos collègues américains qu'ils savaient ce que l'on s'était dit... » Du coup, quand les opposants aux États-Unis veulent à tout prix se confier des secrets, ils se rendent dans le bâtiment des Allemands. « Berlin a bâti directement son propre immeuble, avec ses propres ouvriers, et a construit une cage de verre dans une pièce isolée. Elle permet de se parler en toute discrétion, sans crainte des micros ou d'observateurs extérieurs », poursuit le diplomate. À Washington, les « plombiers » du contre-espionnage français effectuent des visites régulières à l'ambassade, à Reservoir Road. Des inspections minutieuses d'une durée de trois jours, qui n'ont jusqu'à présent débouché sur aucune découverte embarrassante. Par précaution, ce vaste bâtiment moderne est néanmoins équipé lui aussi de sa cage de verre.

Car dans ce jeu d'espionnage, tous les coups sont permis. Une des anecdotes les plus cocasses de la longue histoire des pratiques barbouzardes à l'ONU remonte aux années 80. À cette époque, la représentante américaine Jeane Kirkpatrick, une farouche conservatrice à l'esprit indépendant, se retrouvait souvent en porte à faux avec sa propre hiérarchie du Département d'État. Un jour, elle se rend dans le bureau du Président du Conseil de sécurité du moment, le Français Luc de la Barre de Nanteuil, pour discuter d'une résolution délicate. Là, au lieu de lui parler, elle commence à faire des mimiques en pointant du doigt les murs et les plafonds. Son interlocuteur comprend immédiatement et se saisit d'une feuille de papier. Il écrit « Soviétiques ? » Kirkpatrick fait « non » de la tête. De Nanteuil gribouille : « Chinois ? » Elle continue son mouvement de négation et retourne ses mains vers elle avec insistance. « Américains ? » inscrit-il incrédule. « Oui, oui », indique-t-elle.

Elle venait de vendre la mèche sur la surveillance effectuée par son propre gouvernement à l'égard des membres du Conseil de sécurité...

GRANDES OREILLES À PARIS

Il n'y a pas qu'à l'ONU que se seraient déroulés ces jeux d'espions. Les « grandes oreilles » américaines écoutent aussi ce qui se dit à Paris. Et tout particulièrement dans l'intimité du palais de l'Élysée, selon plusieurs sources françaises des milieux militaire et du renseignement. Un ex-responsable de haut niveau en aura indirectement la confirmation, quelques mois après la crise irakienne, de la bouche même des Américains. La scène se passe à Washington. L'intéressé, un ancien militaire, déjeune avec un proche de l'administration Bush. Les deux hommes se connaissent bien, ayant travaillé ensemble par le passé. Soudain, au cours de la conversation, l'Américain se dresse et lance à son interlocuteur, non sans véhémence : « La relation entre votre Président et le nôtre est irréparable sur le plan personnel. Dites-vous bien que le Président Bush sait exactement ce que le Président Chirac pense de lui !... » Au ton employé par son vis-à-vis, le Français saisit immédiatement : ce que pense Chirac du Texan doit relever davantage d'un dictionnaire argotique que d'une séance de l'Académie française. Il comprend surtout que les « services » ont « écouté » les coups de téléphone privés présidentiels. Le procédé est tout sauf *fair-play*. Personne à Paris ne confirme officiellement l'allégation américaine. Mais on admet à demi-mot qu'il est en effet possible, et même probable, que des conversations aient été interceptées. Les responsables français ont une fâcheuse tendance à négliger l'usage de lignes téléphoniques cryptées : la procédure est lourde, et demande du temps. Particulièrement sensibles : les portables. « Avec un utilisateur compulsif du téléphone comme Chirac, note un observateur qui le connaît bien, imposer en permanence le crypté relèverait de la mission impossible. » Et, de toute façon, ajoute-t-on à Paris avec un certain angélisme, « la France n'avait rien à cacher. Quand le chef de l'État s'adressait par téléphone à Villepin, au Président chilien Lagos ou à n'importe quel autre interlocuteur, il le faisait pour exprimer une politique claire, transparente ».

Quant à la propension de Jacques Chirac à user d'un langage de soudard, elle n'est plus à démontrer. *Le Canard enchaîné* a rapporté depuis longtemps sa « sortie » contre Margaret Thatcher à un sommet européen en 1986, captée grâce à un micro laissé ouvert par inadvertance : « Qu'est-ce qu'elle veut encore la ménagère, mes couilles sur un plateau ? » Que Chirac ait effectivement lâché une phrase vexante, ou que l'affaire soit un montage de la CIA ou d'une de ces officines qui pullulent autour des *néocon's*, les oreilles de George Bush ont dû siffler. Mais l'Américain, à en croire de nombreuses rumeurs, a eu sa revanche : en privé, le chef de la Maison Blanche surnommerait Jacques Chirac *Jackass* (âne bâté)...

LE QUART D'HEURE DE GLOIRE DE VILLEPIN

Paris (quai d'Orsay) – New York (siège de l'ONU). Vendredi 14 février 2003

Huit heures du matin : le palais du Quai d'Orsay est encore silencieux. On pénètre dans le salon de la Rotonde, le bureau du ministre, dont les baies vitrées s'avancent sur le parc recouvert de givre. Au mur, de hautes tapisseries des Gobelins. Au milieu de la pièce, immense, trône le bureau de Vergennes (ministre de Louis XVI, et grand ami de l'Amérique). Ici furent signés bien des traités. Talleyrand y ourdit ses machinations. Churchill y fut reçu, à la veille de la débâcle de 1940. Dominique de Villepin a ajouté sa touche personnelle : il y a des bustes de Napoléon partout. « DDV » est un admirateur de l'empereur : il a consacré un livre à l'épopée des Cent-Jours et rêve comme lui de « grandeur ».

Ce matin-là, il reçoit au petit déjeuner quelques journalistes du service « Politique » du *Parisien*. Pendant la semaine qui vient de s'écouler, il a eu deux ou trois autres rendez-vous de cet ordre. À l'heure où certains doutent, se demandent si on ne pousse pas le bouchon un peu loin, à provoquer ainsi la superpuissance américaine, le ministre veut expliquer, et plus encore convaincre. « En Irak, il n'y a aucune fatalité de la guerre », répète-t-il. Du Villepin tel qu'en lui-même, discourant toujours, écoutant peu, agitant des mains fiévreuses pour mieux capter l'auditoire : infatigable, inusable. Il a encore cette petite phrase, qui fait tilt aux oreilles de ses interlocuteurs : « Ce qui se joue aux Nations unies, c'est bien le choix entre deux visions du monde. » Tiens, tiens... Voilà qui ferait une belle harangue à l'adresse des délégués des pays membres du Conseil de sécurité, qui vont avoir dans quelques heures le sort de la paix entre leurs mains. Le Conseil, seul endroit au monde où la France, grâce à son statut de membre permanent et son droit de veto acquis en 1945, pèse le même poids que les États-Unis.

Ce vendredi est en effet une journée particulière. Dans deux heures, le chef de la diplomatie se rendra à Roissy, afin de sauter dans le Concorde pour New York. Une séance décisive du Conseil de sécurité de l'ONU doit s'y tenir le jour même. D'habitude, Villepin utilise l'Airbus gouvernemental : en décollant l'après-midi, on arrive à New York en début de soirée, ce qui laisse une bonne nuit (de travail, en général) avant la réunion des quinze membres du Conseil, qui débute vers 10 h 30. Mais cette fois, l'heure est grave : le calendrier s'accélère, la paix ne tient plus qu'à un fil. L'agenda du ministre explose, il a besoin de chaque minute. Pour rencontrer les médias, pour des réglages de dernière minute avec ses collaborateurs du Quai d'Orsay, pour un coup de fil au Président – avec lequel il se sent, dit-il, parfaitement en phase – ou pour une discussion avec tel intellectuel ou ami artiste. Heureusement, il y a (encore) le Concorde : en quittant Paris à 11 heures du matin, il sera aux États-Unis... deux heures plus tôt, à 9 heures, grâce au décalage horaire.

Installé dans son fauteuil gris et blanc, dans la cabine du supersonique, Villepin met la dernière touche à son discours. Lui qui croit plus que tout au pouvoir du verbe, il veut frapper un grand coup à la tribune de l'ONU. Persuader les nations hésitantes de se rallier au panache tricolore. Démonter pied à pied les arguments du « camp de la guerre ». Pour cela il faut un discours émotionnel et fort, mais aussi efficace et précis. Pas un de ces torrents lyriques tels qu'il les affectionne, citant dans un moulinet de paroles vingt, trente ou cinquante poètes, au risque de perdre en route son auditoire, séduit avant d'être assommé. Mais il est difficile de contenir une passion : même au plus chaud de la crise irakienne, il trouvera toujours un instant pour s'échapper, écrire quelques lignes de son *Éloge des voleurs de feu* – volumineux hommage aux poètes – ou joindre son éditrice Teresa Cremisi chez Gallimard, entre deux appels à Powell.

Ce discours, l'équipe Villepin planche dessus depuis plusieurs jours. Les diplomates de la cellule « Nations unies » ont d'abord fourni les « éléments de langage ». C'est la partie technique, le socle de l'argumentaire dont il ne faudra pas dévier. Ce premier jet est envoyé au cabinet du ministre. Là, les collaborateurs directs, familiers du style et des marottes du « patron », ajoutent leur sauce. Il est bien rare que Villepin ne les renvoie pas dans les cordes. « Vous parlez comme des technocrates ! De la prose de sous-préfecture... Il faut du souffle, de la vie, une vision. » Et le ministre d'enchaîner par une bordée de formules chocs, d'idées parfois contradictoires entre elles. « C'est sa technique, confie un proche. Il lance des ballons d'essais, n'hésite pas à provoquer, et observe nos réactions. Puis il saisit ou rejette les mots qu'on lui retourne : un vrai ping-pong verbal. » Quand une phrase fait mouche, on la couche sur le papier. Le discours avance. À ce jeu, l'un des participants excelle. Une jeune recrue, pas du tout un diplomate chevronné : c'est Antonin Baudry. Le *speech writer* du cabinet, la plume du ministre, c'est lui. « Un surdoué, diplômé de Polytechnique et de Normale Sup « Lettres », qui capte immédiatement ce qu'attend le ministre. » En 2004, lorsqu'il déménagera pour la place Beauvau, Villepin l'emmènera comme conseiller chargé « de la stratégie et de la prospective ».

Mais le discours n'est pas terminé. Il doit encore circuler. À l'Élysée, en premier lieu. Le sherpa Maurice Gourdault-Montagne, la porte-parole Catherine Colonna, notamment, l'étudient de près. Ainsi que le Président. Si le texte final est nuancé, les observateurs croient déceler la patte de l'Élysée. S'il est enflammé, c'est que Villepin a eu le dernier mot. Ce matin-là, le chef de la diplomatie est satisfait de sa trouvaille sur le « vieux pays, d'un vieux continent ». Une réplique ironique à la moquerie de Rumsfeld sur la « vieille Europe ». Reste à tester le discours, à le roder afin d'être sûr de son effet, du haut de la tribune des Nations unies. Sans qu'ils s'en doutent, les journalistes du *Parisien* ont droit ce jour-là, entre le café et les viennoiseries, à la primeur du texte – du moins de certains extraits. Car à bord du Concorde, à deux fois la vitesse du son, dans ce cadre qui sied à la « grandeur » française, le ministre se remet à l'ouvrage.

Le massacre de la Saint-Valentin

Quand Dominique de Villepin achève son intervention, les applaudissements fusent dans la salle pleine à craquer du Conseil de sécurité de l'ONU. Même le ministre chinois des Affaires étrangères frappe des mains. Il faut remonter à un discours de Nelson Mandela pour trouver une telle salve d'applaudissements dans l'histoire du Conseil de sécurité... Si le ministre français n'avait pas encore la grosse tête, c'est désormais chose faite. Et si les Américains avaient encore l'illusion de mener un combat populaire et soutenu par le reste du monde, elle vient de voler en éclats. Le Secrétaire d'État américain Colin Powell avait annoncé quelques jours plus tôt que cette session représenterait « le moment de vérité pour l'Irak ». Ce 14 février fut surtout « le massacre de la Saint-Valentin pour l'Amérique », selon les commentaires de plusieurs journaux le lendemain. Neuf jours après sa « séance de preuves », Powell attendait de cette réunion de l'ONU, au cours de laquelle le chef des inspecteurs en Irak Hans Blix et le directeur de l'Agence internationale de l'Énergie atomique rendent leur rapport, qu'elle valide les dénonciations américaines. Pas de chance, les deux hommes s'attachent surtout à pointer les erreurs dans les accusations de Powell et à exposer les réelles avancées de leur travail, notamment grâce à une collaboration accrue des Irakiens. Ce n'est pas encore parfait, expliquent-ils, mais il y a des améliorations.

Chaque jour, la querelle franco-américaine devient plus vive, et à chaque réunion de l'ONU à New York, l'ambiance est plus tendue. Ce matin, on pourrait couper l'atmosphère au couteau quand Hans Blix, le placide

Suédois, entame son rapport d'étape. Quinze jours plus tôt, son premier compte rendu a été jugé plutôt en faveur des Américains. Mais cette fois-ci, il est beaucoup plus mesuré et choisit de noter les progrès de son travail. Ce rapport tombe comme une aubaine pour la France et les opposants à la ligne américaine qui réclament davantage de temps pour les inspections. Quand Villepin prend la parole lors du tour de table qui suit la présentation de Blix, la première partie de son discours ne fait que réitérer ce point de vue. Mais, une fois évacué l'aspect technique et juridique de la résolution 1441, le Français se dresse sur son siège et se lance dans son envolée dûment concoctée. Il commence par agiter sa cape : « L'option de la guerre peut apparaître *a priori* la plus rapide. Mais n'oublions pas qu'après avoir gagné la guerre, il faut construire la paix. Et ne nous voilons pas la face : cela sera long et difficile, car il faudra préserver l'unité de l'Irak, rétablir de manière durable la stabilité dans un pays et une région durement affectés par l'intrusion de la force. » Puis il plante les banderilles : « La guerre est toujours la sanction d'un échec. » Brillante petite phrase dont il sait sans doute qu'elle fera le tour des médias le lendemain. Enfin il sort son épée et règle les comptes en suspens avec l'administration américaine : « Dans ce temple des Nations unies, nous sommes les gardiens d'un idéal, nous sommes les gardiens d'une conscience. La lourde responsabilité et l'immense honneur qui sont les nôtres doivent nous conduire à donner la priorité au désarmement dans la paix. Et c'est un vieux pays, la France, d'un vieux continent comme le mien, l'Europe, qui vous le dit aujourd'hui, qui a connu les guerres, l'occupation, la barbarie. Un pays qui n'oublie pas et qui sait tout ce qu'il doit aux combattants de la liberté venus d'Amérique et d'ailleurs. Et qui pourtant n'a cessé de se tenir debout face à l'Histoire et devant les hommes. Fidèle à ses valeurs, il veut agir résolument avec tous les membres de la communauté internationale. Il croit en notre capacité à construire, ensemble, un monde meilleur. » Salve d'applaudissements jusque sur les bancs de la presse.

Quelques minutes plus tard, l'Anglais Jack Straw, voulant détendre l'atmosphère, improvise une réponse à Villepin, en rappelant qu'il « prend la parole au nom d'un très vieux pays fondé en 1066 par les Français ». Rires dans la salle. À Colin Powell de se lancer. Le diplomate-soldat, s'efforçant de contenir sa colère manifeste, fait lui aussi preuve d'éloquence et lance quelques piques sarcastiques : « Je suis très heureux d'être ici en tant que Secrétaire d'État d'un pays relativement nouveau sur la surface de la terre, mais je crois que je peux m'enorgueillir d'être le représentant de la plus vieille démocratie autour de cette table. » Mais le silence qui accompagne son allocution et les moues dubitatives de l'assistance en disent long sur la faiblesse de la position américaine à l'ONU. Même le terne ministre russe des Affaires étrangères, Igor Ivanov, est applaudi lorsqu'il succède à Powell au micro et conclut mollement : « Il est symbolique que la séance d'aujourd'hui ait lieu en ce jour de la Saint-Valentin. C'est une date à laquelle les gens associent leurs plus beaux espoirs. Nous aimerions donc ne pas les décevoir. » Les États-Unis ne veulent pas l'admettre, mais c'est devenu « payback time », l'heure de la revanche pour nombre de pays dans le monde. Et ils ont choisi Villepin et la France pour leur servir d'émissaire et de couverture.

L'HEURE DE LA REVANCHE

À l'exception de l'Espagne, de la Grande-Bretagne et de la Bulgarie, tous les autres membres du Conseil de sécurité se déclarent en faveur de la poursuite des inspections. La Guinée et le Chili, que les Américains pensaient avoir dans leur poche, se rangent aux côtés du trio France-Russie-Allemagne. De même que l'Angola et le Pakistan, alors que George Bush avait appelé en personne leurs Présidents quelques heures avant la séance de l'ONU. Un diplomate pourtant proche des États-Unis confie ce jour-là au *Washington Post* : « Nous avons connu ces derniers temps des batailles vraiment agressives qui ont raidi les positions. Les Américains agissent souvent comme des brutes. Du coup, certains pays ont l'impression qu'on leur force la main et cela affecte leur réponse quand on leur présente une demande. » En langage non diplomatique, cela signifie que l'heure est venue de faire payer les États-Unis pour leur rejet du traité de Kyoto et de la Cour pénale internationale, leur retrait du traité ABM, leur nouvelle politique de guerre préventive et leurs alliances à géométrie variable en fonction de leurs seuls intérêts. Quand Powell parle dans l'enceinte du Conseil de sécurité, la plupart des pays ne voient pas le diplomate sincère, mais une administration américaine décidée à n'en faire qu'à sa tête et qui demande qu'on lui obéisse au doigt et à l'œil. Le Secrétaire d'État s'est mis lui-même en position de faiblesse, choisissant de rester dans son bureau à Washington et de communiquer par téléphone et par mail au lieu de rencontrer ses interlocuteurs face à face. Commencent d'ailleurs à surgir dans la presse des comparaisons peu flatteuses avec son prédécesseur

James Baker à l'époque de la première guerre du Golfe. Pour bâtir la coalition de Bush senior, celui-ci s'était rendu en personne dans quarante et un pays sur les cinq continents. Or depuis six mois, Powell n'a visité que trois des membres du Conseil de sécurité (Chine, Russie, Mexique)... souvent avec des ordres du jour excluant l'Irak. Depuis janvier, il s'est rendu une seule fois en Europe – en Suisse au forum de Davos – sans poser le pied en France ou en Allemagne. « Colin Powell n'a montré aucun respect pour les autres et n'a pas fait son travail de diplomate, gronde Ivo Daalder, un ancien de l'administration Clinton. Il y a un tas de raisons à cela, dont une très légitime : chaque fois qu'il s'absente, toute la coopération entre son département, le Pentagone et la Maison Blanche s'effondre. » Autrement dit : « Dès que Powell part, c'est le bordel au Département d'État et il se fait faire des enfants dans le dos », comme l'expose brutalement un diplomate européen en poste aux États-Unis. Il y a aussi une autre raison, qui est un secret de polichinelle à Washington, sur lequel règne une certaine omerta : « La femme de Powell, une ultrasensible, a des tendances dépressives. Elle ne supporte pas de voyager, et angoisse dès que son mari s'absente », confie ce même diplomate.

Quelles que soient les causes, la diplomatie américaine se retrouve dans une impasse. Les petits pays du Conseil de sécurité ont désormais compris qu'ils pouvaient sans trop de risque s'abriter derrière la France. Villepin en fait des tonnes et il leur sert de paratonnerre. Les Américains, eux, ne peuvent plus voir en peinture le ministre français. « Dominique de Villepin représente pour nous ce que Bush représente pour les Français », explique David Frum, l'inventeur de « l'axe du mal ».

« Villepin semble destiné à irriter les Américains : sa chevelure, ses livres, sa façon de parler... Pour être admiré en politique américaine, il faut être un homme de peu de mots. L'art oratoire n'est pas un talent très valorisé aux États-Unis, contrairement à la France ou à la Grande-Bretagne. » Ce qu'un autre proche de la Maison Blanche, Ken Weinstein, vice-président du Hudson Institute, traduit par : « N'importe qui d'autre que Villepin aurait été préférable : Nicolas Sarkozy, Michèle Alliot-Marie... Mais pas ce personnage romantique qui se croit habité d'un destin. Le général de Gaulle avait été plus intelligent : il avait casé André Malraux à la Culture et mis Maurice Couve de Murville, un protestant austère, aux Affaires étrangères ! »

Aux yeux des Américains, Villepin devient le « méchant » dans la pièce de théâtre qui se joue à la fois dans les coulisses de l'ONU et en direct sur CNN. Les éditorialistes le bombardent d'épithètes peu flatteuses, qui se réfèrent autant à sa politique qu'à la perception qu'ils se font de lui. Le commentateur conservateur George Will le traite de « huileux » dans le *Washington Post*, pendant que l'analyste de politique étrangère du *New York Times* Thomas Friedman propose que le siège de la France au Conseil de sécurité lui soit retiré au profit de l'Inde : « La France est tellement accaparée par son besoin de se différencier des États-Unis pour paraître importante que cela en devient ridicule. » Mais ce que peu d'Américains veulent admettre, c'est que Villepin incarne désormais la possibilité d'une défaite diplomatique pour les États-Unis. « Au Congrès, nous regardions CNN toute la journée et Villepin était devenu la figure de l'opposition à notre pays », se souvient Dan Twining, qui était à l'époque le conseiller diplomatique du sénateur républicain John McCain. « Et il devenait de plus en plus évident que nous étions en train de perdre. Comme au poker, Villepin avait reçu une petite main, mais il la jouait très bien. Ce qui nous irritait le plus, c'était de voir des pays qui auraient dû être de notre côté, comme le Chili ou le Mexique, se ranger derrière la France. Villepin n'était plus seulement un opposant à la politique américaine, il devenait le meneur d'une campagne mondiale dirigée contre nous. »

Malgré l'animosité croissante entre la France et les États-Unis, Colin Powell maintient le contact avec son homologue français. Les deux hommes continuent de se parler, avec une certaine raideur, mais toujours cordialement. « Powell a toujours gardé en tête l'idée qu'il pourrait retourner les Français, raconte un journaliste qui connaît bien le Secrétaire d'État. Il sait que la France sert de paravent aux petites nations, ainsi qu'à la Russie et à la Chine. Mais s'il fait sauter le “verrou” français, alors la situation se retourne et tout le monde rentre dans le rang. Et s'il réussit cela, c'est un succès personnel formidable qui rehausse son prestige. Powell est quelqu'un d'extrêmement “perso”, qui pense constamment à son propre intérêt. C'est pour cela qu'il a toujours refusé de rompre complètement avec les Français comme l'y poussaient de nombreuses personnes à Washington. »

L'ÉMISSAIRE LEVITTE

Washington-Maison Blanche. Vendredi 21 février 2003

Joseph Staline avait coutume de dire : « La diplomatie sincère n'existe pas davantage que l'eau sèche ou l'acier boisé. » Jean-David Levitte, l'ambassadeur de France aux États-Unis, quitte sa résidence de Kalorama Road ce matin en se disant qu'il va faire mentir cette légende tenace des diplomates-menteurs. Il a rendez-vous à la Maison Blanche. La situation entre la France et les États-Unis devient chaque jour plus tendue. Le ressentiment de part et d'autre grandit. « Nous connaissons la période de tension la plus forte entre les deux pays depuis la sortie de la France de l'OTAN en 1966. Notre désaccord est frontal », confie Levitte en privé. Dans sa mémoire, une scène encore fraîche qui s'est déroulée quatre jours plus tôt.

Alors que Washington était paralysé par près d'un mètre de neige tombé dans la nuit, Levitte se retrouve face au vice-Président Dick Cheney pour la première fois lorsqu'il vient présenter ses lettres de créance pour le « President's day » (jour férié célébrant les Présidents américains). Levitte va le saluer et entame la conversation. « Se dispensant des banalités d'usage, raconte un témoin de la scène, Cheney lance à l'ambassadeur : *La France n'est pas l'alliée des États-Unis !* » Levitte répond que si, bien entendu, on peut avoir des désaccords et rester amis. Cheney ne veut rien savoir, et se met à dresser la liste des frictions récentes entre les deux pays. Beaucoup tournent autour de la préparation du sommet de l'OTAN à Prague, et au sujet de la protection militaire de la Turquie par l'Alliance. Mais rien ne semble mériter une telle rancœur, selon ce témoin. Cheney achève sa liste de récriminations en déclarant abruptement : « Nous avons de nombreuses raisons de conclure que vous n'êtes ni un allié, ni un ami. » Puis il achève sa tirade de manière plus large, sans impliquer la France directement même si le message est clair : « Tous ceux qui sont les ennemis de l'Amérique doivent s'attendre à recevoir les coups de l'Amérique ! » Jean-David Levitte évoquera en privé sa rencontre avec le vice-Président en ces termes : « J'avais un mur de béton en face de moi... »

Il devient donc urgent d'essayer de résorber la tension. Sur ordre de Jacques Chirac, l'ambassadeur français se rend à la Maison Blanche en ce 21 février. Les contrôles à l'entrée sont plus lâches qu'à l'accoutumée, car aujourd'hui le Président Bush est dans son ranch de Crawford au Texas, où il accueille le Premier ministre espagnol José-Maria Aznar. Condoleezza Rice est évidemment à ses côtés, et c'est donc avec l'adjoint de cette dernière, Stephen Hadley, que Levitte vient s'entretenir. À cinquante-six ans, cet ancien avocat fait partie des « Vulcains » qui ont conseillé Bush durant sa campagne présidentielle. Il a également travaillé au Pentagone sous les ordres de Paul Wolfowitz et de Dick Cheney. Mais contrairement à ses amis faucons, c'est un homme discret qui n'a jamais goûté l'exposition médiatique ou les articles enflammés. Il reçoit Levitte dans son bureau du conseil de sécurité nationale et, derrière ses grandes lunettes lui mangeant une partie du visage, écoute la curieuse proposition du Français.

« Voilà, nous pensons que vous avez tort de chercher à tout prix une seconde résolution du Conseil de sécurité, commence Levitte. Non seulement cela va être très difficile pour vous d'obtenir les voix nécessaires à son passage, mais si vous n'y parvenez pas et que vous déclenchiez quand même la guerre, cela divisera profondément le Conseil de sécurité et le conflit risque d'être illégal. Abandonnez l'idée d'une seconde résolution. Et, si vous devez aller à la guerre quand même, faites-le sur les bases de la 1441. Si vous faites cela, nous manifesterons certes notre désaccord. Mais les conséquences pour le Conseil de sécurité seront moins désastreuses, et il sera plus facile de se retrouver dans l'avenir. » En clair, Paris ne fera pas un scandale d'un contournement de l'ONU.

Si Hadley est surpris par cette proposition, il n'en laisse rien paraître. Il comprend parfaitement le raisonnement sous-jacent. L'offre de la France, que Levitte présente comme un *gentlemen's agreement*, vise à « accepter d'être en désaccord ». Il s'agit d'en finir avec la situation ubuesque qui prévaut depuis le début de l'année. Lors du vote de « la 1441 » en novembre dernier, la France a insisté pour qu'une guerre soit subordonnée à une seconde résolution, alors que les Américains considéraient cette première résolution comme suffisante : elle leur offrait la latitude nécessaire pour déclencher une intervention militaire grâce à la menace de

« conséquences graves ». Mais, depuis fin janvier, les Américains poussent au vote d'une seconde résolution alors que les Français n'en veulent pas. Ce renversement de position est à la source de l'intensité du conflit actuel : les États-Unis voient en Chirac un dirigeant qui s'oppose constamment à eux, alors que la France s'énerve du fait que Bush semble prêt à toutes les contorsions diplomatiques pour obtenir sa guerre.

Si les Américains acceptent l'offre de Levitte (pas de seconde résolution), tout le monde sortira gagnant : pas de déchirement au Conseil de sécurité, les Américains pourront déclencher la guerre (comme ils l'avaient fait au Kosovo en 1999 pour contourner la Russie : c'est le modèle du « feu orange » du Conseil de sécurité), et la France râlera pour la forme mais elle aura ainsi défendu ses principes sans pour autant se montrer hostile aux États-Unis. Comme on dit en anglais : c'est une *win-win situation* (une solution gagnant-gagnant). « Je suis tout à fait d'accord avec votre analyse, répond l'adjoint de Rice. Nous nous moquons complètement d'une seconde résolution, puisque dès le départ nous avons expliqué que nous n'en avions pas besoin. Mais le problème, c'est que Tony Blair nous l'a demandée. Elle lui est indispensable pour défendre sa position face à son opinion publique et à son Parlement. » En effet, trois semaines auparavant, Blair est venu à la Maison Blanche pour réclamer explicitement une seconde résolution. Bush n'en voulait pas, soutenu – fait exceptionnel – à la fois par Powell et Cheney qui voyaient bien le danger de vouloir pousser la France, la Russie et la Chine dans leurs retranchements. Mais Blair a expliqué que, sans nouvelle résolution, il était « politiquement mort ». Il la demandait comme une faveur. Bush lui a promis son aide. Une question de loyauté à l'égard de son plus proche allié.

Jean-David Levitte comprend bien le dilemme, mais il voit un problème presque pire encore. « Blair demande une seconde résolution qui rendrait la guerre légale, mais il n'a quasiment aucune chance de l'obtenir. Si le Conseil vote contre l'intervention armée et qu'il aille à la guerre quand même, il devra assumer le poids d'un conflit qui sera jugé *de facto* illégal... », poursuit l'ambassadeur de France. Hadley hausse les épaules : « Je sais... Mais Bush l'a promis à Blair et il tiendra sa promesse. Merci pour votre offre, mais nous allons quand même appeler au vote d'une seconde résolution. Ce projet passera. Nous avons les neuf voix : la Chine s'abstiendra, la Russie aussi. Et ce sera à vous de peser les conséquences de votre vote. » Sur ces mots, Stephen Hadley raccompagne Levitte jusqu'à la sortie ; ils se serrent la main. Les deux hommes se sont bien compris : le jeu de dupes va se poursuivre jusqu'à ce que l'un des deux capitule. Chacun pense qu'il a la majorité du Conseil avec lui.

« Vous mettez en danger notre politique ! »

La médiation a échoué. Chaque camp est désormais engoncé dans sa logique propre et les passerelles de compromis tombent les unes après les autres. Les diplomates en poste en Amérique confient à cette époque : « La France fera tout pour que les États-Unis n'obtiennent pas neuf voix de majorité au Conseil de sécurité. Nous refusons cet ultimatum de la guerre car la situation n'est pas toute blanche ou toute noire. » Mais ils ajoutent, conscients de la détermination américaine : « La guerre contre l'Irak aura lieu dans un mois environ. Je n'entends pas un seul bruit en ce moment à Washington qui me laisse penser qu'elle est évitable. » De plus, le conflit entre la France et les États-Unis est sorti de sa sphère politico-diplomatique pour se répandre dans l'arène publique, causant bien des dégâts. « La France est devenue partie prenante du débat interne américain, explique Levitte en privé. Notre position trouve beaucoup d'écho et un certain soutien dans le pays. Le gouvernement américain n'apprécie pas du tout ! »

Depuis plusieurs semaines, l'ambassadeur est en première ligne, subissant la colère et les récriminations de l'Amérique va-t-en-guerre. Un de ses proches se rappelle la première réunion du diplomate avec le comité éditorial du *Washington Post*, un mois auparavant. « Reçu dans une salle de réunion vieillotte et lugubre, il se retrouve assis sur le côté d'une longue table avec en face de lui tous les éditorialistes. On aurait dit un tribunal ! raconte ce proche qui a assisté à la rencontre. À l'époque, quasiment tous les éditoriaux étaient alignés sur les positions de l'administration Bush. Certains en étaient même la copie conforme, jusque dans l'ordre des paragraphes, des notes rédigées par le conseil de sécurité nationale. » Levitte essaie de détendre l'atmosphère en remarquant : « Vous avez un sens impeccable du *timing* en me recevant aujourd'hui ! » (nous sommes le 21 janvier, au lendemain de « l'embuscade » au Conseil de sécurité). Puis il se lance dans une longue explication de la position française, notamment sur le sens du rapprochement franco-allemand. Levitte parle beaucoup d'Europe, ce qui agace ses interlocuteurs, peu intéressés par le sujet. À la fin de la réunion, Fred Hiatt, le rédacteur en chef des pages éditoriales, se dresse sur ses ergots et lance : « Vous mettez en danger notre politique ! » Les Français sont un peu décontenancés, d'autant qu'ils ne savent trop si Hiatt fait référence à la politique de l'administration ou à celle du *Washington Post.* Probablement mélange-t-il les deux...

L'implication des élites des médias et de l'intelligentsia dans cette marche à la guerre est incroyablement forte à Washington. Cinq jours après la rencontre entre Hadley et Levitte, George W. Bush se rend devant l'American Enterprise Institute (AEI) pour un discours majeur sur l'Irak. Le choix du lieu ne doit rien au hasard. L'AEI est le plus vigoureux des *think tanks* de droite, et l'incubateur de choix du courant de pensée néo-conservateur. Depuis des années, ses chercheurs sont à l'avant-garde de la propagande en faveur du renversement de Saddam Hussein. Devant les 1 500 personnes rassemblées ce soir-là, Bush reconnaît cette dette intellectuelle dès la première phrase de son discours : « Vous effectuez un tellement bon travail que mon administration a fait appel à vingt de vos cerveaux dans nos rangs. » Et pour la première fois, il détaille sa vision de l'Irak post-Saddam. « Un Irak libéré démontrera le pouvoir de la liberté à transformer cette région vitale, apportant espoir et progrès dans la vie de millions de personnes. [...] Un nouveau régime irakien servira d'exemple spectaculaire et d'inspiration aux autres nations du Moyen-Orient. [...] Il fut un temps où beaucoup disaient que le Japon et l'Allemagne étaient incapables de développer des valeurs démocratiques. Ils avaient tort. Certains disent la même chose de l'Irak aujourd'hui. Ils sont dans l'erreur ! » Le discours est messianique, et il plaît fortement à cette assemblée.

Même si l'administration Bush continue de brandir la menace des armes de destruction massive et les improbables liens de Saddam Hussein avec Al-Qaida comme justification à la guerre, la rhétorique utopiste de transformation du Moyen-Orient gagne du terrain. Certains, comme Paul Wolfowitz, y croient ardemment. D'autres – les faucons réalistes du type Cheney ou Rumsfeld – trouvent que c'est un moyen « positif » de vendre le conflit aux Américains. David Frum, l'ancienne plume des discours de Bush, a bien compris ce qui se passe : « Aux États-Unis, la politique étrangère dépend beaucoup de l'opinion publique. Pour toute initiative, il faut impliquer le public et lui offrir un idéal. On ne peut pas déclencher de guerre sans assurer aux Américains qu'il y a des valeurs derrière, et pas uniquement des intérêts. »

UN NOUVEAU SPORT : LE « FRENCH BASHING »

États-Unis-Hôtels Sofitel. Mercredi 26 février 2003

Ce matin, l'ordre part du quartier général de Sofitel à l'attention des directeurs des dix hôtels que la chaîne française possède aux États-Unis : abaissez les couleurs ! Autrement dit, ôtez les drapeaux français qui flottent depuis 1974 sur les façades et remplacez-les par le drapeau de la ville. Le geste se veut discret ; le retentissement est énorme. Dans le climat anti-français qui prend de l'ampleur aux États-Unis, le groupe hôtelier a choisi de masquer sa nationalité par mesure de précaution. « Nous souhaitons apaiser la situation, car nous percevons des sentiments peu amènes et des menaces dirigées à l'encontre de la sécurité de nos employés et de nos clients », explique Paul Charoy, le porte-parole de l'entreprise. « Nous estimons que c'est une bonne chose d'enlever les drapeaux pour quelque temps. C'est une marque de respect », renchérit la vice-présidente chargée du marketing Helen Lalitte. Ce que le quotidien *Chicago Tribune*, dont la ville compte deux hôtels à cette enseigne, traduira par : « Sofitel capitule et baisse le drapeau français ! »

L'ambiance à l'égard de tout ce qui vient de France est en train de tourner au vinaigre au pays de l'Oncle Sam. L'opposition résolue de l'équipe Chirac et la flamboyance de Villepin – les Américains parlent plutôt d'arrogance – passent très mal auprès d'une Amérique qui soutient son Président et approuve sa volonté d'attaquer l'Irak à plus de 65 %. Le « *french bashing* » (littéralement : casser du sucre sur le dos des Français) est en train de devenir le sport préféré des hommes politiques et de leurs relais dans les médias qui ne supportent pas que l'on s'oppose à la politique nationale. Cette activité est allègrement entretenue par toute une nébuleuse de réseaux de droite et d'extrême-droite dont la figure de proue est le groupe de médias détenu par le magnat australo-américain Rupert Murdoch. Bien évidemment, sa chaîne de télévision Fox News, dirigée par l'ancien copain de Jacques Chirac et de sa fille Claude, Roger Ailes, est aux premières loges. Un des animateurs-phares de la chaîne, Bill O'Reilly, vient d'ailleurs de lancer un appel au boycott des produits français qui, selon lui, recueille l'assentiment de 90 % de ses téléspectateurs.

Le geste de Sofitel est une mesure préventive face à la véhémence des attaques qui montent contre la France et les Français. La situation est passée de blagues circulant sur internet et dans les *talk-shows* (« Combien de soldats français faut-il pour défendre Paris ? Personne ne sait car nul n'a jamais essayé ! »), à des remarques désobligeantes émanant de responsables politiques. Comme Jed Babbin, un ancien sous-secrétaire à la Défense pour qui « aller en guerre sans les Français, c'est comme partir chasser le cerf sans accordéon : on évite de transporter un colis inutile et bruyant avec soi ». Début mars, c'est au tour des élus du Congrès de revêtir leur panoplie de *french bashers* en imitant un restaurateur de Caroline du Nord qui a remplacé les *french fries* (nom américain des frites) de son menu par des *freedom fries*. Ils font de même à la cantine du Congrès, en organisant une conférence de presse pour être sûrs de se faire bien entendre. Cette initiative, qui trouve son origine durant la Première Guerre mondiale lorsque les bistrotiers avaient substitué le *liberty cabage* au *sauerkraut* germanique (même légume, nom différent), ne fait toutefois pas l'unanimité aux États-Unis. Les élus du Congrès, qui souffrent auprès de leurs concitoyens d'une réputation bien établie de « jean-foutre », sont pris à partie par nombre de leurs administrés sur le thème : « Vous n'avez pas le temps de vous occuper des vrais problèmes du pays, comme l'assurance santé, mais pour faire les guignols, vous êtes les premiers. » L'ambassade de France à Washington regarde cela d'un œil un peu attristé. Jeanne Freud, au service de presse, répond aux journalistes américains qui l'appellent pour avoir une réaction officielle : « Tout d'abord, les *french fries* ne sont pas d'origine française, mais belge. Ensuite, nous trouvons dommage de prendre un mot aussi beau que *liberté* pour l'accoler à quelque chose d'aussi trivial qu'une patate... »

Les élus du Congrès n'améliorent pas leur réputation lorsqu'ils décident, dans la foulée, de rebaptiser les *french toasts* (pain perdu) en *freedom toasts*, alors que la recette provient d'un tavernier new-yorkais du XVIIIe siècle nommé Joseph French. La Maison Blanche se jettera avec gourmandise dans l'opération en rectifiant le menu servi à bord de l'avion présidentiel le 26 mars pour refléter le nouvel esprit patriotique du pain perdu. Si ce genre d'artifice amuse beaucoup la presse américaine – et française en retour – les citoyens demeurent bien plus dubitatifs que les médias le laissent entendre. Alors que quelques restaurateurs en mal de publicité trouvent malin de verser le contenu de bouteilles de vin français dans le caniveau (toujours en présence des caméras de télévision), une grande partie de l'Amérique rejette ce genre de démonstrations. Les sondages montrent en effet qu'un tiers de la population reste opposé à toute guerre contre l'Irak, et de nombreuses manifestations se déroulent dans le pays. Manifestations dans lesquelles il n'est pas si rare que la position française soit défendue.

Un boycott délicat

La complexité de la situation échappe aux idéologues bellicistes qui, tout à leur vision du monde en termes de bien et de mal chère au Président Bush, ne mesurent pas toujours la conséquence de leurs emportements anti-français. Ainsi quand des députés essaient de faire voter une loi pour restreindre la participation des entreprises aéronautiques et militaires au Salon du Bourget, l'Association des Industries aérospatiales fait savoir aux parlementaires qu'il n'en est pas question... à moins de vouloir perdre des parts de marché. Ou lorsqu'un député de Georgie demande au Pentagone de mettre fin au contrat de l'entreprise française Sodexho qui fournit des repas à 55 bases militaires américaines, les dirigeants de la société sont obligés de rappeler qu'ils emploient 110 000 Américains dont 4 000 en Georgie : ne serait-il pas malencontreux de devoir les licencier du jour au lendemain ? Si certains élus se ridiculisent, les promoteurs du boycott des produits français ne sont pas moins embarrassés. Ils peinent à identifier leurs cibles, tout comme les consommateurs. Un sondage mené par la société de communication Fleishman-Hillard – qui rencontre peu d'écho dans la presse – montre que, si 80 % des Américains reconnaissent Perrier comme une marque française, ils sont 43 % à penser que Michelin est américain, 78 % à croire Vivendi-Universal sous contrôle hollywoodien, et 64 % à défendre l'idée que la moutarde Grey Poupon est française (pas du tout : elle appartient à Philip Morris)...

La réalité de la mondialisation et l'interpénétration des économies française et américaine est une sérieuse piqûre de rappel – l'Université Johns Hopkins pointe dans une étude que la France est le cinquième investisseur étranger aux États-Unis, employant directement 650 000 personnes. Les diplomates et la mission économique française ne sont d'ailleurs pas tellement inquiets de toute cette agitation. « Nos industries sont tellement imbriquées, explique à l'époque l'ambassadeur Jean-David Levitte, que les Américains peuvent difficilement boycotter nos produits sans se faire du tort à eux-mêmes. S'ils veulent cesser d'acheter des Airbus, ils vont pénaliser General Electric qui fournit les moteurs. S'ils veulent arrêter d'acheter de l'eau d'Evian, ils vont gêner son distributeur Coca-Cola. Voudraient-ils nous punir en mettant des bâtons dans les roues des entreprises d'armement ? Prenez l'exemple d'EADS : le consortium comprend les Espagnols, les Italiens et les Anglais. Ils ne vont pas punir leurs alliés. » Quant à la question hautement symbolique du vin français, une baisse des importations est enregistrée, mais la plupart des distributeurs mettent plutôt cela sur le compte d'une hausse de l'euro par rapport au dollar et la concurrence accrue des vins d'Amérique du Sud et d'Australie.

Durant tout le mois de mars, les manifestations de *french bashing* se multiplient, tacitement encouragées par la Maison Blanche. Dans une interview donnée au Mexique à l'occasion de sa visite le 3 mars, George W. Bush explique : « Il se déroule un phénomène intéressant en ce moment aux États-Unis : un retour de bâton contre les Français, qui n'est orchestré par personne, juste les gens eux-mêmes. » Une interprétation assez osée de la réalité, que ses hôtes mexicains prennent comme une menace voilée à l'encontre de ce qui pourrait leur arriver s'ils s'opposent aux États-Unis au Conseil de sécurité. Même George Bush père, l'ami de Chirac et « le plus européen des Présidents américains » selon Jacques Attali, balance du sable dans les rouages. Dans une interview donnée à l'hebdomadaire *Newsweek* à la mi-mars, il répond après un long silence à la question : « Que se passe-t-il avec la France ? » « Ils sont français... » « C'est tout ? » « Oui. Il y a toujours eu des frictions. Je discutais un jour avec un groupe d'intellectuels français et je leur ai dit : *Vous pensez que nous sommes arrogants, et nous pensons que vous êtes français* ! Ils se sont regardés entre eux comme si j'avais dit quelque chose de très intelligent. » La réflexion n'est pas très élaborée, mais elle exprime bien le ressentiment qui existe entre Français et Américains ces temps-ci.

« La France est devenue une cible commode sur laquelle les Américains tapent plutôt que de réfléchir, confie à l'époque un ancien diplomate de l'administration Bush père. En stigmatisant ainsi la France, ils en font le bouc émissaire de leur échec diplomatique à rassembler des alliés, et de leur échec politique à expliquer les raisons de la guerre à un tiers des Américains. » De nombreux modérés et beaucoup de Démocrates pensent la même chose, sauf qu'ils n'osent pas l'exprimer publiquement de peur de se retrouver eux aussi attaqués par l'administration Bush. Dans son coin, un proche de la Maison Blanche, qui est d'accord avec la ligne néo-conservatrice d'invasion de l'Irak, a néanmoins compris que Bush et Powell n'ont pas fait assez d'efforts en direction des Français, qu'il connaît bien : « Franchement, nous aurions dû faire plus d'efforts diplomatiques, notamment en direction des intellectuels européens proches de nos positions. Il n'est pas normal que l'UMP se soit opposée à l'intervention en Irak alors que nous aurions pu l'avoir à nos côtés. Au mois de décembre 2002, j'ai lancé l'idée de rassembler un groupe d'une vingtaine de personnalités françaises qui partageaient notre point de vue ou qui étaient susceptibles de s'y rallier comme Nicolas Sarkozy, Bernard Kouchner, Raymond Barre, Alain Finkielkraut, Romain Goupil, Pierre Lellouche et des chefs d'entreprise. L'idée était de les faire venir à Washington pour rencontrer Cheney, Wolfowitz et Rumsfeld afin de leur exposer nos idées. Je n'ai pas dû soumettre cette initiative aux bonnes personnes à la Maison Blanche car elle n'a pas abouti. C'est dommage car je crois que cela aurait pu changer les choses en France et faire entendre notre voix. L'erreur fondamentale est que le Département d'État et la Maison Blanche ont toujours cru que la France finirait par se rallier au point de vue américain au bout du compte. »

« Pensée unique » à Paris

Vu de France, il est peu probable qu'une telle initiative, si elle avait eu lieu, ait rencontré le moindre succès. « Vis-à-vis de l'Irak, on était vraiment dans la pensée unique », résume Pierre Lellouche, un des rares à s'afficher proaméricain et à soutenir l'intervention en Irak. Ce qui lui vaut d'être traité de « porte-parole de Sharon » par ses propres amis. De l'extrême-gauche à l'extrême-droite, la quasi-totalité du personnel politique se range derrière la diplomatie menée par Jacques Chirac. Et l'opinion approuve massivement, tous les sondages le montrent. La gauche demande au chef de l'État d'utiliser le veto en cas de nouvelle résolution au Conseil de sécurité autorisant le recours à la force. À droite, il reste bien sûr quelques centristes, atlantistes de toujours attachés au grand allié américain. Il y a aussi les madelinistes, ces libéraux proches du Medef, qui partagent les inquiétudes du baron Ernest-Antoine Seillière. Le « patron des patrons » a – certes indirectement – averti l'Élysée et le Quai d'Orsay : « Nous devrions peut-être adoucir le caractère abrupt de nos positions [...] Tout cela ne sera pas positif pour l'économie française. »

Mais les politiques, eux, n'osent guère donner de la voix. « Il faut se souvenir du contexte, confie un député de la majorité. Chirac, qui avait été élu avec 82 % des voix, retrouvait avec l'affaire irakienne un soutien comparable au second tour de la présidentielle. C'était aussi l'époque où le grand parti de la droite, l'UMP, venait d'être créé. On était encore sur la lancée de l'union : personne n'osait s'élever contre le Président. » Certains évoquent même, dans un murmure, le « flicage » qui régnait alors. À de rares exceptions près, c'est la règle du « silence dans les rangs ». Parmi les « téméraires », le député UMP Axel Poniatowski, président du groupe d'amitié France/États-Unis à l'Assemblée. Si ce dernier approuve, sur le fond, la position française, il déplore la méthode, qui ne peut que heurter les Américains. « Nous n'étions pas obligés de monter ainsi au front. Nous aurions pu nous réunir avec eux, constater nos divergences d'approche et conclure calmement : *we agree to desagree*. Il y aurait eu moins de dégâts. »

Non seulement ceux qui expriment leur différence se comptent sur les doigts des deux mains, mais en plus ce sont des seconds couteaux – à l'exception d'Alain Madelin, qui était un proche du commandant Massoud (assassiné par des affidés d'Al-Qaida) et qui milite à fond « pour » la guerre. Les ténors de droite qui, à l'instar d'un Jacques Barrot, d'un Édouard Balladur et même, au gouvernement, d'un Nicolas Sarkozy ou d'un Jean-Pierre Raffarin, préféreraient une posture moins « raide » envers Washington, se gardent bien de le clamer publiquement. Ils ont trop peur du clash avec le « clan » Chirac-Villepin. Un député UMP se souvient d'un déjeuner de parlementaires à l'Élysée. L'ex-Premier ministre Édouard Balladur, qui préside en toute discrétion la commission des Affaires étrangères, se jette à l'eau : « *Monsieur le Président, ne craignez-vous pas qu'en allant aussi loin nous nous exposions à des mesures de rétorsion de la part des États-Unis ?* Chirac l'a sèchement renvoyé dans ses cordes, se souvient l'élu : *C'est une question de principes et de morale*, lui a-t-il lancé. Sous-entendu : la France n'allait pas se laisser arrêter par des considérations mercantiles ou d'intérêts géopolitiques. » Ambiance orageuse... Néanmoins, quand cette même droite se retrouve dans des manifs anti-guerre aux côtés des trotskistes de la LCR ou de LO, des antimondialistes, des propalestiniens et des islamistes qui brandissent des portraits de Saddam Hussein et profèrent des slogans antisémites, elle ressent un certain malaise...

Un épisode résume ce climat extrêmement tendu. Un soir, Dominique de Villepin convoque dans son bureau une petite dizaine d'élus UMP. Il y a là le président du groupe à l'Assemblée, Jacques Barrot, plus quelques autres dont Axel Poniatowski, Éric Raoult, ancien ministre et élu de Seine-Saint-Denis, Françoise de Panafieu, une figure parisienne... Pierre Lellouche est du nombre. « Villepin nous a fait son laïus habituel, raconte-t-il. Il nous a ensuite invités à dire quelques mots. J'ai indiqué qu'un veto serait à mon sens catastrophique, précisant qu'Alain Juppé n'était d'ailleurs pas loin de penser la même chose. Villepin en est conscient, puisqu'il me rétorque qu'en effet, un veto de la France serait perçu par les Américains comme un coup de poignard dans le dos. J'ai répété un peu plus tard sa formule à des journalistes. Villepin est devenu fou furieux, prétendant partout qu'il n'avait jamais dit cela ! » Dans l'auguste bureau de Vergennes, de sonores « connard » ont dû voler. Lellouche reçoit un coup de téléphone furibard d'un proche conseiller de Jacques Chirac, un de ceux que l'on surnomme les « papys flingueurs » en raison de leur fidélité ancienne au Président. Le problème pour Lellouche, c'est qu'aucun des participants ne confirme sa version. Le même « papy flingueur » aurait, semble-t-il, appelé tous les élus présents à la réunion, intimant à chacun l'ordre d'abonder dans le sens du patron du Quai d'Orsay. « À force de chasser, conclura

Lellouche, adepte de ce loisir, je dois avoir des problèmes d'audition... »

Mais les politiques ne sont pas les seuls à subir cette loi du silence. C'est aussi le cas des intellectuels. Du moins de ceux, très rares, qui ont choisi le « camp de la guerre ». Parmi eux, quelques anciens de la « Liste Sarajevo », qui avaient milité il y a dix ans pour que la France – et l'Europe – envoie des casques bleus en ex-Yougoslavie : les philosophes Pascal Bruckner ou André Glucksmann, le cinéaste Romain Goupil. Ce dernier évoque carrément un « climat de haine ». « Quand j'étais invité sur un plateau de télévision, les journalistes qui me recevaient à l'époque de Srebrenica ou du Kosovo comme un héros, endossaient cette fois l'habit de Chirac ou de Villepin et me tombaient dessus. *Comment, moi, l'ex-gauchiste soixante-huitard, pouvais-je soutenir Bush ? Traître ! Fasciste !* Pas une seconde il ne leur venait à l'esprit que face à un dictateur sanguinaire comme Saddam Hussein, le droit d'ingérence pouvait légitimement être invoqué, comme nous l'avions fait pour la Bosnie. Moi, je ne criais plus *US go home*, mais *US go on* – Vas-y l'Amérique ! D'ailleurs, Bernard Kouchner encourageait notre combat. »

COURSE-POURSUITE EN AFRIQUE

Luanda (Angola). Dimanche 9 mars 2003.

Tard dans la nuit du dimanche 9 mars, un avion frappé de la cocarde tricolore a décollé d'Orly. Destination : l'Afrique. Trois capitales figurent sur le plan de vol : Luanda (Angola), Yaoundé (Cameroun), Conakry (Guinée). Dominique de Villepin entame cette tournée africaine par l'étape la plus au sud, Luanda la lusophone, et remonte ensuite par l'Afrique francophone. Le ministre est encore une fois en avion. Le matin même, il est rentré d'un séjour de trente-six heures à New York, à l'issue d'une séance éprouvante au Conseil de sécurité de l'ONU. « Il habite littéralement dans l'avion, raconte un de ses proches. Un matin, il m'a tendu un dossier en disant : on regardera ça dans la voiture. Nous étions en train d'escalader... la passerelle de l'Airbus ! » Ce dimanche soir, exceptionnellement, pas un journaliste n'accompagne Villepin. « Nous partons en Falcon, il n'y a vraiment pas de place », a tenté de justifier par avance un collaborateur du Quai. Faux. C'est bien l'un des deux Airbus A-319 CJ qui s'est envolé.

En réalité, cette mission dans le « pré carré » africain de la France doit rester des plus discrètes. Si l'objectif est parfaitement avouable – « s'assurer que nos amis africains qui siègent au Conseil de sécurité seront bien avec nous en cas de vote sur une deuxième résolution », selon un officiel français – il n'en va pas forcément de même pour la manière. Explication : à New York, une course effrénée est engagée entre le camp de la guerre et celui de la paix pour gagner les neuf voix nécessaires au vote d'une résolution autorisant le recours à la force en Irak. Les petits pays du « marais » – les hésitants – subissent un lobbying de tous les instants de la part des Anglo-Saxons. Ces derniers promettent un coup d'éponge sur les arriérés de dettes, des aides et des investissements, jurent de se montrer moins regardants sur les entorses aux droits de l'homme... Les Français se sont brutalement réveillés, réalisant avec inquiétude qu'ils ont négligé ce terrain-là, occupés qu'ils étaient à rédiger de beaux discours. Du coup, à l'Élysée, Jacques Chirac s'est plongé dans un de ses exercices favoris : appeler au téléphone les chefs d'État de la planète. Début mars, il lui est arrivé de parler, dans la même journée, aux Présidents pakistanais, mexicain, chilien, sud-africain, russe ainsi qu'au chancelier allemand Schröder.

Mais c'est insuffisant. Angola, Cameroun et Guinée disposent chacun, en tant que membres non permanents, d'un strapontin au Conseil de sécurité. Pas plus que leurs homologues arabes, sud-américains ou asiatiques, ces trois pays ne se sont, pour l'instant, engagés sur le sens de leur vote éventuel. Même si leurs délégués se montrent, officiellement, sensibles aux arguments français, il paraît difficile de résister aux sirènes de l'hyperpuissance. D'autant que les Américains et les Britanniques ont mis le paquet. Londres a dépêché deux fois en quinze jours dans la capitale camerounaise sa secrétaire d'État aux Affaires étrangères, la baronne Valérie Amos. Proche de Tony Blair, cette femme noire de quarante-huit ans, originaire de Guyane, anoblie en 1997 lors de son accession à la très exclusive Chambre des lords, a fait grosse impression auprès du Président Paul Biya. De son côté, le sous-secrétaire d'État américain chargé de l'Afrique, Walter Kansteiner, n'a pas hésité, lui, à faire en février un voyage à Paris pour tenter d'y « débaucher », en plein sommet franco-africain, les chefs d'État réunis dans la capitale française. Depuis sa suite de l'hôtel de Castiglione (à deux pas de l'Élysée !), l'homme téléphonait aux entourages présidentiels. Promettant monts et merveilles aux intéressés. L'affaire a irrité au plus haut degré les autorités françaises...

L'expédition de Villepin a été montée en toute urgence. « Des messagers en provenance des palais présidentiels africains nous ont fait comprendre qu'on nous reprochait, là-bas, de ne pas être assez présents. » Ce qui signifie, traduit en clair par un familier du « village franco-africain » : « Si vous voulez que nous votions dans le sens que vous souhaitez, il va falloir y mettre du vôtre. » Certes, l'époque où la France assurait les fins de mois des États du continent noir est (presque) révolue, mais les liens – et les intérêts – restent étroits. Militairement, économiquement, culturellement (par la langue) Paris pèse toujours en Afrique, comme le montre d'ailleurs l'exemple ivoirien. Auprès des ex-colonies, mais aussi vis-à-vis de l'Angola, le ministre des Affaires étrangères est convaincu de posséder des atouts-maîtres. En cette nuit du 9 mars, il vole vers l'Afrique confiant et sûr de lui. D'autant plus qu'il se déplace en personne, contrairement à Colin Powell qui, lui, n'utilise que le téléphone, sans mettre le pied sur le continent africain.

Las ! Quand il quitte, lundi 10 mars, le « Palacio » de la « Cidade Alta », l'ancien palais du gouverneur portugais reconverti en siège de la Présidence à Luanda, Villepin a l'air crispé. « Le dialogue avec le Président angolais Eduardo Dos Santos a tourné court, se souvient un collaborateur du ministre. Nous n'avons même pas eu le temps d'aborder la question de l'Irak : il nous a immédiatement entrepris avec le dossier de Pierre Falcone. » Depuis plusieurs mois, l'affaire Falcone (ou *Angolagate*), du nom de cet intermédiaire français accusé d'avoir livré frauduleusement des armes au régime marxiste-léniniste de Dos Santos, empoisonne les relations entre les deux pays. « Villepin avait bien tenté de déminer au préalable le terrain, en laissant entendre à Luanda que la plainte judicaire pour trafic d'armes à l'encontre de Falcone, l'homme de confiance du président angolais, pourrait être levée, raconte Antoine Glaser, directeur de la *Lettre du Continent*. Il n'en a rien été. Dos Santos reproche au patron du Quai d'Orsay de s'être défilé. »

La trahison du « pré carré »

En Angola, Villepin se casse le nez. Mais le plus rageant, c'est de voir la mine réjouie des Américains, qui eux aussi s'empressent auprès du taciturne Dos Santos. Ce dernier ayant versé beaucoup de Coca-Cola dans son marxisme, les États-Unis ont décidé de se rapprocher de cet « émirat pétrolier noir ». Au-delà de la course aux voix onusiennes, Washington s'intéresse en effet beaucoup à l'Angola, et plus généralement au golfe de Guinée. La région regorge de pétrole, et ses dirigeants sont plus malléables que les hiérarques de l'OPEP. Résultat : l'Angola s'abstiendra de contrecarrer les États-Unis à l'ONU ; en retour, ces derniers plaideront sa cause auprès du FMI et le placeront sur la liste des pays bénéficiaires des investissements américains. Paris, qui avait pourtant noté dès 1998 l'énorme potentiel de l'Angola, s'est fait tailler des croupières.

Dominique de Villepin ne remporte guère plus de succès à Yaoundé. Dès son arrivée, le ministre constate avec stupeur et colère que l'activisme anglo-saxon s'est révélé ici aussi efficace. Outre les visites à répétition de la pétulante baronne anglaise, Paul Biya s'est vu gratifier, par les Américains, d'une invitation à dîner à la Maison Blanche, pour le 20 mars suivant. Les officiels camerounais en rajoutent sur cet événement, soulignant *a contrario* que Biya n'a jamais eu droit à une visite d'État à l'Élysée. C'en est trop pour les Français, qui songent que leurs protégés les trahissent ! Le Cameroun, tout de même, c'est le « pré carré » : le pays appartient à la zone franc (le CFA, petit frère tropical du franc, a survécu à l'euro), les liens sont solides, et Paris ne marchande pas son soutien au nonchalant Président Biya, plus assidu sur les terrains de golf genevois qu'au Conseil des ministres à Yaoundé.

Lors du sommet franco-africain, Yaoundé avait d'ailleurs signé la déclaration commune de la majorité des États du continent « contre » une guerre en Irak. C'était un joli coup réussi par Chirac. Mais là, le chef de l'État camerounais refuse de s'engager fermement, dans la perspective d'un vote aux Nations unies. Sans dire vraiment ni oui ni non, il choisit une neutralité propre à ménager, pense-t-il, Paris et Washington. Le 20 mars 2003, Paul Biya, qui n'a pourtant rien d'un champion de la *bonne gouvernance* si prisée des Américains, rapportera de son dîner avec George Bush, Colin Powell et Condoleezza Rice, quelques cadeaux non négligeables : réouverture du bureau de l'USaid au Cameroun, envoi de missions d'hommes d'affaires, promesses d'investissement...

Reste l'étape guinéenne, le mardi 11 mars. Dans ce pays musulman, Paris pense enfin détenir « la » bonne carte. Certes, le pays de feu Sékou Touré, l'Africain qui avait dit « non » à de Gaulle, s'est toujours montré sourcilleux sur son indépendance. Mais justement, c'est l'occasion de jouer de cette fibre anti-impérialiste. « Nous comptions faire œuvre de pédagogie, témoigne un officiel. Vu de l'Afrique, qui a ses propres problèmes, l'Irak peut paraître lointain. Mais nous avons expliqué que ce qui était vraiment en jeu, c'était l'avenir des relations internationales. Allions-nous laisser un pays imposer sa loi et déclencher seul une guerre préventive ? Ou bien allions-nous tout faire pour que le dernier mot reste à la légitimité internationale et à l'ONU ? » Ce langage, certains responsables guinéens paraissent l'entendre, et l'approuver. Mais le Président Lansana Conté, qui reçoit des aides américaines et, malade, se fait alors soigner hors de la capitale, dans son village natal, ne s'engage pas davantage que ses collègues en faveur de Paris. En trois étapes, Villepin a pu mesurer le poids réel de la France en Afrique...

En revanche, l'épisode a mis en lumière la nouvelle politique africaine des États-Unis. L'administration Bush a poursuivi un mouvement initié sous la présidence Clinton, en inscrivant sur son agenda l'« Afrique utile »

– celle qui recèle pétrole, matières premières ou métaux précieux. Le facteur pétrole n'est pas le seul à jouer. « Les Américains, dit un ministre français, sont convaincus que l'axe du mal passe par l'Afrique, courant de la Somalie à la Mauritanie. Ils accroissent leur présence pour surveiller, voire contenir, l'essor des islamistes sur ce continent. »

Heureusement pour les Français, leur discours sur l'Histoire, le multilatéralisme, le refus de l'hégémonie *yankee*, rencontre quelques échos chez certains non-alignés, tels le Sud-Africain Thabo Mbeki, le Brésilien Lula ou le Mexicain Vicente Fox. Le Mexique et le Chili, qui siègent tous deux au Conseil (où les non-permanents sont élus pour deux ans), font l'objet de « chantages » en tout genre de la part de leur si grand voisin américain. Le Pakistan (membre du Conseil lui aussi), qui reçoit chaque année des dizaines de millions de dollars de Washington pour équiper son armée et ses services de sécurité, subit le même pressing. « Au fond, ces pays auraient payé cher pour être ailleurs, se souvient un négociateur britannique proche de Tony Blair. Ils en avaient assez de la responsabilité que les Grands faisaient peser sur leurs épaules, et voulaient que ces derniers règlent entre eux leur querelle. Beaucoup ne saisissaient d'ailleurs pas vraiment les enjeux, et nous faisaient exactement les mêmes promesses qu'aux Français. C'est la raison pour laquelle chaque camp a pu croire un temps détenir la clé du vote !... »

Vu de Washington, cette course-poursuite sur le continent noir, c'est le point de non-retour dans la dispute franco-américaine. « Que les Français ne soient pas d'accord avec nous, on peut le comprendre, maugrée un officiel américain. Mais qu'ils soient allés jusqu'à pousser des pays à voter contre nous, qu'ils aient tenté de bâtir une coalition afin de contrecarrer notre action de légitime défense en Irak, ce n'est vraiment pas un comportement digne d'un allié. C'est un coup de poignard dans le dos ! »

CHIRAC DIT NON

Paris. Palais de l'Élysée. Lundi 10 mars 2003

20 heures. Les caméras sont installées dans le bureau de Jacques Chirac à l'Élysée. Signe que l'événement est de première importance : seuls les vœux aux Français et l'interview traditionnelle avant la garden-party du 14 juillet se déroulent en ces lieux. Ce soir-là, le monde semble au bord de la guerre. Que va faire la France ? Va-t-elle se ranger in extremis aux côtés des Américains ? Ou va-t-elle persévérer dans son opposition frontale à ceux dont elle est l'alliée depuis toujours ? Tout le monde attend du Président qu'il se prononce. Quand il apparaît sur les écrans, Chirac a l'air grave. Face à lui, pour l'interroger, les deux stars des journaux télévisés de TF1 et France 2 : Patrick Poivre d'Arvor et David Pujadas. Le décor a été minutieusement aménagé, jusqu'à l'emplacement du drapeau tricolore, par les communicants du palais, sous l'égide de Claude Chirac et du metteur en scène attitré Michel Balloche.

Rapidement, la question qui brûle les lèvres est

posée par un des journalistes : « La France brandira-t-elle son droit de veto ? » C'est la deuxième résolution de l'ONU voulue par Washington et Londres pour autoriser la guerre qui est visée. Chirac ne fléchit pas : « Ma position, c'est que, quelles que soient les circonstances, la France votera *non* parce qu'elle considère qu'il n'y a pas lieu de faire une guerre pour atteindre l'objectif que nous nous sommes fixé, c'est-à-dire le désarmement de l'Irak. » Ça y est, c'est dit. Partout, dans le monde, les téléscripteurs crépitent : la guerre contre l'Irak, si elle a lieu, se fera en dehors du cadre légal des Nations unies. Car le « non » de la France, un des cinq membres permanents du Conseil de sécurité, bloque toute décision. C'est la rupture. Chirac vient d'abattre ses cartes, comme Bush le lui a demandé quelques jours plus tôt.

Le jeudi 6 mars, le Président américain était intervenu lui aussi en « prime time » pour une conférence de presse télévisée – seulement la seconde de son mandat à cette heure de grande écoute. Parlant de Saddam Hussein comme d'un « cancer » gangrenant l'Irak, George Bush avait lancé son ultimatum : « Quel que soit le décompte des voix, nous allons demander un vote », avait-il assené dans son plus pur style « cow-boy texan » menant une partie de poker. « Nous demandons aux gens de prendre position et d'exprimer leur opinion sur Saddam Hussein. Il est temps d'abattre ses cartes et de montrer au monde où chacun se situe par rapport à Saddam ! »

L'Amérique s'offusque bruyamment de cette « trahison » de la France au moment où elle prétend lancer une guerre d'autodéfense. Ce qui irrite au plus haut point la Maison Blanche, c'est le fait que, dès sa première réponse, Chirac, au lieu de s'inquiéter de la menace Saddam Hussein, choisit d'invoquer « un monde multipolaire, dans lequel l'Europe aurait toute sa place ». Du point de vue des Américains, Paris dévoile ainsi sa véritable ambition : s'opposer à l'hégémonie de l'hyperpuissance. Pourtant, Washington savait à quoi s'en tenir à propos des intentions de Jacques Chirac. Le jour de l'allocution télévisée de Bush, Dominique de Villepin, qui était à New York, y avait rencontré en toute discrétion Colin Powell au Waldorf-Astoria, sur la 5e Avenue. Ce soir-là, en tête à tête, Villepin avait été très clair : « Je ne veux pas qu'il y ait de surprises », expliqua-t-il à Powell selon le journaliste James Mann, auteur d'un livre sur les « Vulcains ». « Nous sommes déterminés à mettre notre veto contre une seconde résolution. Nous ne bluffons pas, ce n'est pas une manœuvre de négociations, nous sommes résolument opposés à toute guerre dans ces conditions. » Powell apprécia la franchise. « Merci, répondit-il, mais vous comprenez que, même si vous utilisez votre veto, nous irons en guerre sur la base de la 1441. »

Car Bush a lui aussi pris sa décision – depuis début janvier. La bataille qui se joue à l'ONU n'a plus pour enjeu la guerre ou la paix, mais la conquête de l'opinion publique mondiale. La Maison Blanche souhaite sauver le soldat Blair, qui a besoin du feu vert du Conseil de sécurité face à ses concitoyens qui rejettent le conflit. L'Élysée entend rallier le plus grand nombre possible de pays derrière sa bannière de héraut du « camp de la paix ». Au lendemain de l'interview de Chirac, c'est à Londres que les réactions sont les plus violentes, dans les médias et à la Chambre des communes. C'est un déchaînement contre les « bouffeurs de grenouilles », accusés d'avoir brutalement mis fin au processus diplomatique. En brandissant par avance, haut et fort, son veto « quelles que soient les circonstances », le Président français passe pour un jusqu'au-boutiste prêt à faire exploser l'ONU, à « enfoncer » Tony Blair, à dresser la vieille Europe contre les États-Unis. Paradoxalement, Chirac rend service à Blair et à Bush. C'est lui qui se montre désormais inflexible, au moment où les deux alliés anglo-saxons s'obstinent à jouer le jeu de l'ONU.

Un parfum gaullien

Si le chef de l'État prend le risque de monter au front ce 10 mars, brandissant l'« arme atomique diplomatique » du veto, c'est pour « couvrir » les petits pays, et notamment les six hésitants du Conseil de sécurité – Angola, Guinée, Cameroun, Mexique, Chili, Pakistan. Soumis à toutes les pressions depuis des semaines, ils demandent aux « Grands » de prendre leurs responsabilités. Ils ne peuvent pas s'abstenir, puisque Washington et Londres ont besoin d'une majorité de neuf voix pour un feu vert à l'intervention. Le duo anglo-saxon peut compter sur l'Espagne et la Bulgarie, mais sait que l'Allemagne et la Syrie sont contre, tout comme la Russie, la Chine et bien sûr la France. Bush et Blair doivent donc rallier au moins cinq des six du « marais ». « Nous n'avions vraiment pas le choix, explique un diplomate français. À ce moment-là, si nous mettons notre veto à une deuxième résolution, les petits peuvent s'abriter derrière nous. Mais si nous nous contentons d'une abstention, alors les six sont obligés de voter oui à la guerre, de peur des représailles américaines. Voilà pourquoi nous étions contraints d'afficher aussi ouvertement nos intentions. Pour servir de paravent. »

Un veto, cela a un parfum gaullien. Même si le Général s'est bien gardé, jusque dans les crises les plus fortes, d'en opposer un aux États-Unis. Tout de même, Poivre d'Arvor et Pujadas glissent la comparaison flatteuse : « Monsieur le Président, on parle beaucoup de posture gaullienne. Est-ce que cela vous fait plaisir ? » « Je ne peux être que flatté, répond Chirac, faussement humble. Mais j'essaie de prendre mon inspiration propre. » Là réside une clé de la position chiraquienne depuis le début de la crise. Il a perçu cette occasion en or de marquer le quinquennat, donc l'histoire de France, qui lui a tant manqué dans son premier mandat. « Pour lui, il fallait éviter d'ouvrir le siècle par une erreur stratégique monumentale », témoigne un collaborateur élyséen. De plus, il faut reconnaître à ce Président une vraie constance dans sa politique arabe. De l'ancienne relation avec Saddam Hussein jusqu'au soutien inconditionnel au Palestinien Yasser Arafat, Jacques Chirac a toujours fait entendre la « différence française ». « Il situe son action dans la tradition du discours de De Gaulle à Phnom Penh, mais il défend aussi le multilatéralisme : c'est l'Aristide Briand des temps modernes », avance Jean-Louis Debré, président de l'Assemblée nationale et compagnon de toujours. « Il rêve encore de ses 82 % de la présidentielle. C'est son côté centre-gauche », s'amuse un élu de droite.

Vu de l'autre camp, les jugements sont bien différents. « C'est très bien de ne vouloir humilier personne pour éviter tout choc de civilisation, dit un proche de Tony Blair. Mais il y a un côté gênant chez Chirac, une complaisance envers les dictateurs. Ce Président estime que la démocratie, ce n'est pas fait pour les Arabes et les Africains, qu'il faut s'adapter à leur culture. » De fait, il lui est arrivé plus d'une fois d'avoir des mots malheureux sur ce thème de la démocratie et des droits de l'homme qui ne conviendraient pas à tous les pays. À Washington, on n'est pas plus indulgent. « Jacques Chirac s'est vu en de Gaulle : la chiraquie éclairant le monde, confie un penseur néoconservateur. Mais en fait, il est plus fort pour détruire que pour construire, il a épousé toutes les modes durant sa carrière. »

Deux chambres d'écho

Lorsque le Président français dégaine, ce 10 mars, son arme absolue, les positions sont figées, les deux blocs se sont radicalisés. Bush et Chirac ne se parlent plus depuis un mois. Si l'on demande au clan chiraquien pourquoi le chef de l'État n'a pas pris alors un avion pour aller discuter face à face avec le leader américain, on s'entend répondre : « Les deux hommes connaissaient trop bien leurs positions. Ils ne risquaient pas d'en bouger. Se voir ne les aurait avancés à rien. » Fait aggravant, les contacts manquent tout autant aux échelons inférieurs. Côté américain, il n'y a aucun francophone, ni spécialiste de poids sur l'Europe. Le domaine de Rice, c'était l'ex-Union soviétique. « Son problème, persifle un ministre français, c'est qu'elle plaque ses vieux schémas de la Guerre froide sur toutes les situations. » Côté français, Gourdault-Montagne n'est sherpa que depuis trois mois, et il n'a jamais entretenu de réseaux aux États-Unis. Cette ignorance mutuelle accentue le fossé.

« Il y a eu deux chambres d'écho parallèles. Bush avec Cheney et Rumsfeld. Chirac avec Villepin. Les deux Présidents n'écoutaient que ce qui provenait de ces caisses de résonance », décrit un familier de la Maison Blanche. « Chirac et Villepin ensemble, c'était comme deux officiers de cavalerie qui se montaient le bourrichon, raconte un ex-collaborateur présidentiel de haut rang. Et il n'y avait aucun modérateur pour leur remettre les pieds sur terre. » Ce qui aurait dû être le rôle d'un chef de la diplomatie. « Villepin ? C'est tout le contraire. Quand il dirigeait le cabinet d'Alain Juppé au Quai d'Orsay, il a fallu à deux ou trois reprises le retenir par la manche pour qu'il ne nous déclenche pas une guerre en Afrique. »

NOTRE AGENT À BAGDAD

Bagdad (Irak). Date inconnue. Mars 2003

À voir la foule dense qui se presse rue Rachid, l'artère commerçante de la capitale irakienne, on n'a vraiment pas l'impression que la guerre menace. Dattes, tomates, aubergines, fromages, pâtisseries, sodas au milieu de leurs bacs à glaçons, débordent des étalages. Derrière les vitrines, s'empilent des appareils hi-fi, radios, téléviseurs, magnétoscopes, de marques japonaises, coréennes, allemandes. Dans la rue, c'est toujours le même vacarme de klaxons, la même pagaille de gros 4 × 4 et de Mercedes tentant de se frayer un chemin parmi les taxis orange et blanc et les carrioles tirées à bout de bras. Sur les rives du Tigre, les restaurants dotés de terrasses, offrant un peu de fraîcheur, ne désemplissent pas. Les gérants de ces établissements ont même noté un inattendu regain des cérémonies de mariage... comme si la bourgeoisie bagdadie s'efforçait de conjurer le sort.

Ces scènes, ces images, T. S., qui vient d'arriver en toute clandestinité à Bagdad, en ce début mars, les connaît par cœur. Il les a vécues des centaines, des milliers de fois. À Bagdad même, ou alors à Beyrouth, à Damas, Amman, Tripoli, Khartoum... D'Alger à Djedda, pas une ville, pas un quartier du monde arabe qui ne lui soient familiers. Tout autant d'ailleurs que ses habitants, dont il maîtrise parfaitement la langue, connaît et apprécie les mœurs et la culture. D'un coup d'œil exercé, il identifie bien vite sous leur apparence banalisée les redoutables agents des *mukhabarat*, la police secrète. Qu'ils agissent pour le compte de Saddam Hussein en Irak, du jeune Bachir Al Assad en Syrie, de Hosni Moubarak en Égypte, leurs méthodes sont partout les mêmes, aussi efficaces, brutales voire... définitives. T. S. a de bonnes raisons de connaître ces « services » : il a maintes fois travaillé avec eux. Il entretient des liens solides avec les réseaux des pouvoirs arabes (et de leurs opposants...), sait à quelle porte frapper lorsqu'il a besoin d'un coup de main ou d'une information.

L'homme est un des personnages les plus mystérieux de France. Sans doute aussi l'un des mieux informés : T. S. est l'homme clé du renseignement « offensif » français. Ce grand spécialiste de la lutte antiterroriste est un des rares officiers à avoir mené sa carrière à la fois au SDECE (devenu DGSE après l'arrivée au pouvoir de François Mitterrand en 1981) et à la DST (contre-espionnage). À son poste de conseiller du ministre de la Défense, T. S. assure en fait le rôle (officieux) de coordonnateur entre tous les « services » de la République : DGSE, DST, DRM (renseignement militaire). Ce saint-cyrien suit également de très près les militaires d'élite du COS – Commandement des opérations spéciales. Infos, analyses, rapports sur les succès ou les coups plus ou moins « tordus »... tout remonte vers son bureau, installé au cœur du ministère, sur la porte duquel est inscrit : « Bureau des secrets perdus »... Il serait, murmure-t-on dans les milieux de la Défense, une sorte de « chef d'orchestre » des services secrets français.

« D'âge mûr, le personnage n'a rien, en apparence, d'un James Bond, confie une source qui tient à l'anonymat. Il est disponible, très courtois, donne l'impression d'avoir l'éternité devant lui. Mais quand vous discutez avec lui, vous sentez bien qu'il ne livre même pas le millième de ce qu'il sait. » De fait, cet officier est réputé pour son extrême discrétion. Ce qui justifie la confiance qu'ont placée en lui tant de ministres successifs, de gauche comme de droite. T. S., ancien proche collaborateur du socialiste Pierre Joxe, a ensuite servi auprès de Jean-Pierre Chevènement et d'Alain Richard, avant de conseiller aujourd'hui Michèle Alliot-Marie. Mais c'est avec Charles Pasqua, alors ministre de l'Intérieur du gouvernement Balladur, que ce dévoreur de dossiers doublé d'un homme d'action a tenu un rôle-clé dans une affaire ultramédiatisée : la capture à Khartoum (Soudan), le 15 août 1994, du terroriste Carlos. L'opération était les fruit d'une longue traque de Damas à Khartoum, et d'une excellente coopération avec les services soudanais et algériens.

Objectif : retournement

Il a aussi lutté contre le groupe palestinien Abou Nidal ou le GIA algérien. C'est encore à T. S., grâce à sa connaissance des militaires d'ex-Yougoslavie, que l'armée doit d'avoir démasqué le commandant Bunel, condamné pour avoir transmis aux Serbes des documents confidentiels de l'OTAN, en pleine guerre du Kosovo. Enfin, plus récemment, le mystérieux officier, en expert du renseignement humain, a crapahuté dans les montagne afghanes là où se cacherait Ben Laden. « Mais la plupart des faits d'armes de T.S. sont voués au secret, et ils resteront inconnus », prédit un ex-collègue.

À Bagdad, la mission de l'officier est bien entendu ultrasecrète. En cet hiver 2003, il s'est rendu à plusieurs reprises, toujours clandestinement, dans la capitale irakienne, qui vit sous la menace chaque jour plus pressante de l'ultimatum de George W. Bush. « Lorsqu'il partait pour l'Irak, se rappelle une source qui a côtoyé l'officier, il changeait vingt fois d'avion, faisant mille détours pour brouiller les pistes. Il était armé, encore qu'un pistolet soit une protection bien maigrelette dans de telles situations. Il s'équipait surtout de téléphones satellites totalement incroyables, suffisamment petits pour être discrets mais dotés de capacités de liaison et d'autonomie extraordinaires. À se demander où il dénichait tout cela. »

Lors de chacun de ces séjours, l'objectif de T. S., tel qu'il lui était assigné par les plus hautes autorités politiques françaises, était le même. Convaincre les dignitaires baasistes, dans l'entourage immédiat de Saddam Hussein, que cette fois les Américains sont déterminés à aller jusqu'au bout. Qu'ils comptent absolument changer le régime à Bagdad, et n'attendent qu'un prétexte pour appuyer sur le bouton. L'officier français espère ainsi réussir à « retourner » un Tarek Aziz, ou n'importe quel autre très haut cadre du régime. Ces derniers pourraient peut-être alors, à leur tour, persuader le raïs que la partie est perdue, et qu'il n'a plus d'autre choix que de quitter le pouvoir... et le pays. À l'époque de la guerre du Golfe, déjà, la France avait mené des médiations, dans l'intention d'amener Saddam à retirer ses troupes du Koweït. Alors ministre des Affaires étrangères de François Mitterrand, Roland Dumas, qui possédait un bon contact avec Tarek Aziz, avait même envisagé, en janvier 1991, de se rendre personnellement à Bagdad. Un Concorde avait été spécialement affrété par le gouvernement, et attendait à Orly l'ordre de décollage. Mais, au dernier moment, Dumas, redoutant d'être piégé en faisant le voyage sans rien obtenir de concret en échange, annula finalement la mission.

En 2003 encore, plusieurs personnalités françaises – ex-militaires, diplomates et parlementaires – ont tenté de leur propre initiative des médiations, dont certaines farfelues ou intéressées. À l'étranger, le Vatican, la Ligue arabe et certains États du Golfe s'y sont également essayés.

Outre cette tentative de « retournement », T. S. a d'autres tâches sur sa feuille de route. D'abord, arracher le maximum de renseignements possibles. Savoir où en sont les capacités de défense : la bataille qui s'annonce risque-t-elle d'être dure et coûteuse en vies humaines pour les Américains ? Ou au contraire, le dispositif irakien s'effondrera-t-il rapidement ? Pour obtenir les infos les plus fiables, il faut être capable d'évaluer, en particulier, la cohésion du régime. Pouvoir déceler les fissures éventuelles parmi l'entourage du maître de Bagdad. Certains lieutenants peuvent être déterminés à tenter un « coup » et remplacer Saddam. D'autres, plus nombreux, ne seraient pas loin de flancher. Ceux-là, T.S. est tout prêt à les y aider. C'est un autre volet de sa mission. Sans doute garde-t-il par-devers lui, dans ce but, quelques visas de longue durée, voire quelques vrais-faux passeports français à fournir à des transfuges. Ainsi pourraient s'expliquer les rumeurs que les Américains feront courir quelques semaines plus tard, en avril, lorsque, s'étant emparés de Bagdad, ils prétendront avoir découvert « des centaines de passeports français » destinés à des dignitaires irakiens. « Des centaines, sûrement pas : on n'a pas organisé un vaste réseau pour exfiltrer les pontes du Baas, témoigne un excellent connaisseur du dossier. Maintenant, qu'une poignée de passeports ait été retrouvée, cela, oui, c'est possible... » Le travail de l'officier, qui opère sous une fausse identité, est risqué. Que l'une de ses sources se dérobe, fasse volte-face, et c'est la prison assurée. Avec au bout du chemin, peut-être, l'exécution infamante réservée à un vulgaire « espion ». « Dans ce genre de job, et face à ce type de régime, le fait d'agir sur mandat de votre gouvernement n'est pas une garantie absolue de survie », commente, laconique, un spécialiste.

Mais rien ne dit que l'opération ait été menée dans le dos des Américains. De l'avis de certains experts, ces derniers, qui scrutaient tout ce qui se passait en Irak, devaient être au courant des voyages du maître-espion français. Un départ négocié de Saddam Hussein n'aurait pas, après tout, desservi leurs intérêts. De leur côté, les Britanniques ont vraisemblablement mené des actions similaires. En outre, T. S., en tant que figure centrale du renseignement anti-terrorisme, a l'habitude de travailler avec les Américains, avec lesquels il entretient plutôt de bonnes relations. Ces derniers, qui ont pu apprécier ses connexions dans le monde arabe et musulman, respectent son professionnalisme. Dans ses tentatives de retournement de proches de Saddam, l'officier a pu parfois agir de concert avec des négociateurs de pays arabes de la région.

Rien n'a filtré, en France, des missions de T. S. à Bagdad. Paris a réussi à maintenir le secret – comme pour la visite du général Gaviard au Pentagone en décembre 2002. Un épisode a néanmoins donné l'alerte. Peut-être ne s'agit-il que d'une coïncidence ? Une dépêche de l'Agence France Presse datée du 21 mars 2003 – au lendemain du déclenchement de la guerre contre l'Irak – révèle une étrange affaire. Selon la chaîne américaine ABC, rapportait l'AFP, un intermédiaire français aurait tenté de convaincre Saddam Hussein de s'exiler en Mauritanie. Citant des « responsables américains informés des négociations », ABC précisait que cet émissaire, identifié comme un expert en devises du nom de Pierre Delval, se serait rendu plusieurs fois à Bagdad depuis décembre. Interpellé à ce sujet, le ministère français des Affaires étrangères affirma « ne pas être au courant ». Pourrait-il y avoir un lien quelconque entre ce mystérieux Pierre Delval et les missions de T. S. en Irak ? Interrogés par les auteurs, les responsables français ont réitéré leur « no comment »...

Ce qui est certain, en revanche, c'est que la France n'a jamais coupé les ponts avec l'Irak. Certes, les choses ne sont plus ce qu'elles étaient dans la « période bénie » des années 70/80, lorsque des dirigeants français tels que Jacques Chirac ou Jean-Pierre Chevènement voyaient en Saddam Hussein un leader laïque et moderniste, soucieux de développer son pays, et plus fréquentable que la plupart des monarques obscurantistes de la région. La première guerre du Golfe a balayé tout cela. Les contrats militaires, notamment, appartiennent au passé. « Mais, jusqu'à l'intervention américaine de 2003, il y a de beaux restes, selon un ancien haut responsable du renseignement. Des sociétés comme Total sont très présentes, ainsi que nombre d'équipementiers, d'entreprises de BTP, de sous-traitants en tout genre. Cela permet de maintenir le contact, de recevoir des informations précieuses. » Paris n'a jamais cessé de considérer ce pays pétrolier comme une place stratégique. Bien qu'elle ait participé à la guerre du Golfe, la France a ensuite mené une politique plus nuancée que ses alliés américains et britanniques, plaidant à maintes reprises pour un allègement de l'embargo. Cette proximité, les Américains s'en servent justement pour salir l'image de Jacques Chirac et de la France... tout en oubliant que dans les années 80 un certain Donald Rumsfeld servait d'émissaire auprès de Saddam et que les États-Unis soutenaient l'Irak dans sa guerre contre l'Iran.

Pour toutes ces raisons, les Français sont considérés, au même titre que les Russes, comme les meilleurs connaisseurs du terrain irakien. Une expertise à laquelle ont fait appel... les Américains. C'est ce que révèle Bruno Delamotte, spécialiste du renseignement, auteur de *Questions d'intelligence* : « À la veille de la conquête de Bagdad le 9 avril, l'US Army a interrogé les services français, pour savoir si la ville était minée, et à quel endroit. » Avant et pendant le conflit, la DGSE et son homologue russe le FSB seront les seules agences à maintenir une présence à Bagdad. Mais cela, insiste-t-on à Paris, c'est la routine. « Il faut maintenir les contacts, identifier les successeurs probables du système baasiste, préparer l'après-guerre. C'est le travail normal de la DGSE, qui devait avoir une dizaine d'agents sur place : des clandestins qui opèrent en civil sous couvert d'activités banales. Contrairement aux missions ponctuelles d'un T. S., cela ne relève pas d'un ordre express du gouvernement. »

Simple routine ? Pas si sûr. Une intense activité aurait ainsi été notée, dès les premiers jours de guerre, dans les ambassades des deux nations : « On y détruisait et brûlait des documents à tour de bras, pour éviter que les Américains ne mettent la main dessus. » Mais on ne se limitait pas à cela. Si l'US Air Force n'a pas hésité à bombarder le convoi diplomatique qui conduisait l'ambassadeur russe à l'abri de l'autre côté de la frontière, c'est qu'elle possédait des renseignements crédibles sur la présence possible de Saddam Hussein dans l'un des véhicules. « C'était erroné, mais cela aurait pu être vrai, reprend la source anonyme qui connaît T. S. Les États-Unis avaient envoyé des signaux aux Russes et aux Français. Le message était clair : n'essayez pas d'exfiltrer Saddam Hussein. » Ils auraient pu ajouter : il est à nous !

FEU SUR BAGDAD

Washington. Maison Blanche. Mercredi 19 mars 2003

À 8 heures du soir, tout semble calme dans la capitale fédérale bientôt endormie. L'ultimatum de 48 heures adressé par George Bush à Saddam Hussein pour qu'il quitte l'Irak vient d'expirer, mais personne ne croit au début des frappes pour cette nuit. Les États-Unis ont beau être impatients d'en découdre avec l'Irak, ils peuvent bien encore attendre quelques heures ou quelques jours avant de déclencher le feu roulant de leur armada massée dans le golfe Persique. Seuls les médias sont en alerte. Les journalistes du monde entier sont sur le pont, surveillant ce qu'ils peuvent dans l'espoir de deviner les intentions de la Maison Blanche. Certains guettent toute activité suspecte sur le parking du Pentagone. (« Il est désespérément vide, rien ne bouge, cela ne sera pas pour ce soir », décrit le correspondant d'une grande agence de presse à l'un de ses collègues.) D'autres sont scotchés à leur bureau dans la salle de presse de la Maison Blanche, essayant de décoder les expressions du visage du porte-parole Ari Fleischer lorsqu'il leur dit : « Le

Président pense que le peuple américain est paré pour le désarmement de Saddam Hussein. » Rien à en tirer, autant interroger un mur. D'autres enfin se sont décidés à rentrer chez eux se disant qu'il ne se passerait rien, comme cette star de CNN qui vient d'ouvrir une bonne bouteille de vin avec sa femme.

Soudainement, sur le coup de 21 h 30, tout s'accélère à Washington. Les chaînes de télévision dont les caméras sont braquées sur la nuit de Bagdad annoncent que des sirènes antiaériennes hurlent autour de la ville. La star de CNN appelle Ari Fleisher sur son portable par acquit de conscience, et découvre qu'il est encore à la Maison Blanche au lieu d'être chez lui. Il pose son verre de vin et saute dans un taxi, direction les plateaux de direct. Le correspondant de TF1, alors qu'il franchit juste la porte de son domicile, reçoit un coup de fil des techniciens qui gèrent les faisceaux satellites. Ils lui indiquent que la Maison Blanche vient de réserver un canal pour 22 h 15. Il remonte dans sa voiture illico. L'envoyé spécial du quotidien espagnol *El Pais*, resté à son bureau qu'il partage avec le correspondant du *Monde*, décroche son téléphone. Sa rédaction en chef à Madrid vient d'avoir une fuite de l'entourage du Premier ministre Aznar : « Les Américains ont déclenché la guerre ! »

George W. Bush a pris sa décision en fin d'après-midi. Le directeur de la CIA George Tenet est arrivé dans le Bureau ovale en compagnie de Donald Rumsfeld et du chef d'état-major Richard Myers sur le coup de 15 h 30 avec une information capitale. Un espion irakien au service des Américains vient de transmettre le lieu où Saddam Hussein a prévu de dormir cette nuit : une ferme au sud-est de Bagdad. Selon Tenet, c'est une chance unique de « décapiter » le régime irakien et d'accélérer sa chute en envoyant une salve de missiles de croisière. Autour de Bush, tout le monde est favorable à cette option, sauf le général Tommy Franks. Le commandant en chef des forces dans le Golfe souhaite respecter scrupuleusement le délai accordé par l'ultimatum expirant à 20 heures (heure de Washington), bien que les forces spéciales soient déjà à l'œuvre en Irak depuis plusieurs heures. On lui ordonne néanmoins d'effectuer les préparatifs nécessaires, notamment d'armer deux avions furtifs avec des bombes « perce-bunkers », car l'espion de la CIA pense qu'il existe des salles souterraines sous la ferme. Pour que les pilotes puissent effectuer leur mission dans le noir et revenir à bon port en toute sécurité, il faut donner l'ordre d'attaque avant 19 h 15. À 19 h 12, Bush transmet son « OK ». La machine est lancée.

À la Maison Blanche, seule une poignée de conseillers est dans la confidence. Quelques-uns ont la puce à l'oreille, car un photographe se promène librement dans les couloirs et dans les bureaux, mitraillant tout le monde. Pour l'Histoire. Finalement, à 21 h 45, alors que tous sont désormais agglutinés devant les écrans de télévision qui montrent le ciel de Bagdad zébré des obus de la défense antiaérienne irakienne, Ari Fleischer s'adresse brièvement aux journalistes : « Les étapes préliminaires du désarmement du régime irakien ont démarré. Le Président s'adressera à la nation à 22 h 15. » Très précisément une minute et trente-sept secondes avant le début de la retransmission, la BBC anglaise se branche sur le faisceau satellite et envoie les images en direct : on voit Bush se faire coiffer et maquiller, répéter son discours et plaisanter avec une personne hors-champ. Le Président des États-Unis a l'air des plus détendus malgré ce qu'il s'apprête à annoncer. Mais quand la diffusion commence, Bush prend un air grave. Les mains croisées devant lui et le débit un peu robotique, il annonce qu'il a lancé « les premières frappes sur des cibles choisies ». « Ce ne sera pas une campagne de demi-mesures et nous n'accepterons que la victoire comme résultat. [...] Les gens qui seront libérés verront la noblesse d'esprit des militaires américains. Dans ce conflit, l'Amérique fait face à un ennemi sans égard pour les conventions de la guerre ou la moralité. [...] Nous arrivons en Irak en respectant ses citoyens, leur grande civilisation et leur foi. Nous n'avons pas d'autre ambition que celle d'éliminer une menace et rendre le pays à ses citoyens. »

Le lendemain matin, il semble clair que, malgré quelques premiers rapports euphoriques, Saddam Hussein a survécu. Soit il n'était pas dans le bunker, soit il en a miraculeusement réchappé. Quinze mois plus tard, le *New York Times* révélera que cinquante attaques ciblées ont été lancées dans les premiers jours de la guerre contre des *high value targets*, les principaux dirigeants du régime. Pas une seule n'a atteint son objectif, c'est-à-dire la mort de la cible et donc la « décapitation » du sommet de la hiérarchie irakienne. Un échec énorme qui, rétrospectivement, met en lumière la faillite des services secrets américains dans tous les domaines du renseignement sur l'Irak. Les unités secrètes envoyées pour sécuriser les sites susceptibles d'abriter des armes de destruction massive et traquer les scientifiques irakiens feront chou blanc pendant des mois. Avant de renoncer. Les troupes régulières, qui ont été équipées de combinaisons de protection contre les attaques chimiques ou bactériologiques, cessent de les revêtir au bout de quelques jours de conflit, lasses des fausses alertes.

Feu sur Bagdad

Dès le 20 mars, les 183 000 soldats au sol (Américains, Britanniques et Australiens) contrôlent un quart du territoire irakien, essentiellement le désert occidental où les forces spéciales ont saisi les sites de lancement de missiles. Le 22 mars, la Troisième Division d'infanterie a pénétré de 250 kilomètres en Irak et maîtrise les plates-formes pétrolières au sud du pays. Donald Rumsfeld et Tommy Franks sont couverts de louanges pour leur stratégie *shock and awe* (choc et stupeur). Après trois semaines de campagne-éclair, les forces américaines pénètrent dans Bagdad le 9 avril. Les Américains sont à l'apogée de leur succès. Les ennuis peuvent commencer...

UN MORT SUR L'AUTEL DE LA DÉSINFORMATION

Lake Worth (Floride). Dimanche 25 mars 2003

Il est bientôt 11 heures du soir au Margarita's, un petit bar de quartier le long de la côte floridienne à une centaine de kilomètres au nord de Miami. John Komyakevich, trente-trois ans, le gérant du bar, est assis sur un tabouret et regarde CNN. Au quatrième jour de la guerre, la chaîne d'informations ne décroche pas une minute de l'Irak. Ce soir, les reportages se concentrent sur la capture de soldats américains par les Irakiens, dont les images ont été diffusées sur la chaîne arabe Al-Jazira. À l'autre bout du bar, Ronald Mellor, soixante et un ans en est à sa neuvième vodka-tonic. Ancien marine, il s'inquiète à haute voix de la possibilité que les soldats américains soient exécutés. Komyakevich, calmement assis sur son siège, réplique : « C'est la guerre... C'est le genre de chose qui arrive quand on envahit un autre pays... » Mellor s'énerve et commence à insulter Komyakevich, dont l'accent trahit les origines russes bien qu'il soit installé aux États-Unis depuis douze ans. Le barman est obligé de ceinturer Mellor qui veut aller flanquer son poing dans la figure de Komyakevich. Celui-ci demeure imperturbable et demande à Mellor de quitter les lieux.

Tout d'un coup le téléphone portable de l'immigré russe sonne. Il répond... en français. C'est sa petite amie, une Française. Mellor, saoul et hors de lui, explose : après les Russes, les Français ! Tous ces lâches qui ne savent pas se battre et qui souhaitent la défaite des Américains ! Il sort brusquement du bar en promettant de revenir. Dix minutes plus tard, Mellor franchit à nouveau le seuil de Margarita's. À son poing, un Smith& Wesson 9mm. Il ouvre le feu sur Komyakevich. Sept coups partent. Les enquêteurs détermineront que cinq balles ont atteint le gérant du bar. Dont quatre dans le dos. Le Russe s'effondre, foudroyé. Sans un mot, Mellor ressort, monte dans sa voiture et rentre chez lui. Là, il appelle la police : « Je viens de tuer un homme. » Le policier de service au bout du fil lui demande pourquoi. Il répond : « À cause de la guerre. Parce qu'il était anti-américain et contre la guerre... »

Dans les journaux locaux, l'assassinat est traité en bref. Un mois plus tard, deux articles un peu plus longs reviendront sur ce fait divers, mais sans être repris au niveau national. Et aucun ne mentionne la connexion française. La petite amie de Komyakevich, effondrée, a voulu éviter toute publicité. Le consul de France à Miami alerte néanmoins les autorités locales du lien avec l'Hexagone, et le meurtre est requalifié en *hate crime*, la catégorie américaine correspondant aux crimes racistes. Les services diplomatiques français ne souhaitent pas davantage ébruiter l'affaire. D'autant qu'ils en ont au moins deux autres, certes moins graves, sur les bras. À Los Angeles, un Français vivant sur place s'est fait tabasser dans un restaurant parce qu'il avait le malheur de parler dans sa langue maternelle. Nez cassé, fracture du menton, trois jours à l'hôpital. Au nord de la Californie, une chaîne de blanchisseries a vu deux de ses magasins vandalisés et un troisième partiellement incendié à cause de leur nom « French Cleaners ». Tant pis si le propriétaire est d'origine libanaise, les employés libanais et chinois, et le logo (la tour Eiffel) choisi sur un coup de tête plusieurs années auparavant parce que cela « faisait chic ».

Confronté à cette vague d'hostilité, un *french bashing* devenu musclé, habilement entretenu par les médias de droite et d'extrême-droite qui continuent à proférer insultes et appels au boycott de produits français, l'ambassade de France à Washington choisit de réagir discrètement. Elle compile une liste des incidents et autres dérapages, et l'adresse à l'ambassadeur des États-Unis à Paris, Howard Leach. À lui de faire remonter ce document vers sa hiérarchie. Si Leach est « choqué, épouvanté » par ce qu'il lit, selon un diplomate français, personne ne semble réagir à Washington. Mais le 28 mars, François Rivasseau, porte-parole du Quai d'Orsay, déclare lors d'une conférence de presse : « Ce qui nous inquiète aujourd'hui, c'est que les manifestations d'une francophobie ordinaire puissent déboucher sur des atteintes aux personnes. » La phrase est mesurée. Mais Washington la reçoit comme une attaque. Immédiatement, un membre du service de presse du *State Department* saute sur son téléphone et appelle son homologue à l'ambassade de France. « Votre porte-parole vient de faire un lapsus, il raconte n'importe quoi », déclare-t-il, très nerveux. « Non, non, répond son interlocutrice, nous avons des preuves de ce que nous avançons et nous vous les avons transmises. » L'Américain se renseigne, récupère la lettre française, mais il ne veut pas céder le moindre terrain : « De toute manière le *french bashing* aux États-Unis n'aura jamais l'intensité de l'antisémitisme en France ! » Son homologue au bout du fil n'apprécie pas cette remarque : « Je m'attendais à ce que vous disiez que vous étiez désolé mais visiblement ce n'est pas le cas. Nous, l'antisémitisme, nous le condamnons fermement et systématiquement. Vous, vous ne dites rien face au *french bashing* ! » Fin de la conversation.

Des « fuites » organisées

Début avril l'État de Louisiane, où Jacques Chirac doit se rendre le 20 décembre pour célébrer le bicentenaire de sa vente aux États-Unis par Napoléon, « désinvite » le Président français. Selon une motion déposée à l'Assemblée locale, « étant donné le manque de soutien apporté par Chirac au président Bush et son ingratitude pour l'aide et l'amitié fournies par les États-Unis à la France durant les deux Guerres mondiales », la Louisiane retire son invitation. Le geste pourrait n'être que risible, s'il ne traduisait, selon l'analyste des médias Danny Schechter, interrogé à l'époque, « une atmosphère empoisonnée. Il y a un niveau vicieux d'agression aux États-Unis en ce moment qui provient d'une campagne orchestrée pour mettre sur la défensive toutes les voix qui s'élèvent. » Un diplomate français en poste aux États-Unis complète : « Le *french bashing* est une manière de dire, à la fois à l'attention des opposants dans le pays, mais aussi à l'égard des pays qui ne suivent pas les États-Unis : "Faites gaffe, il peut vous arriver la même chose !" »

« La même chose », c'est une succession de « fuites » organisées par l'administration Bush visant à décrédibiliser la France. Durant les années Clinton, un réseau parfaitement organisé de Républicains flirtant avec l'extrême-droite s'était mis en place dans le but d'attaquer le Président. Comprenant une multitude d'associations, soi-disant de base, financées par plusieurs millionnaires conservateurs, ce réseau se chargeait d'alimenter en rumeurs (certaines fondées, d'autres inventées) la presse « amie » afin de faire trébucher Clinton par tous les moyens. Aujourd'hui, une partie de ces personnes et leurs méthodes ont intégré l'administration Bush, et leurs cibles ne se limitent plus à la presse « amie » mais à des journalistes en mal de scoops et peu regardants sur leurs sources. Les hostilités ont démarré en septembre 2002 avec un article dans le *New York Times* affirmant que la France a vendu à l'Irak des interrupteurs de haute précision servant à la confection de détonateurs nucléaires ; elles se poursuivent en novembre dans le *Washington Post* où il est fait mention de la possession par la France de souches de la variole. En mars et avril 2003, le rythme s'accélère ; plusieurs articles paraissent dans le *Washington Times*, le *New York Times* et *Newsweek* avec un thème similaire – ventes d'armes de la France à l'Irak – mais des détails différents. Chaque fois les informations anonymes sont attribuées à « des sources gouvernementales dans les milieux du renseignement » ou à « des sources dans les milieux militaires ». Chaque fois Paris dément et apporte les preuves que les accusations sont infondées, mais les articles sont systématiquement repris par d'autres médias qui en font leurs choux gras sur le thème « les Français sont des traîtres ».

Pour un lecteur attentif et au courant du mode de communication de l'administration Bush, les sources des articles sont relativement transparentes. « Il s'agit des civils du Pentagone et d'une poignée de personnes à la Maison Blanche », explique un diplomate français à Washington. Les civils du Pentagone, c'est l'entourage « politique » de Donald Rumsfeld. En particulier un bureau monté de toutes pièces pour « produire » des accusations contre l'Irak, l'« Office of Special Plans », dirigé par le numéro trois du Pentagone Douglas Feith. Ce personnage, peu apprécié de l'administration qu'il supervise, a été qualifié par le général Tommy Franks de « putain de type le plus stupide de la planète ! » « Les informations mensongères sur la France ont été concoctées et transmises à la presse par bêtise et méchanceté, poursuit le diplomate. C'est donc probablement Feith qui est derrière. »

Si Feith est certainement au centre de ce tissu de désinformation, il a bénéficié d'une chambre d'écho à la Maison Blanche. Selon le diplomate français, les personnes impliquées dans cette histoire sont Karl Rove et Scott McClellan. Karl Rove est depuis vingt-cinq ans l'éminence grise de Bush, ou, selon des journalistes texans, la « matière grise » de Bush. Conseiller spécial à la Maison Blanche, c'est un expert en stratégie électorale qui passe ses journées pendu au téléphone. McClellan, qui est aujourd'hui porte-parole du Président, était en avril 2003 adjoint au service de communication. À trente-cinq ans, c'est un fidèle de Bush, qu'il a suivi depuis le Texas. « Incompétent sur la politique étrangère, il tape bêtement sur les Français pour faire plaisir à son chef », confie un bon connaisseur de la Maison Blanche. S'il faut se garder de faire porter sur les enfants les péchés des parents, il convient de préciser que son père, Barr McClellan, est un adepte des théories de la conspiration et l'auteur d'un livre décrié : *Comment Lyndon Johnson a tué John Kennedy*. Pour Joseph Wilson, dernier ambassadeur américain en poste à Bagdad en 1991, diplomate respecté autant par Clinton que par Bush père, les soupçons des Français ont quelque fondement. Wilson a eu lui aussi maille à partir avec la Maison Blanche lorsque celle-ci a dévoilé l'identité de sa femme, une espionne de la CIA, après qu'il eut rendu publique une information n'ayant pas eu l'heur de plaire à l'administration Bush. « Ceux qui mènent cette politique au sein du gouvernement avec l'appui de leurs alliés à l'extérieur ne cherchent qu'une chose : la destruction personnelle de leurs ennemis. Tout cela est habilement coordonné. Il y a deux réunions par semaine. On discute du message à diffuser auprès des médias, et on élabore la manière de discréditer les opposants. Une réunion a lieu le mardi soir chez Richard Perle, l'autre le mercredi matin chez Grover Norquist, un lobbyiste ultralibéral. Et Karl Rove s'entretient quotidiennement avec toute une bande de comparses à l'intérieur et en dehors du gouvernement pour diffuser le *message de la semaine*. »

Courant avril, l'ambassadeur de France Jean-David Levitte va s'entretenir avec Colin Powell à propos du *french bashing* et de la désinformation. Il évoque l'assassinat de John Komyakevich, les menaces et attaques à l'encontre des Français, et lui présente la liste des épithètes régulièrement lancées à la télévision : « *cheese-*

eating-surrender-monkeys » (les singes bouffeurs de fromages capitulards), tiré de la série animée « Les Simpsons », est un des plus inventifs. « Si ces insultes étaient proférées à l'encontre des Noirs américains ou des hispaniques, ce ne serait pas toléré. Le gouvernement assimilerait cela à du racisme », dénonce Levitte. Powell, sensible au sujet, est bien évidemment d'accord. Mais en même temps il n'a pas vraiment d'autorité sur ces propagandistes qui méprisent autant le Secrétaire d'État que les Français. Il promet néanmoins de faire passer le message au niveau gouvernemental. De fait, la rhétorique anti-française en provenance des élus et du Pentagone se calme.

Mais les « fuites » aux journaux se poursuivent, avec toujours les mêmes sources. En mai, le *Washington Times*, un quotidien proche des néo-conservateurs détenu par la secte Moon, publie deux articles faisant état de trouvailles américaines en Irak. L'un d'entre eux parle de passeports français vierges découverts à Bagdad et de dignitaires irakiens qui se seraient enfuis en Europe grâce à ces documents. Le Quai d'Orsay nie... mais il n'est pas forcément au courant de tout ce qui s'est tramé entre Paris et Bagdad. En tout état de cause, les diplomates à Washington, soucieux d'aller au fond de l'affaire, envoient une lettre au Pentagone avec la demande suivante : « Chaque année, plusieurs dizaines de passeports vierges sont dérobés dans les préfectures. Nous ne pensons pas que cela soit le cas dans cette circonstance, mais il est envisageable que certains aient pu se retrouver en Irak. Pouvez-vous, s'il vous plaît, nous fournir les numéros des passeports que vos militaires ont découverts afin que nous menions l'enquête et remontions à la source du vol éventuel. » La missive restera à jamais sans réponse.

Excédée par ces histoires qui sont reprises sur toutes les chaînes de télévision et par l'indifférence de la presse aux démentis français, l'ambassade de France décide d'adresser une lettre ouverte aux « élus, membres de l'administration et représentants des médias ». À l'origine de cette idée, on trouve la responsable du service de presse de l'ambassade, Nathalie Loiseau. Cette brillante jeune femme de trente-neuf ans à l'aspect un peu frêle, entrée au Quai d'Orsay à l'âge de vingt et un ans après Sciences Po et Langues O, vient juste de se glisser quelques mois plus tôt dans ce poste autrefois occupé par Romain Gary et... Dominique de Villepin. Elle a compris que, face à cette situation inédite, il faut offrir une réponse inédite. Mais sa hiérarchie du Quai d'Orsay n'aime pas trop cette idée assez peu diplomatique. Elle réussit néanmoins à convaincre Jean-David Levitte, et fait parvenir directement à Chirac une liste des insultes et des mensonges proférés contre la France. En découvrant tout cela, le Chef de l'État français « se met en pétard », selon un de ses proches, et donne son feu vert pour la lettre ouverte. Villepin, sollicité à son tour, approuve le texte et Levitte y appose sa signature. Le 15 mai, la missive, sans précédent dans l'histoire des relations diplomatiques entre les deux pays, fait la une du *Washington Post*. Dénonçant une « campagne organisée de désinformation », elle est accompagnée d'une liste des articles incriminés. Elle touche une corde sensible chez la plupart des journaux mis en cause, qui regretteront plus tard d'avoir placé leur confiance dans des sources promptes à les manipuler. Un des journalistes cités, un reporter de *Newsweek*, prend même la peine d'appeler le service de presse de l'ambassade de France à Washington. « Je n'apprécie pas vraiment d'être mis ainsi sur une *liste noire*, commence-t-il. Je ne vous le reproche pas, c'est un juste retour de bâton. Mais on ne m'y reprendra plus à faire confiance à ces types », conclut-il, sans toutefois accepter de nommer ses sources au sein de l'administration. Bill Gertz, le journaliste du *Washington Times* auteur d'articles mis en cause, n'a, lui, aucun remords. Un jour que l'ambassade d'Allemagne l'appelle pour pointer une erreur flagrante (les Allemands ont eux aussi subi leur lot de désinformation), il répond à son interlocutrice : « Ce n'est pas mon problème si c'est faux ! » La Maison Blanche adoptera le même point de vue en qualifiant anonymement la lettre de Levitte de « vraiment n'importe quoi ».

French bashing... au Koweït

Il n'y a pas qu'aux États-Unis que les esprits sont échauffés. C'est également le cas sur les théâtres où militaires français et américains opèrent côte à côte. Pour prévenir tout « dérapage », le chef d'état major de l'armée française, le général Henri Bentégeat, a fait passer fin février une circulaire contenant des consignes très claires. « Nous sommes amis de longue date, engagés dans des opérations communes. Il y a un différend politique entre nos deux pays à propos du problème de l'Irak. Ce différend ne doit pas venir irriguer les niveaux opératif et tactique », recommande la missive dans un style militaro-administratif. À charge pour les généraux et les colonels, des Balkans à l'Afghanistan, en passant par Djibouti et l'océan Indien, de répercuter le message à leurs troupes. Les soldats français, précise Bentégeat, devront se comporter avec leurs collègues américains et britanniques « au minimum selon les règles élémentaires de courtoisie, mais si possible selon les règles de fraternité d'armes ». L'armée ne prend pas les choses à la légère, puisque le chef d'état-major ordonne qu'on lui rende compte de tout incident lié à la position française sur l'Irak. Et lui-même fera son rapport au ministre de la Défense.

Apparemment, cette action préventive a porté ses fruits : un seul incident aurait été enregistré, selon l'état-major. La scène se déroule à Pristina, au Kosovo. Le genre d'endroit où les forces d'interposition de l'OTAN sont cantonnées dans des baraquements spartiates, passant 24 heures sur 24 dans un environnement pas franchement accueillant. Un soir, à la cantine, le sujet irakien est évoqué. Deux officiers, un commandant français et un lieutenant-colonel américain, se mettent à élever le ton. Puis ils s'engueulent carrément, et sont prêts à en venir aux mains... sous le regard mi-éberlué mi-moqueur d'officiers d'autres nationalités. On sépare les deux hommes, qui sont convoqués, chacun séparément, par leur général. Lequel leur passe un savon, leur rappelle très fermement que les discussions politiques ne sont pas de leur ressort... et les invite à se serrer la main en public. Pas de sanction, l'incident est clos.

Mais l'US Army n'a visiblement pas imposé, elle, les mêmes consignes. En tout cas, pas partout. Ainsi, au moment où, début mars, les troupes se préparent à foncer sur l'Irak, un officier de presse du QG américain à Koweït-City a fait du *french bashing* sa grande spécialité. L'homme, un certain major Max Blumenfeld, francophone, longue silhouette, allure plutôt british, éternelle cigarette blonde aux lèvres, repère méticuleusement les journalistes français. Alors que ceux-ci l'interrogent sur les préparatifs concernant l'Irak, il se lance dans des diatribes anti-françaises d'une virulence inouïe. « Les Français sont des traîtres : ils nous plantent un couteau dans le dos. Leur activisme à l'ONU a retardé la libération du peuple irakien. Mais ce n'est pas étonnant : il n'y a qu'à voir comment ils ont ouvert la porte aux Allemands en 1940 ! Quand on pense que votre pays a un droit de veto à l'ONU : normalement, ce devrait être réservé aux vainqueurs de la Seconde Guerre mondiale... » Le major Max n'a pas que des généralités pompeuses dans sa besace. L'entrée victorieuse des GI dans la capitale irakienne le 9 avril va opportunément lui fournir les « preuves » définitives de la « trahison » de la France. « Nos hommes ont découvert à l'aéroport de Bagdad des caisses de missiles Roland datant de 1994. Votre pays a violé l'embargo. Tout ça pour permettre à votre ami Saddam Hussein de flanquer des bombes françaises sur la figure des Américains ! » Cette histoire de missiles Roland sera reprise telle quelle par les médias, malgré les démentis français.

Le major Max pourrait continuer sur ce registre pendant des heures entières, regrettant seulement que ses discours intéressent peu la presse française... Le plus étonnant est qu'il ne se retranche nullement derrière l'anonymat pour tenir de tels propos. Bien au contraire : il vous prie de le citer nommément. Mais au fait, d'où lui vient ce français presque parfait ? « Je l'ai appris avec les soldats tricolores, que j'ai beaucoup côtoyés en Afrique », répond cet ancien des forces spéciales. Une « fraternité d'armes » déçue, sans doute...

BUSH PARADE, CHIRAC RAME

PARIS. Palais de l'Élysée. mardi 15 avril 2003

Ils ne se sont pas parlé depuis soixante-sept jours. Mais près d'une semaine après la chute de Bagdad, avec ces images du déboulonnage de la statue de Saddam Hussein qui ont fait le tour du monde, Jacques Chirac ne pouvait plus se murer dans son silence. À la surprise des experts militaires français qui pérorent depuis le 20 mars sur les plateaux de télévision, dans les studios de radio et les colonnes des journaux, l'armée américaine a remporté en Irak une victoire éclair. Le raïs de Bagdad est en fuite, son régime s'est décomposé, son armée est défaite, son pays est occupé. Dans les villes et les villages, surtout dans les régions chiites, les GI sont accueillis par des foules joyeuses qui lèvent le pouce en direction de leurs « libérateurs ». Mais il y a aussi ces scènes de pillage, dans un État brusquement livré à lui-même, sombrant dans l'anarchie. Dans la capitale, le prestigieux musée archéologique est mis à sac sous le regard passif des soldats américains. À Bassora, l'hôtel Sheraton est vandalisé, le palais de Saddam est pris d'assaut par la population.

Ce 15 avril, le Président français décroche enfin son téléphone pour parler de vive voix à George Bush. Le 10, au lendemain seulement de la prise de Bagdad, il avait publié un communiqué, alors que la plupart des dirigeants mondiaux avaient félicité George Bush dès le 9 au soir. Et encore, Chirac se contente dans son message du service minimum : il se réjouit de « la chute du dictateur Saddam Hussein », souhaite « la fin rapide des combats »... mais il se garde bien de féliciter Bush et son allié Tony Blair. À Washington, cette sobriété est notée. Elle ne paraît pas être la meilleure façon de réchauffer les relations entre les deux capitales. À l'évidence, la tournure rapide des événements en faveur du duo anglo-saxon a pris de court le leader du « camp de la paix ». Même si Poutine et Schröder maintiennent l'apparence d'un front uni, Paris se retrouve quelque peu isolé dans cette ambiance de victoire.

Afin d'obtenir ce coup de téléphone devenu indispensable pour reprendre contact, les Français ont dû négocier d'arrache-pied. À la Maison Blanche, l'heure était plutôt à l'étude de rétorsions envers Paris. L'ambassadeur Jean-David Levitte a harcelé Condoleezza Rice, pendant que Dominique de Villepin plaidait auprès de Colin Powell. À 17 heures (11 heures à Washington), à l'Élysée, Chirac s'empare du fameux combiné blanc. Les conversations passées à partir de cet appareil sont systématiquement protégées. Il est relié à un cercle exclusif de correspondants : quelques présidences étrangères (Maison Blanche et Kremlin notamment), certaines ambassades françaises ainsi qu'un tout petit nombre de numéros dans l'Hexagone – tenus secrets.

À l'autre bout de l'Atlantique, Bush décroche. Aucune acrimonie dans le ton de l'un ou l'autre interlocuteur, assure l'entourage de Jacques Chirac. Sans doute entend-on ce jour-là davantage de « Monsieur le Président » que de « cher Jacques » ou « cher George ». Chirac se félicite de ce que la guerre ait été rapide, évitant ainsi un trop grand nombre de victimes. Mais il n'adresse aucun « bravo » à son homologue. « Nous n'allions pas applaudir alors que nous avions jugé la guerre illégitime et que notre analyse n'avait pas varié », se défend un conseiller du chef de l'État.

Chirac embraye sur un registre plus personnel : « Je vous assure de ma sympathie et vous présente mes condoléances pour les pertes humaines subies par votre armée. Je sais moi aussi ce que cela signifie de perdre des hommes au combat. » « Je vous remercie d'appeler et de me dire cela. C'est gentil de le faire », répond Bush. « La France, comme toutes les démocraties, se réjouit de la chute de la dictature, c'est une chose positive », reprend Jacques Chirac. Bush évite de jouer les triomphateurs. Il évoque la situation en Irak, explique comment il compte s'y prendre pour faire cesser les pillages, rouvrir les hôpitaux et les écoles. « Il faudra s'attacher à rendre aux Irakiens leur souveraineté, l'entreprend alors le Président français. Nous considérons que la communauté internationale doit mettre toutes les chances de son côté pour réussir : il faut faire place à l'ONU. » Et d'ajouter, à propos de la levée des sanctions qui frappaient le régime baasiste, du contrôle du désarmement, de la reprise des exportations de pétrole : « Dans tous ces domaines, la volonté de la France est d'agir de façon pragmatique, dossier par dossier. » « Ce que vous dites est très positif », réplique le chef de la Maison Blanche.

Ce dernier aborde alors un sujet sensible à Paris. « Je suis agacé par la campagne anti-française qui se développe dans mon pays. Je ne sais pas qui sont les gens qui se cachent derrière tout ça. Je ne suis absolument pas d'accord avec eux, et je le leur dirai si je les trouve. Nous avons des désaccords sur l'Irak, c'est vrai, mais il y a de nombreux domaines où nous coopérons bien. » Les deux hommes échangent ensuite quelques phrases à propos de l'Afghanistan et du Proche-Orient. Ils se saluent, Chirac priant Bush de transmettre « ses amitiés » à ses parents, avant de raccrocher. L'entretien a duré vingt minutes.

Rétorsions

De part et d'autre de l'Atlantique, les analyses de ce coup de fil sont radicalement différentes. Un entretien « positif », selon Catherine Colonna, qui reprend le terme employé par George Bush. Une conversation « professionnelle », juge froidement le porte-parole de la Maison Blanche, Ari Fleischer. Une façon polie de dire que l'échange n'était guère productif, et l'ambiance tout sauf chaleureuse. Interrogé sur la signification exacte du « rôle pragmatique » que la France, selon Chirac, pourrait assumer en Irak, Fleischer répond, avec une moue ironique : « C'est un choix de mots intéressant. Je ne sais pas exactement, littéralement, ce qu'il faut en penser. C'est aux Français de l'expliquer. Ils sont peut-être à la recherche du rôle qu'ils peuvent être capables de jouer. » Commentaire cruel, mais révélateur de la soudaine absence de Paris de la scène internationale. L'ONU est hors-jeu. L'Europe est fracturée : pour l'heure, ce sont les vainqueurs, Blair, Aznar, Berlusconi et leurs nouveaux amis de l'Est qui donnent le « la ». Reste, pour les Français, la tribune du monde arabe. Pour continuer à exister, Villepin s'envole pour une tournée au Proche-Orient. Il fait au passage un saut au Vatican : l'occasion de proclamer que le pape et la France ont épargné au monde « un choc des civilisations ». C'est une petite consolation, au moment où les Américains triomphent. Et où ils planifient leur revanche. La France, lâche ainsi Colin Powell, doit s'attendre à subir « des conséquences » pour son opposition à la guerre. De leur côté, Condi Rice, Donald Rumsfeld et « ses » faucons du Pentagone échafaudent leur stratégie pour punir la France. Deux jours après la conversation téléphonique Chirac-Bush, une réunion était prévue à la Maison Blanche, avec pour ordre du jour : « Quelles sanctions ? » Elle fut annulée au dernier moment après intervention de Levitte. Mais elle a quand même eu lieu un peu plus tard, sous la présidence de Paul Wolfowitz, et a essentiellement débouché sur des brimades à l'encontre des militaires français, qui se sont vus écartés de plusieurs exercices ou sommets stratégiques internationaux.

Pendant ce temps-là, Bush parade. Bien que les États-Unis soient les « inventeurs » du 1er Mai, cette date n'a jamais été un jour férié dans le pays. Pourtant, cette année, exceptionnellement, le Président a décidé d'en faire un événement marquant. Il va célébrer la victoire en Irak sur le porte-avions *Abraham Lincoln*, qui revient du Golfe, *via* l'océan Pacifique, après dix mois de mission. Il n'a échappé à personne qu'il s'agit d'une gigantesque opération médiatique, mais la presse est à l'unisson du Président pour en rajouter dans la célébration patriotique. Les chaînes d'information en continu consacrent l'intégralité de leur temps d'antenne au parcours du Président : « Il a quitté Washington pour la Californie, il a atterri à San Diego, il va grimper dans un Viking S-3B de l'US Navy pour franchir les derniers kilomètres jusqu'au bâtiment »... La Maison Blanche, qui ne laisse jamais ce genre de choses au hasard, a prévu un programme grandiose : Bush, qui a revêtu une combinaison de pilote vert olive, doit rallier le navire en pleine mer et apponter. On rappelle que Bush fut lui aussi un pilote de jet dans la Garde Nationale du Texas lors de son service militaire, et aucune spécification technique de ce type d'opération n'est omise pour les téléspectateurs profanes. C'est l'heure de gloire. On apprendra certes plus tard que le porte-avions a été obligé de couper ses moteurs, sur ordre des *spin doctors* (sorciers de la com'), pour ne pas arriver à destination avant Bush, ce qui aurait un peu gâché la *photo-opportunity*, mais pour l'instant on n'en sait rien.

Bush apponte en direct et descend du Viking, harnaché comme Tom Cruise dans *Top Gun*, casque sous le bras. Il est accueilli sur le pont par l'équipage au complet, qui ne tarde pas à rompre les rangs pour venir se presser autour de celui que la presse n'appelle plus que le « commandant en chef ». « W. » adore cela et ne se fait pas prier pour filer des tapes dans le dos des matelots. Quelques heures plus tard, après avoir revêtu un costume plus formel, il retourne sur le pont. Le porte-avions a judicieusement manœuvré pour offrir une lumière de soleil couchant sur la tribune présidentielle. Une banderole a été suspendue sur le château du navire : « Mission accomplie. »

Détente en demi-teinte à Evian

Un mois plus tard, tous les acteurs de la crise, camp de la paix et camp de la guerre, doivent se retrouver pour le grand rendez-vous diplomatique du sommet du G8, le 1er juin en France, dans la ville d'eaux d'Evian. L'équipe Chirac compte bien en profiter pour revenir sur la scène. D'autant que le chef de l'État français a invité ses homologues du « club des riches », mais aussi les représentants de la « planète d'en bas » : le Brésilien Lula, le Sénégalais Wade, l'Algérien Bouteflika... George W. Bush, juché sur son nuage, ne pardonne toujours pas à la France, et garde ostensiblement ses distances avec Jacques Chirac. Dans la préparation du sommet, il multiplie les petites vexations. Quand un journaliste de NBC, lors d'un trajet à bord de l'avion présidentiel Air Force One, demande si le chef de la Maison Blanche envisage d'inviter son homologue français dans son ranch texan de Crawford, l'intéressé répond dans une grimace : « Je crois que ce n'est pas demain la veille qu'il viendra. » L'Élysée affecte l'indifférence. Il n'empêche que la « diplomatie du ranch », la personnalisation des relations politiques, est capitale pour Bush. Blair, Aznar, Berlusconi et même Poutine sont de ces week-ends privilégiés. En septembre 2003, pour montrer à Schröder qu'il n'est plus un « banni », il l'invitera ainsi à Crawford. Dans le même registre, certains membres de la Maison Blanche font « fuiter » des informations selon lesquelles Bush, snobant la France, séjournerait en Suisse durant ce G8. Pour « raisons de sécurité », ajoutent-ils, comme si les Français n'étaient pas capables d'assurer la protection de leur hôte. Finalement, le Président américain dormira bien en France. En revanche, il partira avant tout le monde, plantant là son hôte, sans même attendre le dîner officiel de clôture du lundi 2 juin à l'Hôtel Royal d'Evian. Motif : une tournée au Proche-Orient, où des affaires sérieuses le réclament. Après l'Irak, Bush entend agir auprès des Israéliens et Palestiniens, auxquels il présente sa « Feuille de route ».

Mais avant de s'envoler, le Président américain prend quand même le temps de s'entretenir en tête à tête avec Jacques Chirac. Autant ce dernier est démonstratif avec ses invités, multipliant les accolades complices avec Lula, Bouteflika, Schröder et les autres, autant le contact avec Bush est parcimonieux : le bout de ses doigts effleure tout juste l'épaule de l'Américain. La veille, ils s'étaient échangé des cadeaux. Trois livres, reliés de cuir, sur la civilisation des Indiens d'Amérique pour Chirac, qui apprécie les arts premiers. Un stylo, des bouteilles de vin et de cognac pour Bush... qui ne boit jamais. « La rencontre s'est déroulée dans un bon climat, raconte un témoin. Si l'on fait abstraction de sa politique, Bush n'est pas un type antipathique. Il est simple, direct, d'accès facile. Dans les conversations, il ne sort jamais des lignes qu'il s'est fixées. Il écoute son interlocuteur, se borne souvent à dire, pour toute réponse : *I appreciate your comment, but* (j'entends votre point de vue, mais...). Il ne réplique jamais directement aux arguments qui viennent de lui être opposés, préférant reprendre son discours sans se lasser. » Ronald Reagan faisait d'ailleurs la même chose, ce qui ne l'avait pas empêché de sympathiser avec François Mitterrand.

Ce matin-là, laissant les thèmes de la lutte contre la pauvreté et du multilatéralisme aux autres invités, George Bush lance le sujet du Proche-Orient : Syrie, Liban et Iran. « Il interroge souvent Chirac à propos de l'Iran. Il a l'air de le prendre pour un grand spécialiste de ce pays, ce qui n'est pourtant pas le cas », s'amuse un membre de l'entourage présidentiel. De son côté, Jacques Chirac salue « sans réserves » l'initiative de la « Feuille de route » : « C'est une occasion historique d'avancer vers la paix. » Mais l'élément sans nul doute le plus intéressant de cet entretien passe inaperçu. Alors que les deux leaders évoquent la situation en Afghanistan, le Français propose à son hôte l'envoi de forces spéciales tricolores pour participer, sous le commandement américain de l'opération *Enduring freedom*, à la traque de Ben Laden. L'offre est aussitôt acceptée par Bush... dont certains ministres planifient pourtant, au même moment, des « sanctions » contre les militaires français. Chaque partie y trouve ses avantages : pour les gradés du Pentagone, un appui efficace dans une région particulièrement périlleuse ; pour l'état-major à Paris, un moyen de rentrer dans le jeu et... un « terrain d'entraînement exceptionnel » pour ces soldats d'élite. Cette coopération ne sera révélée qu'au début de l'année 2004.

Avant de prendre congé, le Président américain laisse néanmoins percer un signe d'irritation. Faisant allusion à la lettre ouverte de Jean-David Levitte publiée quelques jours plus tôt en une du *Washington Post*, il lance à Chirac : « Était-il bien nécessaire que votre ambassadeur se plaigne de la sorte ? » « Cela prouve qu'il a vu la missive, et que celle-ci a porté, jugera plus tard l'équipe élyséenne. En ce sens, notre initiative a atteint son but. »

UN BAL DE RÉCONCILIATION

Washington. Résidence de l'ambassadeur. Vendredi 6 juin 2003

C'est une scène que l'on croirait sortie d'un film de Stanley Kubrick. Dans le parc qui ceint la résidence de l'ambassadeur de France à Washington, des milliers de bougies éclairent la nuit pendant que 550 invités en tenue de soirée déambulent, une coupe de champagne à la main, s'arrêtant parfois devant des acteurs en costume du XVIIIe siècle, souriant de leurs mimiques. Au milieu de ce doux tourbillon de robes de soirée, de parures et de bon mots trône un homme qui savoure son triomphe : l'ambassadeur Jean-David Levitte. Le Bal de l'Opéra s'achève : c'est un immense succès. Qui n'était pas gagné d'avance. Ce rituel washingtonien, organisé une fois l'an, a pour but de lever des fonds privés pour l'Opéra de la ville. Près d'un an auparavant, avant que les relations franco-américaines ne dégénèrent à cause de la guerre en Irak, il avait été décidé que l'hôte pour 2003 serait l'ambassadeur de France. En 1999, la réception organisée par les Français, mise en scène par le couturier Christian Lacroix, était restée dans tous les esprits.

Mais à quelques semaines de la date fixée au 6 juin, les deux tiers des billets pour le Bal (à 1500 dollars pièce) restent invendus. Le gotha de Washington ne souhaite pas se montrer à une cérémonie organisée par les Français. Les *freedom fries*, les *cheese-eating surrender monkeys*, les appels au boycott sont encore dans les mémoires malgré la foudroyante victoire des troupes américaines en Irak. Du côté des Français, l'heure est au profil bas et, si possible, à la réparation des relations entre les deux pays. Levitte met toute son énergie là-dedans : il sillonne le pays pour des conférences et des débats, il apparaît sur les télévisions locales (paradoxalement, c'est sa prestation sur la chaîne Fox de Houston, au Texas, qui lui laisse son meilleur souvenir) et va à la rencontre de tous les pourfendeurs de la France pour dialoguer avec eux. Voyant que le Bal de l'Opéra s'annonce mal alors qu'il s'agit à ses yeux d'une occasion en or pour retricoter des liens avec l'élite de Washington qui, indirectement, influe sur ce qui se dit et se fait, il décide de décrocher lui-même son téléphone et de « vendre » l'événement. Dans un rôle plutôt inhabituel pour un diplomate, il appelle les plus grandes entreprises françaises qui commercent aux États-Unis et sollicite leur participation. L'Oréal, LVMH, Hermès, Airbus et quelques autres répondent à sa requête. « Levitte a saigné à blanc tous les sponsors, raconte quelqu'un qui a participé aux préparatifs. On a mis le paquet car il était hors de question de rater cette occasion. » Hermès par exemple offre à toutes les femmes invitées un carré dont le motif est un mariage des drapeaux français et américain.

Levitte est aidé dans ses démarches par une des organisatrices du bal, Betty Scripps Harvey, héritière d'un groupe de presse, qui harcèle les réticents en leur assenant : « Il s'agit de musique, pas de politique ! » Tous les deux bénéficient également de la poignée de main entre Chirac et Bush à Evian lors du G8 quelques jours plus tôt, qui contribue (un peu) à détendre les esprits. Finalement, le Tout-Washington se décide à venir à la résidence de l'ambassadeur. Le luxe de la décoration et la mobilisation d'acteurs incarnant George Washington, Napoléon Bonaparte, le marquis de Lafayette, Benjamin Franklin, John Adams, Thomas Jefferson et autres figures, contribuent à détendre l'atmosphère d'une soirée placée sous le signe du Bicentenaire de la vente de la Louisiane aux Américains. Mais aussi du cinquante-neuvième anniversaire du débarquement allié en Normandie. En accompagnant son toast d'un vibrant « *We will never forget* ! » (nous n'oublierons jamais !) à propos du 6 juin 1944, Jean-David Levitte suscite des applaudissements émus. Si certains élus venus à la soirée renâclent encore un peu en « espérant que la France changera d'avis et redeviendra l'amie quelle était », d'autres comme Steve Case, le fondateur d'AOL, proclament : « Ne vous y trompez pas, si je suis ici c'est parce que je suis un patriote. » Manière de contrer le discours de l'administration Bush qui attaque le patriotisme de tout opposant à sa politique. À 4 heures du matin – une heure extrêmement tardive pour les Washingtoniens habitués à se coucher au plus tard à minuit – les derniers convives rentrent chez eux. En matière d'image, la soirée est une réussite. Financièrement aussi puisque plus de trois millions de dollars ont été récoltés : « Une recette que nous n'avions pas connue depuis longtemps », selon Placido Domingo, le directeur général de l'Opéra.

Woody Allen n'aide pas la France

Le succès du Bal de l'Opéra contraste singulièrement avec une opération lancée à peine plus tôt, qui, elle, a fait plus de mal que de bien à l'image de la France. Fin mai, la Maison de France à New York appelle l'ambassade à Washington pour annoncer une trouvaille de génie : « Nous venons de tourner un spot publicitaire avec Woody Allen ! » Les responsables de la communication de Washington manquent de s'étrangler. Le vidéo-clip, d'une durée de cinq minutes, intitulé « *Let's fall in love again* » (« Tombons de nouveau amoureux »), présente la France éternelle sous un jour idyllique : marchés de Provence, lumières de Paris la nuit, petits ports bretons... Le tout sur une musique de Joséphine Baker, entrecoupé de témoignages de célébrités américaines et d'anonymes vantant leur amour de l'Hexagone. L'objectif est clair ; il s'agit de dire aux Américains qui auraient une dent contre la France : venez chez nous, nous sommes un pays fabuleux. C'est aussi inoffensif qu'une publicité d'agence de voyage. « Où est le problème ? demande la Maison de France. » « C'est Woody Allen le problème. » Sa présence provoque une bouffée de chaleur à l'ambassade. En effet, le réalisateur introduit le clip par un monologue d'une minute qui se conclut par : « *I don't want to freedom kiss my wife. I want to french kiss her !* » (jeu de mots un peu laborieux sur le fait de « rouler une pelle » à sa femme).

La Maison de France, qui dépend du ministère du Tourisme, vient de commettre une double boulette. Primo, Woody Allen est bien plus admiré en France qu'aux États-Unis où ses films font depuis vingt ans des scores médiocres au box-office. Secundo, la dernière fois que la grande majorité des Américains a entendu parler du cinéaste, c'est lorsqu'il a divorcé en 1992 de Mia Farrow pour épouser sa fille adoptive Soon-Yi Previn. Le tout au milieu d'allégations d'attouchements sexuels sur son fils de cinq ans. Autrement dit, l'image de Woody aux États-Unis est davantage celle d'un pervers pépère que d'un génie du Septième Art. Redorer le blason d'un pays jugé lâche et fourbe par nombre d'Américains en faisant appel à un porte-parole qui a épousé sa fille dans le dos de son ex-femme n'est pas ce que l'on fait de mieux en matière de communication publique. L'ambassade de France perçoit tout de suite le désastre potentiel et s'agace du manque de concertation. Mais comme la Maison de France a obtenu la collaboration de Woody Allen à l'œil, elle n'a même pas eu à demander une ligne de crédit spéciale, et a pu mener sa petite campagne de publicité dans son coin. D'ailleurs, la Maison de France explique qu'elle a déjà envoyé les cassettes du spot à toutes les télévisions américaines...

Il est trop tard pour étouffer l'affaire. Les médias se sont déjà rués sur le monologue du cinéaste. Les plus aimables ironisent sur ces Français qui n'entendent rien à rien aux Américains ; les plus féroces accusent la France de perversité et de provocation. Afin d'éviter que les chaînes de télévision n'enfoncent encore plus le clou, Jean-David Levitte reprend du service et se rend sur les plateaux de télévision pour allumer des contre-feux. Avec son curieux mélange de raideur et de charme, il entreprend de placer les Américains devant leurs responsabilités au sujet du *french bashing* en expliquant qu'il faut que cela cesse. « Ce problème dépasse le cadre du boycott des produits français, déclare-t-il sur ABC.

Quand vous insultez les Français simplement parce qu'ils sont français, cela devient une campagne raciste. Quand les Français voient cela, ils se disent : "Comment une grande démocratie comme les États-Unis peut-elle être si mesquine, si absurde ?" » Au final, les dégâts de l'opération Woody Allen sont limités. « Cette publicité n'aura servi à rien. Ceux qui critiquaient la France sur tout et n'importe quoi ont continué, et la publicité controversée n'a été qu'une corde de plus à leur arc. Les autres n'ont pas changé d'avis : ce spot ne les a pas détournés de leur neutralité ou de leur bienveillance à notre égard », explique Nathalie Loiseau, la responsable du service de presse de l'ambassade à Washington.

Lobbying à l'américaine

Au-delà de ces opérations de relations publiques plus ou moins bien ficelées, Jean-David Levitte et son staff ont compris qu'un travail en profondeur, discret mais efficace, est nécessaire. Même si la vague de francophobie commence à se tasser, elle a laissé des marques profondes : à peine 20 % des Américains interrogés par l'institut Gallup considèrent la France comme une alliée. Il apparaît donc urgent d'adopter des méthodes... américaines. L'immigration française aux États-Unis n'ayant jamais eu la même ampleur que celle en provenance d'Allemagne, d'Irlande ou d'Italie, les groupes d'amitié franco-américains sont peu nombreux dans le pays. Il n'y en a aucun au Congrès par exemple, ce qui peut expliquer l'hostilité assez générale des élus vis-à-vis de la France lors de la crise irakienne. À Paris, les députés du groupe d'amitié France/États-Unis se plaignent d'ailleurs régulièrement de ne pas avoir d'interlocuteurs à Washington. L'ambassade ressort donc un vieux projet qui traîne dans les cartons depuis des années et entreprend de susciter un tel rassemblement. Le représentant républicain de l'État de New York, Amory Houghton, se déclare intéressé. Cet homme affable de soixante-seize ans est le candidat idéal : il descend d'une lignée de diplomates, dont son père, qui a été ambassadeur à Paris de 1957 à 1961. Un de ses assistants appelle les Français et annonce qu'il va sonder ses collègues pour voir s'il y a du répondant. Il prévient quand même : « N'échafaudez pas trop de plans sur la comète, votre pays n'est toujours pas en odeur de sainteté. » Mais quelques semaines plus tard, il rappelle et explique qu'il a obtenu plusieurs dizaines de réponses positives. Le « French Caucus » sera un groupe informel, mais il peut être lancé. L'occasion sera la visite d'Édouard Balladur, président de la Commission des Affaires étrangères à l'Assemblée nationale, le 22 octobre. Le groupe comprend au départ vingt-cinq membres, puis rapidement quarante, et mi-2004 une soixantaine, à parité démocrates et républicains. Même le représentant Bob Ney, l'homme qui avait rebaptisé les *french fries* en *freedom fries*, en fait partie...

La seconde démarche est typiquement washingtonienne. Prenant acte du fait que le lobbying est l'instrument privilégié pour se faire entendre auprès des élus, des entreprises et des autres groupes de pression, l'ambassade de France décide d'embaucher un lobbyiste. Si le geste suscite quelques haussements de sourcils en France – car synonyme d'influences occultes à la limite de la légalité – il est parfaitement dans la logique américaine. D'ailleurs, les Français sont en retard : la plupart des ambassades européennes aux États-Unis intègrent depuis des années dans leurs équipes un ou plusieurs lobbyistes. Ce n'est toutefois pas une garantie d'être entendu : on compte à peu près trente-cinq lobbyistes par élu à Washington... Le Quai d'Orsay est un peu réticent, d'autant qu'aucune autre ambassade française ne dispose d'un tel poste. De surcroît, il n'est pas question d'une rallonge budgétaire en cette période de vaches maigres. Mais l'ambassade de Washington profite du départ de deux personnes pour créer cette nouvelle fonction et Levitte lui-même retrousse ses manches pour se plonger dans les détails du contrat du futur *french lobbyist.* Après avoir passé une petite annonce et auditionné une quarantaine de candidats, l'ambassade recrute Cameron Griffith, un juriste de quarante-deux ans qui connaît bien les coulisses du Congrès pour y avoir travaillé pendant près de dix ans en tant qu'assistant d'un élu de l'Indiana. Grand, mince, l'allure très bostonienne, ce fils de médecin connaît la France pour y avoir appris le ski, dans son adolescence. Sa « mission » dans ses nouvelles fonctions : vendre la France, son image, sa politique, ses intérêts. Et apprendre à placer les accents graves et aigus qu'il a du mal à trouver sur son clavier d'ordinateur !

« L'HISTOIRE JUGERA »

New York. Battery Park. Dimanche 21 septembre 2003

C'est une vue qui figurait naguère dans tant de films américains : un parc arboré longeant le front de mer new-yorkais ; en arrière-plan, les tours jumelles du World Trade Center. En cet automne 2003, la plaie est encore béante. Dans Battery Park, des bouquets de fleurs, des dessins d'enfants par milliers, des peluches, des photos de disparus dans leurs cadres, des insignes de pompiers new-yorkais s'amoncellent devant le mémorial aux victimes des attentats du 11 septembre 2001. Lorsqu'il dépose une gerbe entourée d'un ruban tricolore signé de son nom, Jacques Chirac a l'air ému. Il se souvient de son survol en hélicoptère des décombres de Ground Zero, en compagnie du maire de l'époque Rudolph Giuliani, huit jours après le drame.

Le Président français, arrivé moins d'une heure plus tôt à Kennedy Airport, a tenu à entamer son séjour à New York, à l'occasion du 58e sommet annuel de l'ONU, par ce pèlerinage. Parmi la petite foule de badauds, à Battery Park, certains applaudissent ; d'autres demandent, désignant Chirac entouré de son service d'ordre : « Qui est-ce ? » Un homme s'approche, l'air un peu gauche. « *You where there* (vous étiez là) ? » l'interroge le Président, à la fois admiratif et compatissant. C'est un pompier du 11 septembre, un miraculé qui se trouvait dans l'une des tours quelques instants avant leur effondrement. L'entourage élyséen assure que la rencontre est impromptue. Elle est l'occasion, en tout cas, d'une de ces images qui servent la stature internationale de Chirac... et qui aident à une certaine réconciliation avec le peuple américain (à défaut de ses dirigeants). Dans le même ordre d'idées, le chef de l'État, qui est accompagné pour cette visite aux États-Unis de plusieurs personnalités juives françaises – parmi lesquelles Simone Veil et le président du Crif, Roger Cukierman –, doit rencontrer le lendemain d'importantes délégations israélites américaines. Objectif : en finir une bonne fois avec ces rumeurs d'antisémitisme français qui empoisonnent le climat entre les deux pays.

Mais c'est bien sûr l'agenda diplomatique qui est le plus chargé. Mardi 23 septembre doit débuter au palais des Nations unies à Manhattan un sommet annoncé comme exceptionnel : pas moins de cent soixante-dix chefs d'État ou de gouvernement ont fait le déplacement, et se sont inscrits pour avoir leur temps de parole à la tribune – un quart d'heure chacun. Piétinée, divisée, quasi discréditée au printemps précédent, l'organisation internationale revient au centre de toutes les attentions. L'administration Bush espère se servir d'elle pour sortir du piège colonial irakien dans lequel commence à s'enferrer son armée. Ses adversaires du « camp de la paix », défenseurs du multilatéralisme, veulent la ramener dans le jeu en Irak. Chirac, sur sa lancée du G8 d'Evian, entend rester le héraut de ce camp. Dès le dimanche soir, après la sortie à Battery Park, il dîne avec Kofi Annan, Secrétaire général de l'ONU, au très chic restaurant new-yorkais d'Alain Ducasse, tout près de Central Park. Les deux hommes tombent d'accord pour pourfendre, à l'avenir, tout projet d'action armée unilatérale et préventive : « Plus jamais ça », ont-ils envie de dire après le précédent américain en Irak. Le lundi, c'est au tour de l'emblématique Président brésilien Lula da Silva de convier à déjeuner quelques collègues chefs d'État, parmi lesquels Jacques Chirac. Le message est clair : face à l'hégémonisme des nouveaux « Docteur Folamour » *néocons* (comme les appelle Hubert Védrine), il existe une autre ligne, une autre « vision du monde ».

Au matin du 23, Bush et Chirac se succèdent à la tribune de l'ONU. Le Président américain, sitôt prononcée son allocution, quitte ostensiblement l'enceinte. Sans attendre le discours de son homologue français. Ce dernier, symboliquement, évitera soigneusement de s'asseoir dans le grand fauteuil où patientent les dirigeants avant de monter en chaire, et où avait pris place, quelques instants auparavant... George Bush. « Nul ne saurait s'arroger le droit d'utiliser la force unilatéralement et préventivement », martèle Chirac, sans citer nommément les États-Unis. Des paroles forcément applaudies par cette assemblée acquise à la cause de la légitimité internationale.

Le Président français ne s'attarde pas. Un rendez-vous l'attend. Il sort du palais de l'ONU et traverse la 1re Avenue pour gagner, à pied, la mission américaine, située juste en face. Il y rejoint George Bush, qui tient là, flanqué du Secrétaire d'État Colin Powell, plusieurs rencontres bilatérales d'affilée. Il accorde un peu moins de quarante minutes (traduction comprise) à Jacques Chirac. L'endroit est excentré, assez malcommode : dans la confusion, les photographes ne saisissent pas la poignée de main entre les deux chefs d'État. Du coup, une polémique s'enclenche : Bush, assure-t-on, aurait refusé de serrer la main à Chirac ! En France, la nouvelle fait le tour des radios, preuve supplémentaire de la « punition » diplomatique. « Tout cela est faux, il y a bien eu une poignée de main, assure un participant. Et l'ambiance était franche mais cordiale. À un moment, Bush n'a pas hésité à se moquer de lui-même. Alors qu'il discutait de la Syrie, et de la nécessité pour ce pays de boucler sa frontière avec l'Irak, il a lancé, parlant de lui à la troisième personne : *la Syrie doit se méfier, car avec Bush on doit s'attendre à tout, c'est un vil unilatéraliste !...* » Un trait d'humour, mais aussi une allusion piquante aux propos de Chirac aux Nations unies. Au bout d'une vingtaine de minutes consacrées à des généralités – sur le Proche-Orient, l'Iran encore, la lutte contre la prolifération nucléaire –, les deux hommes abordent le sujet qui fâche : l'Irak.

Jacques Chirac évoque la résolution sur la reconstruction du pays, que l'administration Bush cherche à obtenir du Conseil de sécurité. « Nous ne bloquerons pas cette résolution. Nous n'aurons pas une attitude négative lors de sa discussion. Nous souhaitons tous atteindre l'objectif d'un Irak souverain, tourné vers sa reconstruction. Je suis bien conscient qu'il reste encore beaucoup à faire, mais la France se montrera coopérative : si certaines conditions sont remplies, si l'on donne un rôle plus important à l'ONU, nous pourrons parfaitement voter pour cette résolution. Cela aurait l'avantage de montrer que la communauté internationale est unie. » Bush apprécie cette avancée, mais il tient à préciser que, en Irak, « les choses vont de mieux en mieux ». Ce n'est pas l'avis de Chirac, selon qui « elles vont de plus en plus mal ». « Il faut absolument changer de pied, aller vers le transfert le plus large et le plus rapide possible de souveraineté aux Irakiens », insiste-t-il. « Nous avons 140 000 soldats sur le terrain, et en plus le Congrès américain va dépenser 20 milliards de dollars pour la reconstruction de l'Irak. Il n'est pas question de nous précipiter et de transférer le pouvoir avant que la situation ne se soit stabilisée », rétorque Bush. « Il est impératif de créer un déclic psychologique et politique, sinon nous n'aurons aucune chance de réussir à stabiliser le pays, à en faire une démocratie unie et souveraine », reprend le Président français. Ce dernier opère un subtil distinguo entre le transfert de la « souveraineté » (symbolique) et celui des « responsabilités » (qui peut attendre). Imperméable à cette nuance, Bush réplique : « Je vous remercie pour vos conseils. Mais je suis en désaccord avec vous sur le fond : notre stratégie est la bonne. » Chirac, agacé : « Nous en reparlerons dans quelques années. L'histoire jugera. Mais, en tout état de cause, nous n'avons pas l'intention de vous gêner. »

Victoire américaine à l'ONU

Après cet échange plutôt vif – le plus musclé jamais intervenu entre eux, selon des proches des deux Présidents –, les protagonistes s'efforcent de faire retomber la tension. Ils choisissent pour cela le terrain des relations franco-américaines, fort malmenées. Le 18 septembre, à la veille du sommet de l'ONU, l'éditorialiste de politique étrangère du *New York Times*, Thomas Friedman – tenu pour un proche de Colin Powell – a publié une retentissante tribune intitulée « Notre guerre avec la France ». Chirac s'en est offusqué. « Les Français ont une vraie et profonde amitié pour les États-Unis », assure-t-il à Bush. Il se tourne vers Powell : « Je vous remercie d'avoir rappelé publiquement que la France est votre alliée depuis deux cent vingt-cinq ans. » « Colin a dit cela parce qu'il est beaucoup plus gentil que moi, plaisante Bush. Il ne faut pas faire attention à tout ce qu'on lit dans la presse. Là n'est pas le plus important. » « Ce que je tiens vraiment à vous dire, reprend Chirac, c'est qu'il n'y a pas d'antiaméricanisme en France. Pas plus d'ailleurs qu'il n'y a d'antisémitisme. » « Je suis tout à fait d'accord, enchaîne le Président américain. Je tiens moi aussi à ce que nos relations soient bonnes. Notre lien avec la France est ancien, et nous devons aller de l'avant. »

Peu après, lors d'une conférence de presse, Jacques Chirac dénoncera « l'effet de loupe » des médias qui exagérerait, selon lui, les mésententes entre Paris et Washington. Il n'en reste pas moins que la diplomatie française, en ce début d'automne, s'apprête à avaler couleuvre sur couleuvre.

En particulier à l'ONU, où la Maison Blanche va remporter en octobre une victoire sans bavure. Depuis l'été, l'administration Bush milite pour sa résolution sur la reconstruction, qui est surtout une façon de légitimer la présence des *boys* en Irak. En contrepartie, un calendrier serait proposé pour le transfert de la souveraineté aux Irakiens, ainsi que pour la formation d'un gouvernement intérimaire, la préparation d'une Constitution et la tenue d'élections. Une fois cette résolution en poche, espèrent les Américains, d'autres pays seraient encouragés à envoyer des troupes et, surtout, à se montrer généreux pour financer la reconstruction. Colin Powell s'est démené personnellement pour faire avancer le dossier. Le 21 août, après le terrible attentat contre le siège des Nations unies à Bagdad, qui a notamment coûté la vie au représentant spécial Sergio Vieira de Mello, le Secrétaire d'État s'était rendu à New York auprès de Kofi Annan. Il en a profité pour poser les premiers jalons de « sa » résolution. Les Français, en dépit des assurances données à Bush par Chirac, ont émis aussitôt certaines réticences : selon eux, un texte qui ne prévoirait pas un transfert réel et rapide de souveraineté ne servirait à rien. Jacques Chirac l'a fait savoir dans une interview au *New York Times* le 22 septembre : « Pour voter oui, il faudrait un horizon politique clair et un rôle clé pour l'ONU. » Dominique de Villepin préconise, lui, une « résolution électrochoc », impulsant un changement radical à Bagdad. Paris espère pouvoir compter sur les « anciens » du front anti-guerre : Berlin et Moscou.

Dans les coulisses du Conseil de sécurité, une nouvelle guérilla diplomatique s'engage. Powell entend d'autant moins lâcher prise que son « patron » George Bush a besoin de cette résolution pour convaincre le Sénat de lui accorder quelque 87 milliards de dollars pour l'occupation de l'Irak. Le projet de texte américain sera révisé à cinq reprises avant d'être « mis en bleu » – présenté au vote des quinze membres du Conseil. C'est chose faite le mercredi 15 octobre. Mais le projet de résolution 1511 qui arrive sur l'immense table du Conseil de sécurité est flou et n'apporte pas grand-chose de nouveau. Tellement décevant que les diplomates onusiens s'attendent à une abstention de la France – qui n'a pas mis cette fois son veto en jeu, pour ne pas « gêner » les Américains. Et pourtant, la France hésite. Elle n'aimerait pas se retrouver seule à s'abstenir, aux côtés de la Syrie. Car l'axe Paris-Berlin-Moscou s'est considérablement effrité. Les représentants français et allemands à New York ont même eu la désagréable surprise de découvrir que l'ambassadeur russe avait négocié directement, et en secret, avec les Américains. Moscou, qui souhaite rétablir une bonne coopération avec Washington, est prêt à voter « la » 1511 malgré ses insuffisances.

Pour sauver les apparences, Français et Allemands vont se lancer dans une drôle de manœuvre. Le 15 octobre, ils demandent un report du vote : le temps, disent-ils, de se concerter au plus haut niveau, à trois : Chirac, Schröder et Poutine. Mais le Président russe est en route pour la Malaisie, où il doit assister à une réunion de l'OCI (Conférence islamique). Le Français et l'Allemand sont eux à Bruxelles, pour un sommet européen. Le jeudi 16, à 12 heures, Gerhard Schröder et Jacques Chirac s'éclipsent en pleine séance. Ils gagnent une petite salle du bâtiment Justus Lipsius, siège des institutions européennes, où ils vont tenir une téléconférence à trois, avec Poutine. Chacun dans sa langue, avec des interprètes sur la ligne. À New York, où il est six heures du matin, les diplomates sont déjà levés. Ils attendent de connaître la position du trio. À 12 h 40 précises, c'est un « oui » à la résolution 1511 qui ressort de l'échange téléphonique. Autrement dit, un encouragement très net à la politique américaine. Toute cette mise en scène avait pour seul but d'éviter l'explosion en vol du « camp de la paix ».

GUERRE FROIDE DIPLOMATIQUE

Paris. Quai d'Orsay. Samedi 20 décembre 2003

Ce 20 décembre devait être une fête : le bicentenaire de la vente par Napoléon Ier à Thomas Jefferson de la Louisiane. Jacques Chirac et George Bush auraient dû commémorer ensemble l'événement. Le Président français avait déjà coché la date sur son agenda. Ah, La Nouvelle-Orléans ! Toute sa jeunesse aventureuse en Amérique... Mais entre-temps, Chirac a été « désinvité ». En guise d'agapes, la France va prendre, en ce sinistre week-end, claque sur claque. Pour les meneurs du « camp de la paix », « coupables » de s'être opposés à la guerre de Bush, l'hiver est rude. Après la fronde, voici venu le temps des représailles. L'influente conseillère de Bush, Condoleezza Rice, n'a-t-elle pas averti qu'il fallait « pardonner la Russie, ignorer l'Allemagne, punir la France » ?

La première surprise vient de la Libye. Plus exactement, de Washington et Londres, où George Bush et Tony Blair annoncent chacun de son côté, à quelques minutes d'intervalle, que le colonel Kadhafi, éternel trublion de la scène internationale, parrain de groupes terroristes un peu partout sur la planète, renonce à doter son pays d'armes de destruction massive. Il met au rancart ses programmes chimique, biologique et nucléaire – plutôt embryonnaires il est vrai. « La Libye, décrètent les numéros un américain et britannique, rejoint ainsi la communauté des nations. » Officiellement, Paris applaudit la bonne nouvelle. Difficile de faire moins, alors que les États-Unis et la Grande-Bretagne ont réussi cet exploit grâce aux méthodes prônées par la France : négociations et pressions, au lieu de la guerre.

En réalité, c'est la douche froide. D'abord, cette spectaculaire réconciliation entre un régime qui a fait exploser en vol un Boeing de la TWA, et un pays qui a bombardé en 1986 – sous Reagan – le palais de Mouammar Kadhafi (tuant sa fille adoptive), se fait sur le dos de la France. Si les familles des victimes de Lockerbie viennent enfin d'obtenir des centaines de millions de dollars en réparation, le dossier des Français disparus dans l'attentat du vol UTA, lui, traîne toujours. Ensuite, ce retournement diplomatique s'est tramé secrètement entre Tripoli et le très cosy Traveller's Club de Londres. Paris a été tenu à l'écart d'une évolution majeure dans son « arrière-cour » d'Afrique du Nord. Le revers est d'autant plus cuisant que Jacques Chirac a rencontré au début du mois, lors du sommet 5+5 (cinq pays d'Europe du Sud et les cinq pays du Maghreb) du 6 décembre à Tunis, le bouillant colonel, avec lequel la France entretient des relations sinusoïdales : tantôt chaud, tantôt froid. Kadhafi ne lui avait rien confié de l'affaire. Pis : il avait ostensiblement snobé le Président français, piquant du nez et avachi dans son fauteuil pendant le discours de ce dernier ! Le chef de la Jamahiriya libyenne, qui cherche à desserrer l'étau autour de son régime et craint de subir le sort d'un Saddam, vote Bush.

À la veille de la visite de Chirac en Tunisie, les Américains s'étaient, déjà, offert une petite provocation. Colin Powell, pour une fois en tournée, entamait par Tunis un périple au Maghreb, faisant ensuite escale à Alger et Rabat. Façon pour les États-Unis d'afficher leurs nouvelles ambitions. Car la Libye, avec ses réserves de 43 milliards de barils de pétrole, et le Sud algérien regorgeant d'or noir et de gaz, font partie de l'axe stratégique des matières premières vitales, dont Washington veut s'assurer le contrôle. Autre enjeu : Rabat et Alger sont deux capitales que les stratèges du Département d'État entendent soutenir contre le péril islamiste. Dans le *no man's land* sahélien, cette zone floue entre l'Afrique subsaharienne et les pays du Sud méditerranéen, où passent tous les trafics et où prolifèrent les groupes séditieux, les Américains se montrent de plus en plus actifs. Ils multiplient les missions d'observation, installent des stations d'écoute, envoient sur le terrain des volontaires civils des Peace Corps. Ainsi l'alerte sur des menaces d'attentats contre le rallye Paris-Dakar, en janvier 2004, a-t-elle été donnée par la CIA. Pendant ce temps la France est de plus en plus absente de ces régions, et ferme poste sur poste faute de crédits budgétaires alloués à sa politique étrangère. Résultat : les Américains lui dament le pion sur sa zone d'influence traditionnelle en Afrique et au Maghreb. Désormais, il n'y a plus de « chasse gardée ».

Pas de soldats, pas de business

Deuxième camouflet, les « gros contrats » de la reconstruction de l'Irak. Le Pentagone vient d'annoncer vingt-six grands chantiers d'infrastructure, pour un montant total de 19 milliards de dollars, financés sur le budget américain. Mais Paul Wolfowitz, numéro deux du Pentagone et idéologue « dur » des faucons, annonce la donne : « La compétition sera limitée à des sociétés des États-Unis, d'Irak, des partenaires de la coalition et des nations ayant envoyé des troupes. » En clair : pas de soldats, pas de business. La sanction vaut aussi pour l'Allemagne et la Russie, les complices du « camp de la paix ». Le coup est dur pour les entreprises françaises. Ces dernières, grâce aux relations longtemps privilégiées entre Paris et le régime de Saddam Hussein, lorgnaient sur le marché d'après-guerre. En 2002, plusieurs charters d'hommes d'affaires avaient été organisés vers Bagdad par un lobby proche de la droite, animé par d'anciens diplomates ou militaires comme le général Jeannou Lacaze, ex-chef d'état major des armées. Dans la décennie 1990, la France était même le premier fournisseur de l'Irak. Tel géant du BTP, qui n'avait obtenu que des miettes après la guerre de libération du Koweït à laquelle Paris avait pourtant participé, comptait bien se rattraper en Irak. Sans parler de TotalFinaElf, qui possède des options sur de fantastiques gisements pétroliers... négociées avec le régime baasiste avant l'intervention américaine. Le Pentagone se montre d'autant plus intransigeant que la capture de Saddam Hussein, le 14 décembre, lui donne de l'air, alors que, sur le terrain, l'enlisement menaçait. Vu de l'extérieur, Paris semble avoir « calibré » sa joie : quelques phrases de

Jacques Chirac pour se réjouir de cette arrestation pour le bien du peuple irakien, mais pas un mot de félicitation à Bush et à ses boys. Un ex-ministre de gauche ironisera d'ailleurs : « À voir la tête des responsables français après cette arrestation, on avait l'impression qu'ils venaient de perdre un ami... »

Si George Bush nie l'existence de « représailles », il admet qu'il ne « pouvait se décider à dépenser l'argent du contribuable en accordant des contrats à des entreprises de pays n'ayant pas participé à la guerre ». Ainsi les Espagnols et les Polonais décrochent-ils de juteux marchés d'équipement pour l'armée irakienne. Mais ce ne sont que des hochets par rapport aux groupes américains. Surtout ceux ayant, comme Halliburton, des liens plus ou moins directs avec les occupants de la Maison Blanche... Néanmoins, Bush, conforté par la capture de Saddam, se montre magnanime : « Il est dans nos intérêts nationaux de travailler ensemble », dit-il en visant la France et l'Allemagne. Propos intéressés, ainsi que s'en aperçoivent les Français en recevant la visite de James Baker. Ce solide Texan, républicain « classique », ex-Secrétaire d'État de Bush père, apprécié de Paris, est chargé d'obtenir... l'annulation de la dette irakienne à l'égard de la France : 3 milliards de dollars ! Chirac, qui souhaite rentrer dans le jeu, est prêt à faire un effort, à aller jusqu'à la moitié de cette somme, mais pas au-delà. Lors du G8 de Sea Island, en juin 2004, les discussions se poursuivaient toujours...

Troisième claque, le « réacteur du futur » Iter. Un projet digne d'un roman de science-fiction : construire un réacteur à fusion thermonucléaire capable de « capter » l'énergie du soleil afin de l'utiliser sur terre. L'enjeu est considérable. Par les retombées financières : 30 milliards d'euros d'investissements sur trente ans. Par l'espoir que représente Iter : une énergie inépuisable et sûre. Deux sites sont en lice pour accueillir le réacteur. Cadarache, dans le sud-est de la France. Et Rokkasho-Mura, au Japon. Le 20 décembre, les six partenaires – et co-financeurs – doivent trancher à Washington : États-Unis, Japon, Corée du Sud, Chine, Russie, Union européenne (cette dernière étant de loin le plus gros sponsor).

Paris, fort de son expérience dans le nucléaire civil, se croit imbattable, et néglige la concurrence japonaise. Rokkasho-Mura, il est vrai, se trouve en pleine zone sismique !... Comme souvent, les Français se sont surestimés. D'abord, ils se sont réveillés très tard. Car une première compétition a opposé entre eux plusieurs sites européens, afin que l'Union se choisisse un champion. Cadarache figurait parmi les favoris, mais ce n'était pas le seul. Il fallait notamment compter avec un site catalan. Les Espagnols menaient depuis un an un formidable lobbying, envoyant des délégations partout. Le secrétaire américain à l'Énergie, Spencer Abraham, avait fait spécialement le voyage en Catalogne. Il s'était déclaré « impressionné » par cette candidature. Un coup de pouce de la Maison Blanche qui joue Aznar contre Chirac.

Isoler la France

Début novembre 2003, Jean-Pierre Raffarin téléphone au député UMP Pierre Lellouche, un proaméricain affiché, pour lui confier le dossier. Il est presque trop tard : le 26 novembre, l'Union européenne doit choisir son champion. « Le Premier ministre a mis un

Falcon à ma disposition. Avec Christian Poncet, un préfet chargé de coordonner le projet Iter entre les ministères, nous nous sommes rendus dans toutes les capitales des Quinze pour y plaider notre cause. » Cadarache finit par l'emporter sur le fil. Reste la réunion du 20 décembre, où la décision doit être prise par consensus. Le Premier ministre Raffarin donne à Lellouche, pour toute instruction : « Profitez de vos contacts avec les Américains. » Le parlementaire reprend sa casquette de VRP, rencontre à trois reprises Condoleezza Rice à la Maison Blanche. Il la connaît depuis longtemps. Il n'empêche : « Condi » se montre inflexible. Le candidat de Washington, c'est le Japon. Ce pays a envoyé lui aussi quelques soldats en Irak. Surtout, l'Asie, avec son extraordinaire potentiel, représente l'avenir aux yeux de bien des Américains. « À la rigueur, laisse entendre Rice, si la France faisait des efforts vis-à-vis de l'Irak, par exemple sur la dette, ou en participant à la sécurité du pays... » Mais Lellouche n'a reçu aucune directive en ce sens. Le 20 décembre, les États-Unis, épaulés par la Corée, maintiennent leur lobbying en faveur du Japon. Le dossier est bloqué : à l'été dernier, Cadarache attendait toujours Iter. Mais le châtiment pour l'opposition à la guerre n'explique pas tout. « Sur un enjeu aussi majeur que la maîtrise de l'énergie du futur, les États-Unis ne peuvent pas laisser la main, analyse un expert en intelligence économique, proche du pouvoir. Et surtout pas à la France, qui milite pour l'"Europe-puissance", capable de faire pièce à l'Amérique. »

Les mauvaises nouvelles s'accumulent. Comme l'a dit un jour Jacques Chirac, « les merdes, ça vole en escadrille ». Paris apprend qu'il lui faudra acquitter une amende record – 770 millions de dollars – dans le dossier Executive Life (du nom d'une compagnie californienne d'assurances). Côté américain, on jure qu'il n'y a aucun rapport : la justice est indépendante, et elle était disposée, dans un premier temps, à transiger. Une transaction bêtement refusée alors par les Français. Et c'est à partir du bras de fer sur l'Irak que la partie américaine s'est durcie, selon les Français qui ont du mal à croire, du coup, à une totale indépendance des magistrats.

À Noël, six cents passagers d'Air France en partance pour les États-Unis se voient contraints de passer le réveillon à l'aéroport, leur valise à la main. Motif : le FBI a cru déceler des menaces d'attentats sur ces vols et a demandé leur suspension. Il s'agissait en réalité d'une fausse alerte. Mais le gouvernement français, soucieux de bonne coopération en matière de lutte antiterroriste, n'a – officiellement – pas regretté de s'être montré trop prudent.

Face à cette avalanche, une certaine paranoïa gagne les esprits. « On s'est mis à voir la main du diable partout. Par exemple quand le groupe Carlyle, proche de la CIA, a racheté un simple cartonnier français. Alors qu'il se comportait là juste en *raider* soucieux de réaliser une opération juteuse », sourit l'expert en espionnage économique. Non pas que la guerre économique soit un fantasme. Au contraire. « Mais les Américains la conduisent de manière bien plus habile. Ils repèrent sur tout le territoire les PME innovantes dans les technologies de l'information, du type Gemplus, ou les fabricants de logiciels de traduction automatique. Ils prennent ensuite des parts dans ces sociétés, voire débauchent leurs créateurs. Autre tactique : racheter les sous-traitants de secteurs-clés, comme l'aéronautique, ou les petits industriels travaillant pour la défense. Ainsi, nombre de sous-traitants d'Airbus sont tombés aux mains de fonds de pension américains : là oui, la France a du souci à se faire. »

Compétition technologique, reconstruction de l'Irak, accord libyen : sur tous ces dossiers, la France a été mise en échec. Plus grave : elle s'est retrouvée isolée. À l'automne, au moment où la dégradation de la situation en Irak donnait *a posteriori* raison à ses thèses, elle avait relevé la tête. Bush a paru alors prêt à composer avec ses anciens alliés, sinon à pardonner. Mais, depuis l'arrestation du raïs, les faucons entendent à nouveau régner sans partage. Terrible hiver pour Paris. « En ce moment, les Américains sont durs, entend-on dire alors chez les hommes du Président. Mais ils ne pourront pas gagner la paix seuls. Ils auront besoin de nous. En attendant, on ne peut guère faire autre chose que laisser passer l'orage. » « Chaque fois que les Français ont voulu défier les Américains, ils se sont retrouvés isolés. Johnson a fait cela avec de Gaulle, puis Nixon avec Pompidou en 1973, dit en écho Simon Serfaty, chercheur réputé du CSIS de Washington. On ne punit pas la France, on l'isole. »

« OPÉRATION RABIBOCHAGE »

Washington. Pentagone et Maison Blanche. Jeudi 15 janvier 2004

Formant une haie d'honneur sur le perron du Pentagone, les Marines sont figés au garde-à-vous, dans un froid polaire. Sans pardessus, juste vêtu d'un costume bleu sombre, Donald Rumsfeld sort accueillir sa visiteuse, qui arrive dans une limousine Sedan Luxe noire. Michèle Alliot-Marie en descend. Madame « le » ministre – elle tient au masculin qui sied à la fonction – est emmitouflée dans une pelisse marron. Elle arbore un foulard rose pâle autour du cou, seule touche de fantaisie dans un ensemble strict...

C'est sa première visite à Washington depuis la fin de la guerre en Irak – du moins la fin « officielle », proclamée par George Bush le 1er mai 2003. Ce jeudi, cette fidèle de Jacques Chirac remplit un rôle un peu plus large que celui de ministre de la Défense. Dans une capitale fédérale où les officiels français ne sont pas les bienvenus, elle joue les « Madame bons offices », mandatée par le président de la République. Ce dernier a en effet un contact minimaliste avec Bush. Les deux hommes ne se sont pas parlé en tête à tête depuis leur discret aparté au siège de l'ONU ; et ils ne se téléphonent que très épisodiquement. Cette rareté, compte tenu du contexte de crise internationale, est presque sans précédent. Avec Clinton, Chirac tenait des conversations téléphoniques plusieurs fois par semaine, parfois même plusieurs fois par jour. Or il va bien falloir se parler. Le calendrier diplomatique 2004 s'annonce chargé : commémoration du soixantième anniversaire du Débarquement en juin, G8 à Sea Island (États-Unis), sommet de l'OTAN à Istanbul... Invité aux cérémonies du 6 juin en Normandie, Bush, contrairement aux nombreux autres chefs d'État et de gouvernement conviés, n'a pas encore confirmé sa venue. Selon des bruits de couloir à la Maison Blanche, il pourrait opter pour le service minimum : une apparition en Normandie au milieu des vétérans, le genre de scène « payante » en période électorale. Mais pas d'étape à Paris. Pour Chirac, ce serait un camouflet.

Pour ce voyage, Michèle Alliot-Marie a aussi revêtu, du coup, des habits de diplomate. Sur son agenda : deux rendez-vous avec Donald Rumsfeld et Condoleezza Rice. Elle doit aussi rencontrer des parlementaires, des experts, des lobbyistes, des journalistes. Mission : renouer le dialogue, rabibocher deux nations à la dérive. Elle paraît une des mieux placées pour jouer ainsi les « joker » de l'Élysée. Elle n'a eu qu'un rôle secondaire, et discret, dans le bras de fer franco-américain, ce qui lui vaut une cote de popularité encore acceptable auprès de l'administration Bush. Dominique de Villepin, lui, est carrément *persona non grata* à Washington, où il n'est d'ailleurs pas venu depuis juillet 2002. Autre bon point pour la ministre : les relations entre militaires français et américains sont restées assez bonnes dans l'ensemble. Ils travaillent côte à côte dans les Balkans ou sur d'autres théâtres, et la coopération dans des domaines aussi pointus que la simulation d'essais nucléaires ne s'est pas interrompue. Il y a bien un Français qui a été mis à la porte alors qu'il collaborait au programme de satellite militaire GPS. « Mais ce n'était pas à proprement parler une mesure de représailles : les Américains craignaient plutôt de l'espionnage au profit de Galiléo, le système concurrent de GPS développé par les Français et leurs partenaires européens », estime une source proche de ce dossier sensible.

Le rendez-vous avec Rumsfeld se déroule dans une « atmosphère plus ouverte et compréhensive » que ne s'y attendait Michèle Alliot-Marie. « Il faut tourner la page de la vieille Europe », lance MAM. « Je vous félicite pour la participation de vos forces spéciales en Afghanistan, avance un Rumsfeld tout sourire. Ils font vraiment du bon boulot. » Une telle coopération est un signe concret de réchauffement entre Paris et Washington. Il y en a bien besoin. Car, depuis le printemps 2003, les civils du Pentagone qui occupent les postes de commande derrière Rumsfeld, les Paul Wolfowitz, Douglas Feith et leur conseiller occulte Richard Perle, étaient bien déterminés à faire payer cher à la France son opposition. Exemples de représailles : l'armée française s'est vue écartée de plusieurs exercices internationaux de première importance, auxquels elle avait l'habitude de participer ; les Américains n'ont envoyé qu'une représentation très limitée au salon aéronautique du Bourget ; enfin, les Français ont été exclus d'un sommet des chefs d'état-major d'armées de l'air, en septembre

2003 à Washington. Mais avec la nouvelle dégradation de la situation en Irak, où l'effet positif de la capture de Saddam Hussein a fait long feu, les « durs » de l'administration Bush en rabattent un peu. « Ils sont bien obligés de constater que les analyses de Chirac n'étaient pas infondées... », glisse un ministre français. La Maison Blanche se rend compte qu'elle risque d'avoir besoin de toutes les bonnes volontés. En outre, un George Bush en campagne pour sa réélection n'a pas intérêt à passer pour celui qui a brouillé l'Amérique avec ses plus vieux alliés.

Dans la capitale américaine, à ce moment-là, quelques voix dissonantes commencent à se faire entendre. Au début de l'hiver, déjà, le *National Journal*, un hebdomadaire politique centriste très respecté, a publié un long article dont le titre proclamait en une : « Les Français avaient raison ! » Démarrant sur le « Soyez prudents ! » adressé par Chirac aux Américains le 16 mars précédent, le journaliste analysait la façon dont l'attitude française avait été guidée par son passé colonial et les plaies de la guerre d'Algérie. Il concluait son article sur un paradoxe surprenant : dans la crise irakienne les Français ont été pragmatiques et les Américains idéologues. L'expérience française a d'ailleurs intéressé les militaires du Pentagone. Au bout de plusieurs mois d'occupation de l'Irak, ils sont allés dénicher dans leurs archives le film du cinéaste communiste italien Gillo Pontecorvo, *La Bataille d'Alger*. Certaines huiles éclairées du Commandement se sont dit qu'ils gagneraient peut être à tirer les leçons de cette œuvre quasi documentaire sur la lutte vouée à l'échec de l'armée française contre le FLN algérien. Traditionnellement, des historiens et des géographes assistent les stratèges militaires américains dans leur planification. Curieusement, lorsque « fuit » dans la presse la nouvelle de ces projections privées, le film ressort dans les salles, comme si les États-Unis découvraient qu'il existe d'autres mondes, d'autres expériences que la leur.

Le geste de Rumsfeld

Ce 15 janvier, Donald Rumsfeld fait un geste important à l'égard de la France. « Je pense que nous allons pouvoir procéder à la nomination de deux officiers généraux français à des postes clés au commandement de l'OTAN », annonce Donald Rumsfeld à Michèle Alliot-Marie. Paris réclamait cela depuis des mois. Lassé d'attendre, le général Henri Bentégeat, chef d'état-major, a mis la pression en menaçant de ne plus payer la quote-part budgétaire française à l'OTAN. C'était Rumsfeld et ses adjoints civils qui bloquaient. Les militaires du Pentagone, eux, étaient prêts à accueillir les Français. De quoi s'agit-il exactement ? La France, qui a quitté la structure militaire en 1966, s'est en fait considérablement rapprochée de l'Alliance depuis 1995. Dans une relative indifférence des médias, le sujet étant plutôt aride. Paris est notamment partie prenante de la Force de réaction rapide de l'Alliance (NRF) : un corps expéditionnaire multinational, qui devrait comporter 20 000 hommes à terme, vers 2006. Pour l'heure, cette force en compte 8 000, dont 1 800 Français. En échange de cet effort, Paris entend être présent au sein du nouveau centre vital de l'OTAN, à Norfolk (Virginie). Car la vieille Alliance de la Guerre froide a vécu. C'est une structure modernisée, renforcée par l'entrée de pays de l'ancien Pacte de Varsovie, qui est en train de naître. Beaucoup plus souple afin de s'adapter aux nouvelles menaces du terrorisme, de la prolifération d'armes de destruction massive, de la multiplication d'« États voyous »... En Virginie, les stratèges américains et leurs alliés inventent sur leurs ordinateurs les guerres de demain. « C'est la gestion du champ de bataille qui change du tout au tout, explique l'amiral Lanxade, ex-chef d'état-major. Les Américains ont développé un nouveau système, le *Network Centric Warfare*, qui rassemble instantanément les données des satellites, des drones, des capteurs et des équipes au sol. Le tout est traité au Pentagone et au QG de la coalition, et les informations sont répercutées sur le terrain. Résultat : lors de la guerre du Golfe, ou même du Kosovo, il fallait 24 heures entre le moment où une décision était prise et celui où l'ordre était exécuté. En Afghanistan, ce délai a été réduit à une heure. En Irak, il était d'un quart d'heure. Autrement dit, un pilote reçoit l'ordre de bombarder telle ou telle cible au moment où il est déjà en vol. » Avec les nominations décidées ce 15 janvier, les Français auront accès à ce sanctuaire du commandement militaire allié. L'amiral Xavier Païtard deviendra chef de la division « capacités futures » à Norfolk, et un général français rejoindra l'état-major de la NRF. Dans un premier temps, ce volet de la rencontre entre Rumsfeld et Alliot-Marie reste secret.

Après le Pentagone, MAM poursuit son « Opération rabibochage » par la Maison Blanche. Elle a déjà rencontré Condoleezza Rice une fois. Entre les deux femmes, le courant passe. Les points communs entre elles ne manquent pas : même silhouette, même engagement total dans le monde macho de la politique, même culture de la réussite universitaire, même dureté apparente et même... ambition. Alliot ne se rêve-t-elle pas en première femme de droite à Matignon ? Quant à Rice, on dit d'elle qu'elle pourrait se retrouver au Département d'État en cas de réélection de Bush. La politique, rien que la politique. « Il faut absolument que nous trouvions une date pour dîner en tête à tête à Paris ou Washington : nous avons tant de choses à découvrir l'une de l'autre », se promettent ces deux femmes de pouvoir. Et lorsqu'elles se séparent dans le vestibule de la Maison-Blanche, elles se font la bise. Une familiarité rarissime avec la conseillère du Président américain, en qui la plupart des gens voient un ordinateur à la limite du glacial.

À l'issue de l'entretien, MAM est optimiste : la conseillère pour les affaires de sécurité s'est montrée « chaleureuse et compréhensive ». « J'ai vraiment eu l'impression que la situation s'est débloquée et qu'il y a une envie de reprendre des relations normales. Toute une série de petits faits ajoutés les uns aux autres ont créé une ambiance générale qui montre que les choses ont évolué. » Sur le fond, pourtant, chacun campe sur ses positions. « Ce que nous souhaitons, dit à Condi Rice la messagère de Chirac, c'est que les Irakiens retrouvent leur souveraineté le plus rapidement possible. Quand ce sera fait, nous serons disponibles pour participer à la formation de la future armée, de la future police et de la future gendarmerie irakienne. » « Nous comprenons les positions de la France », répond Rice. Depuis sa sortie sur la nécessité de « punir la France », elle a changé de registre.

Sur la forme, le début de détente est indéniable. Il est perceptible le soir même, à la Résidence, où l'ambassadeur de France Jean-David Levitte a invité, pour un dîner de travail, des représentants influents du Congrès, tels que le sénateur républicain John Warner, président de la puissante commission de la Défense. Les élus sont pourtant remontés contre le projet européen – initié par la France – de créer un quartier général autonome, pour mener des opérations en dehors de l'OTAN. « Nous y voyons au mieux une duplication inutile des structures de l'OTAN, donc un gaspillage coûteux en hommes et en argent. Au pire, cela traduit une volonté de concurrencer l'Alliance », gronde un sénateur. Mais, jouant de la pédagogie, Michèle Alliot-Marie et l'ambassadeur Levitte apaisent les esprits. « Cela nous change des ministres français donneurs de leçons », glisse un élu.

Tôt le lendemain, avant de s'envoler vers New York, MAM prononce un discours dans l'un des grands *think tanks* de Washington, le Centre d'études stratégiques et internationales (CSIS). Dans l'Airbus de la République, elle a potassé ses fiches. Et consciencieusement répété son texte : elle a décidé de se lancer en anglais devant ce parterre d'experts. Une première pour elle, qui maîtrisait mal cette langue à son arrivée à l'hôtel de Brienne. Des cours intensifs au ministère ont permis de remédier à cette lacune. Le public du CSIS apprécie le geste. Il n'y a pas le souffle d'un Villepin. C'est plutôt pédagogique. Mais pour renouer, un discours lisse fait l'affaire. « Notre main est tendue, conclut Michèle Alliot-Marie. Je suis convaincue que vous la prendrez. » « Pourquoi pas ? lâche un participant avec une moue dubitative. Mais elle ne nous a pas indiqué clairement ce que la France est disposée à faire concrètement pour se réconcilier avec l'Amérique. »

Dear Henry et cher Félix

À New York, changement de décor. Rencontre avec des hommes d'influence. Le cortège s'arrête sur la 5e Avenue. Central Park est sous la neige. Les vendeurs de marrons grillés disparaissent sous leurs cache-nez. Dans l'immeuble néo-gothique du consulat de France, aux plafonds en bois sculptés et à la façade rappelant le fameux Dakota où vivait l'ex-Beatles John Lennon, un déjeuner a été organisé par le consul, Richard Duqué. Mais le soin de faire le plan de table a été laissé à l'invité de marque : le Dr Henry Kissinger.

Lors d'un séjour à Paris à l'automne, *Dear Henry* était allé voir la ministre de la Défense, et tous deux avaient eu l'idée d'un tel déjeuner. Kissinger a pourtant eu des mots très durs contre la France, au moment de la guerre à l'ONU : « Même aux pires moments de notre relation, quand le général de Gaulle a quitté l'OTAN, critiqué la guerre au Vietnam et voulu remplacer le dollar par l'étalon-or, il n'est jamais allé aussi loin. Il n'a jamais tenté, lui, de monter une coalition contre nous. Et pendant la crise des fusées à Cuba, lorsque Vernon Walters, l'émissaire de Kennedy, voulut lui présenter les preuves récoltées par les avions-espions U 2, de Gaulle le stoppa d'un geste : *Je n'ai pas besoin de preuve, lui dit-il. La seule chose dont j'aie besoin, c'est de la parole du Président américain. La France est votre alliée et votre parole nous suffit.* » Depuis, le Dr Kissinger a mis de l'eau dans son vin.

Autour de la table, côté américain, Kissinger a convié sept ou huit personnalités de la politique et de la presse. Confortablement installé dans un fauteuil style Louis XVI, tiré à quatre épingles dans un costume noir, boutons de manchette en argent, le cheveu gris toujours aussi dru, regard attentif derrière ses grosses lunettes, le prix Nobel de la paix se coule dans son rôle d'oracle, qui plaît tellement aux Français. Il distribue ce jour-là des paroles conciliantes, insiste sur la nécessité de se retrouver. « Il a mis en doute l'utilité de la guerre en Irak, et rappelé qu'il n'était pas très chaud pour l'aventure », dit un participant. Le cher Docteur ne réécrirait-il pas l'histoire ? Beaucoup se souviennent, à Washington et à New York, qu'il tenait un an plus tôt un discours pas si éloigné que cela de celui des faucons... Le message de la « Madame bons offices » de Chirac passe bien. Sauf sur un point. « S'il est un mot qui fait horreur aux Américains, c'est celui de multipolarité : ils interprètent cela comme une volonté de nuire à leurs intérêts. »

La fracture entre Paris et Washington est si profonde que tous les volontaires pour la réduire sont les bienvenus. Parmi eux, d'anciens poids lourds de l'équipe de Bush père, le 41e Président, comme le général Scowcroft, ancien conseiller pour la sécurité nationale, ou l'ex-Secrétaire d'État James Baker. Ce dernier plaide en particulier pour un assouplissement de la règle « pas de soldats, pas de contrats » fixée par Wolfowitz en Irak. De fait, les firmes françaises commencent à reprendre pied. Ainsi, Alcatel décroche un contrat d'équipement téléphonique, en sous-traitance avec l'égyptien Orascom et l'américain Motorola. Chez les sénateurs, le démocrate Jo Biden et le républicain John Warner sont aussi de la partie. Également sensibilisé, l'establishment des affaires. Un terrain d'autant moins à négliger que la francophobie a gagné pratiquement toute la société américaine. Chez les businessmen, l'ex-ambassadeur des États-Unis à Paris, Félix Rohatyn, se démène. Ce septuagénaire francophone ayant grandi à Paris, où sa famille fuyait le nazisme, ex-patron de la banque Lazard à New York, administrateur de Suez à Paris, réactive ses réseaux avec le Medef via son *French-American Business Council*.

Côté français, on accueille à Paris une délégation du French caucus, le groupe parlementaire d'amitié entre la France et les États-Unis. Les élus, menés par Amory Houghton, sont reçus par Jacques Chirac pendant une heure, dans le salon des Ambassadeurs de l'Élysée. « Nous avons eu une discussion franche mais cordiale, selon un participant américain. Nous ne nous sommes pas caché que l'Irak a causé de sérieux problèmes entre nous. Mais il faut maintenant avoir la volonté de tourner la page. » Le chef de l'État, flanqué de Dominique de Villepin, fait ensuite visiter une aile du palais à ses hôtes. Chirac est détendu, prévenant. Il multiplie les amabilités à l'égard de ses hôtes. « J'aurais été heureux de vous montrer d'autres salles de l'Élysée, leur dit-il, l'air navré. Mais nous nous apprêtons à accueillir le Président israélien, et nous avons des impératifs de sécurité. » Avant de reconduire ses invités, le chef de l'État organise une séance photo sur les marches de l'escalier menant au parc. « Clic-clac, merci Kodak ! » aurait pu dire Jacques Chirac. Le début du dégel ?

VILLEPIN RETROUVE POWELL

New York. Siège de l'ONU. Vendredi 6 février 2004

L'avion de Colin Powell se pose avec deux heures de retard à l'aéroport de La Guardia. Le brouillard et la pluie givrante ont retardé tous les vols. À Manhattan, la visibilité est tellement mauvaise que l'on peine à apercevoir l'autre berge de l'East River depuis l'immeuble des Nations unies. Faut-il y voir un symbole de l'état des relations franco-américaines ? Dominique de Villepin, lui, est arrivé le soir précédent à l'issue d'une de ses tournées-marathons qui l'a vu faire escale en Côte d'Ivoire, au Chili, en Argentine, au Brésil et au Mexique en moins d'une semaine. Le passage par New York a officiellement pour objectif de participer à la Conférence internationale pour la reconstruction du Libéria. Mais il est surtout l'occasion d'un déjeuner avec Colin Powell. Les deux hommes n'ont pas eu d'entretien en tête à tête depuis le 13 septembre, soit cinq mois auparavant – une petite éternité. Et encore ne s'agissait-il que d'un aparté entre deux portes lors d'une réunion de l'ONU à Genève. Leurs entourages ont beau expliquer qu'ils se parlent régulièrement au téléphone « dans une atmosphère de confiance », leurs relations n'ont jamais complètement récupéré depuis la crise irakienne et les crocs-en-jambe des uns et des autres. Deux semaines plus tôt, Powell, interrogé sur une radio de Philadelphie, a donné l'impression de vouloir signer l'armistice. « Les Français, a-t-il expliqué, sont un peuple fier qui a des idées bien arrêtées, et, de temps en temps, il est vrai qu'ils m'ont irrité. Et je suis sûr que moi aussi, parfois, je les ai irrités. » Mais, de son côté, Villepin ne semble pas avoir molli. Il arrive de sa tournée sud-américaine au cours de laquelle il n'a cessé de vanter les mérites d'un monde « multipolaire », un mot que Washington considère toujours comme un chiffon rouge agité devant son nez. De plus, le ministre des Affaires étrangères confie en privé à qui veut bien l'écouter, selon un des participants au voyage, que « Powell est fini, il est complètement marginalisé dans l'administration Bush et ne sert plus à rien ». Ce qui pose d'ailleurs des problèmes à la France qui estime ne plus avoir d'interlocuteurs de poids aux États-Unis.

Malgré ce climat, les deux diplomates font assaut d'amabilité. Ils feignent de s'étonner de voir autant de journalistes les suivre pour un « simple déjeuner ». Ils ont beau prendre leur repas dans la suite à 25 000 dollars par mois du Waldorf Astoria, où réside John Negroponte, l'ambassadeur américain aux Nations unies, les deux ministres se serrent la main pour les caméras... dans un sombre couloir menant au parking. Il n'y a pas de conférence de presse commune et c'est Villepin seul qui va répondre aux questions des journalistes français et américains. Toutes tournent autour de l'Irak et de la crédibilité des États-Unis. Répondant en anglais, français et même en espagnol, le patron du Quai d'Orsay soutient son « ami Colin » et insiste sur le fait que la relation franco-américaine est relancée : « Nous avons tant à faire ensemble, tellement de problèmes à régler, qu'il faut saisir l'opportunité qui nous est donnée aujourd'hui. Il ne faut pas s'arrêter aux mots et aux phrases qui ont pu être utilisés par les uns et les autres. On ne bâtit pas une relation sur du ressentiment. » Quelques mois plus tard, lorsqu'il sera de passage à Washington en sa nouvelle qualité de ministre de l'Intérieur du gouvernement Raffarin 3, il réitérera les mêmes propos et ajoutera, en privé : « Cela ne sert à rien de clamer que nous avions raison sur l'Irak et les Américains tort. C'est évident, non ? Tout le monde le sait ! » Si la ligne des « hommes du Président » consiste à éviter toute attitude revancharde sur le thème « Nous vous l'avions bien dit ! » le hussard Villepin est celui qui a le plus de mal à se retenir. Un matin, il laisse échapper au micro d'une radio : « La guerre en Irak, c'est plus qu'une erreur, c'est une faute ! »

Avec Powell, au Waldorf Astoria, il joue les bons camarades. En évitant de remuer le couteau dans la plaie et en maintenant – en général – un profil bas sur la situation qui dégénère en Irak, les Français notent une amélioration des relations entre les deux pays. Fin février, la crise en Haïti qui voit le départ forcé du Président Jean-Bertrand Aristide est un exemple de coopération Paris-Washington. Les deux gouvernements œuvrent en partenariat, chacun usant de ses propres leviers d'influence pour régler le problème au mieux. À partir de mars, la plupart des ministres français pointent de nouveau leur nez à Washington d'où ils étaient absents depuis près d'un an. « Nous sommes très bien reçus partout, se félicite l'un d'entre eux. Le climat est serein et nous avançons tranquillement sur beaucoup de dossiers. » « Il n'y a que les civils du Pentagone qui ne nous aiment pas et nous battent froid, confie un membre de l'ambassade de France, alors que la Maison Blanche, le département d'État et les ministères techniques sont ravis de nous recevoir. »

Sarko l'Américain

Les sujets qui fâchent ne sont plus montés en épingle et, du côté américain, il est de nouveau possible d'évoquer publiquement certaines bonnes choses à propos de la France. Au premier rang d'entre elles, la collaboration dans la lutte anti-terroriste. Curieusement, l'Irak n'est jamais venu parasiter la coopération entre services de renseignements de chaque côté de l'Atlantique en matière de terrorisme. Ce qui change aujourd'hui, c'est que les responsables américains n'hésitent plus à envoyer des fleurs à la DST ou à tresser des lauriers aux compétences du juge Jean-Louis Bruguière par exemple.

Le geste qui a énormément contribué à cette détente est la décision française d'empêcher plusieurs vols d'Air France de décoller de Paris pour les États-Unis durant les fêtes de Noël. Alors que les Américains avaient transmis des informations jugées « peu crédibles » par les services français, le ministre de l'Intérieur Nicolas Sarkozy avait décidé « de ne pas jouer avec le feu et, surtout, de faire plaisir aux Américains », comme le raconte un officiel à Paris. Le geste avait été apprécié par Washington, surtout la discrétion ultérieure consistant à ne pas étaler sur la place publique les détails des renseignements plutôt flous de la CIA et du FBI, dans une période où ces deux services recevaient des volées de bois vert dans la presse à propos de l'Irak et de la sécurité intérieure.

En cet hiver 2003, le « frenchie » qui monte à Washington, c'est... « Magic Sarko ». Le rival de Chirac s'est juré en son for intérieur de devenir « celui par qui passera la réconciliation franco-américaine », selon une ancienne personnalité de son entourage. À Washington, Nicolas Sarkozy, qui a de la famille aux États-Unis, est perçu comme l'homme d'avenir d'un paysage politique français vieillissant. Surtout, ce chantre du libéralisme, qui encourage la discrimination positive, est considéré comme très proaméricain. Il n'a guère fait entendre sa différence, il est vrai, au plus fort de la crise irakienne, mais il s'est abstenu de jeter de l'huile sur le feu. Madelin et Kouchner, eux, ont donné de la voix mais, comme le note cruellement un analyste français de Washington, « ces deux-là ont leur carrière derrière eux... » Lorsque, au printemps, Sarko débarque dans la capitale fédérale dans ses nouveaux habits de ministre de l'Économie, on lui déroule un tapis rouge : c'est simple, il voit tout le monde, de Condoleezza Rice à Colin Powell, de son homologue aux Finances au « maestro » Alan Greenspan, le tout-puissant patron de la Fed (Banque fédérale).

Frères d'armes en Afghanistan

Aux marges de la lutte anti-terroriste, on trouve également une opération franco-américaine dont tout le monde n'a que du bien à dire. Elle était restée fort discrète jusqu'au lundi 15 mars, jour où le chef d'état-major français, le général Henri Bentégeat, révèle sur Europe 1 que les forces spéciales tricolores opérant en Afghanistan ont été à deux doigts de mettre le grappin sur Oussama Ben Laden. On découvre avec surprise à cette occasion que deux cents soldats d'élite combattent avec les Américains – et sous leur commandement – pour traquer le terroriste le plus recherché au monde, dans le cadre d'*Enduring Freedom*. Et ce partenariat se déroule « à merveille », selon un officiel américain proche des militaires qui précise : « Je peux vous assurer que ce n'est pas uniquement à cause des rations *made in France*... En vérité, la plupart des forces spéciales américaines demandent à être postées aux côtés des Français lors des missions conjointes. Ils apprécient les méthodes et la façon de fonctionner de leurs homologues, qui sont différentes des leurs, mais tout aussi professionnelles. » Ces militaires du COS (Commandement des opérations spéciales), bien qu'appartenant à l'armée régulière, sont pourtant presque plus secrets que les agents clandestins de la DGSE. Le plus grand mystère entoure leurs activités. Lorsque deux de ces hommes furent blessés dans les montagnes afghanes, c'est en Allemagne, dans un hôpital militaire américain, qu'ils furent envoyés pour se faire soigner en toute discrétion.

Cette collaboration et la marge de manœuvre dont bénéficient les forces spéciales françaises les conduisent à deux reprises à frôler Ben Laden. Chaque fois, ils pensent l'avoir enserré dans une nasse, mais il leur échappe. Quelques mois plus tard, l'hypothèse de la capture de Ben Laden par les Français conduira un proche de l'Élysée à réfléchir à haute voix, lors d'une conversation privée : « Si on l'attrape, on le remet évidemment aux

Américains. Mais est-ce qu'on en profite pour s'offrir un gros coup de pub en faisant du bruit autour de l'affaire ? On aurait peut-être intérêt à rester discret, car on n'a pas envie de subir des attentats en représailles... »

CHIRAC VOTE KERRY

Washington. Jeudi 4 mars 2004

Tôt le matin, la Maison Blanche appelle l'Élysée pour indiquer : « C'est bon, nous venons. » Pas besoin d'en dire plus. De chaque côté de l'Atlantique, les deux parties savent de quoi elles parlent. George W. Bush sera bien en Normandie pour les cérémonies du soixantième anniversaire du débarquement allié. Il était difficilement envisageable que le Président américain soit absent de cette commémoration à laquelle ont participé Ronald Reagan en 1984 et Bill Clinton en 1994. Pourtant, l'invitation lancée depuis des mois par Jacques Chirac semblait se languir sur un coin de commode ou un bureau encombré. Bush envisageait-il de snober la Pointe du Hoc ? Tous les interlocuteurs des Français à la Maison Blanche répondaient invariablement, « non, non, nous serons présents », mais aucune réponse officielle n'arrivait. Quelques proches de Bush murmuraient qu'il considérait l'invitation faite à Gerhard Schröder de participer aux festivités comme un piège qui lui était tendu. Il n'avait aucune envie de se retrouver coincé en sandwich entre les deux principaux opposants à la guerre en Irak lors d'une journée destinée à célébrer l'Amérique. Les mêmes racontaient aussi qu'il aurait préféré arriver directement le 6 juin en Normandie sans passer par la case Paris, où Chirac avait réservé la soirée du 5 juin pour un dîner. Même si l'ambiance est à la réconciliation et que Bush ait besoin de belles images d'unité internationale pour sa campagne de réélection, il n'a pas envie d'en faire trop à l'égard des Français.

La réponse traîne donc jusqu'au matin du 4 mars. Mais, malgré la confirmation officielle un nouveau report survient : la Maison Blanche ne veut pas encore l'annoncer publiquement. Les us et coutumes diplomatiques veulent que ce genre de visite soit révélé conjointement par l'invité et la puissance invitante, quand tous les deux sont prêts. Malgré une indiscrétion dans *Le Parisien* du lendemain, les Américains continuent de rester muets sur le 6 juin. La raison officielle est que l'agenda du Président est extrêmement chargé : en juin il y aura, outre les festivités du Débarquement, le sommet du G8 à Sea Island (aux États-Unis), le meeting États-Unis/Union européenne en Irlande, la réunion annuelle de l'Otan à Istanbul (Turquie), le quatre-vingtième anniversaire de Bush senior et la cérémonie de remise de diplômes de ses filles jumelles qui achèvent leurs deux premières années d'université. Sans oublier sa campagne électorale. Bush doit faire des choix et s'organiser.

Mais il y a une autre raison. La Maison Blanche sait qu'elle ne coupera pas au passage par la France, d'autant que le 6 juin est devenu depuis une quinzaine d'années une date sacrée dans la mémoire collective américaine. Seulement, elle veut planifier sa venue à sa manière. Un grand nombre de députés et de sénateurs, dont quelques-uns sont des vétérans de la Seconde Guerre mondiale, poussent pour « refaire » le parcours du Débarquement en faisant escale à Londres avant de se rendre en France. Et puis Tony Blair est tout de même le meilleur allié de l'Amérique. Mais ailleurs en Europe, un autre allié de Bush aimerait bien le recevoir : Silvio Berlusconi. D'autant que le Premier ministre italien n'a pas été invité aux cérémonies de Normandie. Car Chirac, après avoir convié Schröder, a reçu un coup de téléphone de Poutine qui s'est plaint de ne pas en être. Le Russe a évoqué Stalingrad, le front de l'Est, la victoire alliée contre le nazisme, etc. Chirac n'a pu résister : invité ! Du coup, certains à l'Élysée se sont dit : « Puisqu'on accueille l'Allemagne et la Russie, on peut faire un geste pour l'Italie malgré son passé fasciste et l'occupation de Nice. » Mais là, c'était un peu trop pour le président de la République qui, de surcroît, n'a aucune affection pour Berlusconi : « Et pourquoi pas les Japonais et les Espagnols pendant qu'on y est ? On arrête les conneries ! » s'est-il exclamé, selon un proche de l'Élysée. Donc Silvio aimerait bien se consoler en recevant le Président américain qui, de son côté, réalise que du Palazzo Chigi au Vatican il n'y a pas loin. La possibilité d'une audience avec le pape – belle photo électorale – finit par faire pencher la balance et déterminer les étapes du voyage. Finalement, le 24 mars, la Maison Blanche se décide à annoncer le voyage à Paris, le dîner à l'Élysée et la Normandie. Ce fut laborieux. Comme si plus rien n'était simple entre les États-Unis et la France. Et, cerise sur le gâteau, Bush et Chirac vont se rencontrer à quatre reprises pendant le mois de juin.

Un candidat à l'air français

Deux jours avant le coup de fil annonçant la venue de Bush, le mardi 2 mars, les Américains viennent de décider qui sera le candidat démocrate destiné à affronter le Président sortant lors de la présidentielle du 2 novembre. John Kerry, soixante ans, sénateur du Massachusetts, a acquis ce privilège de haute lutte à l'issue de deux mois de Primaires contre plusieurs concurrents au sein de son parti. Mais si la France avait eu son mot à dire, elle l'aurait choisi les yeux fermés. La droite républicaine ne s'y est pas trompée, qui le dénonce depuis des mois comme « ressemblant à un Français ». Kerry, bien qu'il ne porte pas de béret et ne se promène jamais avec une baguette de pain sous le bras, a néanmoins des atomes crochus avec la France. Il possède une maison de famille en Bretagne, à Saint-Briac, et son cousin n'est autre que l'ancien ministre écologiste Brice Lalonde. Mais celui-ci, après avoir clamé partout cette parentèle, a soudain fait silence radio : on lui a fait comprendre depuis les États-Unis que son soutien était plus gênant qu'autre chose.

Pour avoir fréquenté les meilleures écoles privées d'Europe durant sa jeunesse (son père était diplomate), Kerry parle couramment français, en plus de cinq autres langues. Mais ce qui plaît avant tout dans l'Hexagone, c'est que Kerry n'est pas Bush, dont le départ est souhaité par près de 85 % des Français selon différents sondages. Le sénateur est un homme modéré, un peu guindé, pondéré jusqu'à frôler la caricature, cultivé, ouvert sur l'étranger, divorcé et remarié, pratiquant la politique depuis trente ans. Bref, c'est un politicien comme la France en produit au kilomètre.

Officiellement, bien sûr, personne à Paris ne soutient John Kerry. Ce n'est pas le genre de choses qui se font. Lui, évite soigneusement de prononcer le moindre mot en français, frustrant tous les correspondants de presse des radios et télévisions hexagonales, alors que six mois plus tôt il conversait allègrement dans la langue de Molière. Mais la Maison Blanche est consciente de l'attrait que représente le sénateur démocrate pour les Européens – même au 10 Downing Street il se murmure que « Tony Blair serait mieux loti et en meilleure position pour se faire réélire en 2005 sans Bush », selon un de ses conseillers. En retour, un des arguments de campagne de Kerry est la reconstitution des alliances mises à mal par quatre années d'unilatéralisme bushien. Le Président sortant essaie donc de lui couper l'herbe sous les pieds. « On ne se fait pas d'illusions, explique un diplomate français aux États-Unis, l'amélioration des relations en ce début d'année est due au calendrier électoral américain. Bush a besoin de montrer qu'il n'est pas isolé sur la scène internationale et qu'il sait aussi faire la paix, pas seulement la guerre. » Cette ouverture forcée a l'avantage de permettre quelques petites victoires personnelles, comme lors du quatre-vingtième anniversaire de Bush père, le dimanche 13 juin à Houston (Texas). Représentant la France, l'ambassadeur Jean-David Levitte est invité. Il avise Dick Cheney, le salue poliment, et lui demande s'il pense toujours que la France est l'ennemie des États-Unis ? Le vice-Président, qui n'a pas vraiment le choix, grommelle : « Je pense que les relations franco-américaines vont beaucoup mieux... » George Bush Junior lui-même a changé, selon plusieurs diplomates français qui le côtoient occasionnellement : « Il a compris qu'on peut être en désaccord avec lui sans en faire une affaire personnelle, analyse l'un d'entre eux. Il a été longtemps persuadé que tout ce qu'on lui disait, nous la France, ne visait qu'à l'embêter. Aujourd'hui il est toujours persuadé d'avoir raison sur le long terme, notamment en ce qui concerne l'Irak. Mais il réalise qu'il a un problème sur le court terme et qu'on peut éventuellement l'aider s'il écoute nos objections. »

ÉPILOGUE

On trouve peu de monde aux États-Unis pour penser que la relation franco-américaine peut se remettre de la crise irakienne. Un petit nombre de politiciens ou d'analystes prophétisent que le départ de Bush, ou de Chirac (pas avant 2007), permettrait « d'améliorer le climat ». Mais, dans l'ensemble, leur vision est assez négative. « Si Kerry remporte la présidentielle, cela changera le climat, mais pas le fond de la relation », commente Ivo Daalder, auteur d'un livre primé sur la politique étrangère de Bush. « La relation France-États-Unis est fondamentalement transformée. Il y a désormais une profonde suspicion des motivations de l'autre. Avec la crise irakienne, les deux pays se sont traités en adversaires. La France a activement fait campagne pour défaire les États-Unis et, en retour, ceux-ci ont tout fait pour humilier la France et montrer qu'elle avait tort. Ce n'est pas un comportement de partenaires. Maintenant nous sommes presque des ennemis. » Charles Kupchan, un autre spécialiste des relations internationales qui a participé au printemps 2004 à une *task force* euro-américaine visant à « Renouveler le lien transatlantique », pense la même chose : « On ne reviendra jamais aux bons vieux jours... L'affrontement entre la France et les États-Unis est le bouleversement le plus important dans les relations transatlantiques depuis la fin de la Seconde Guerre mondiale. On avait l'habitude de se quereller, parfois violemment, sur des questions commerciales, politiques ou culturelles, mais là ce fut une question de guerre ou de paix. On se remet difficilement de ce genre d'opposition. » Charles de Gaulle définissait ainsi la relation entre les deux pays : « Indépendants par temps calme, solidaires dans la tempête. » Un précepte mis à mal par Chirac et Villepin.

Les États-Unis et la France se regardent désormais en chiens de faïence, sans se comprendre. Hubert Védrine, qui est resté très lié à son ancienne homologue Madeleine Albright, est convaincu qu'« on va en revenir aux beaux discours sur l'amitié entre les deux pays, mais au fond il y a une méconnaissance totale de l'autre. Même avec un changement de président, l'Amérique restera durablement souverainiste et unilatéraliste ». C'est cette tendance lourde que les Français ont mésestimée. Cette erreur stratégique s'est doublée d'une faute tactique. Dès son vrai retour au pouvoir en 2002, l'équipe Chirac-Villepin s'est précipitée dans les bras des Américains. Ils voulaient réparer les dégâts du « simplisme » et partir d'un nouveau pied avec une administration de droite. « Du coup, la France s'est montrée trop complaisante, analyse un ex-officiel de gauche. Notamment, il aurait fallu dès le départ refuser d'entrer dans le jeu d'une résolution ambiguë, la 1441. Dire aux Américains : si vous voulez faire la guerre en Irak, assumez vos responsabilités, mais n'instrumentalisez pas l'ONU au risque de briser l'unité de la communauté internationale. »

Durant la rupture, beaucoup de ceux qui désiraient une amélioration de la relation comptaient sur les « *go-betweens* » traditionnels, ces espèces de vieux sages de la politique étrangère capables d'arrondir les angles, aussi à l'aise chez Lipp à Saint-Germain-des-Prés qu'au Palm à Washington : les anciens secrétaires d'État comme Henry Kissinger et Zbigniew Brzezinski, ou l'ancien ambassadeur des États-Unis en France Felix Rohatyn. Mais « ils ne servent plus à rien, lance un diplomate français qui les pratique. Ce ne sont pas des hommes qui peuvent aller dans le bureau de Bush pour lui parler et dire : *Voilà ce dont j'ai discuté avec les Français, il me semble que...* Ils ne sont plus écoutés par la Maison Blanche. Quand Kissinger vient à Paris, bien sûr qu'on le reçoit au Quai d'Orsay par politesse, mais c'est du temps perdu. Kissinger et Rohatyn font du business : ils se servent de leurs contacts et de leurs rendez-vous pour leurs cabinets de conseil. Quant à Brzezinski, ses visites débouchent au mieux sur un article dans le *Washington Post...* » D'autre part, selon les Américains, personne en France ne comprend vraiment ce qui a changé aux États-Unis depuis le 11 septembre 2001. « Ce jour-là, résume le chercheur Justin Vaïsse, l'Amérique est passée en mode *guerre.* » L'émotion et le désir de punition dominent. Tandis qu'en France, les dirigeants politiques se lancent rapidement dans de froides analyses sur les responsabilités américaines dans ce drame. Évoquant les images stupéfiantes des Twin Towers, un ministre de droite n'aura-t-il pas en privé ce commentaire cynique : « C'est la victoire de La Mecque sur Hollywood !... » « Il y a maintenant une croyance très forte aux États-Unis, qui transcende tous les courants politiques, qu'il vaut mieux être craint qu'aimé, explique Charles Kupchan. Si John Kerry gagne, je suis sûr qu'à Paris les gens danseront dans la rue. L'atmosphère pendant les premières semaines serait plutôt bonne, mais les attentes seraient sûrement déçues rapidement. » La France est désormais tournée vers l'Europe, et les États-Unis sont tournés vers eux-mêmes.

Ironiquement, le mot de la fin appartient à un faucon néo-conservateur, l'ancien *speechwriter* de Bush, David Frum : « La France et les États-Unis sont des pays très similaires. Tous deux incarnent une cause et pas seulement une nation. Ils se voient comme les champions de la liberté et de la démocratie. Ils se voient comme une balise pour le monde. Le problème c'est qu'il ne peut y avoir deux balises. Les États-Unis ont connu davantage de succès dans ce rôle au XXe siècle. Cela a créé une tension. Du coup, la France a entrepris d'organiser l'Union européenne, pour obtenir la force, la masse de population et la richesse afin de faire contrepoids aux Américains. »

REMERCIEMENTS

Les auteurs tiennent en premier lieu à remercier tous ceux qui ont bien voulu leur parler avec franchise des événements dont ils ont été témoins : Laurence Auer, Martin Briens, François Bujon de l'Estang, Jean-François Bureau, Christopher Caldwell, Catherine Colonna, Ivo Daalder, Bruno Delamotte, Adam Ereli, David Frum, Phil Gordon, Cameron Griffith, Romain Goupil, Sir John Holmes, Bruno Jeanbart (Institut CSA), Charles Kupchan, l'amiral Jacques Lanxade, Pierre Lellouche, Jean-David Levitte, Nathalie Loiseau, le général François Mermet, Laurent Murawiec, Nawaf Naman, Axel Poniatowski, François Rivasseau, René Roudeau, Jeremy Shapiro, Bénédicte Suzan, Pascal Teixeira, Dan Twining, Justin Vaïsse, Bernard Valéro, Hubert Védrine, Ken Weinstein, Joseph Wilson...

Ils remercient bien sûr tous ceux, politiques, militaires ou diplomates, de Washington à New York, de Londres à Paris, qui ont préféré garder l'anonymat pour d'impérieuses raisons de discrétion, mais dont la parole nous a été précieuse.

Les auteurs souhaitent également remercier leurs amis et confrères qui, d'une manière ou d'une autre, ont contribué à cet ouvrage : Loïck Berrou, Eric Dior, Joël-François Dumont, Isabelle Duriez, Pierre Féry, Antoine Glaser, Eric Grégoire, Christian Hoche, Patrick Jarreau, Bruno Jeudy, Christophe Kaiser, Étienne Leenhardt, Ludovic Marin (Agence *Réa*), Jean-Jacques Mével, Olivier Nouaillas, Pascal Riché, Christophe de Roquefeuil, Thomas Sancton, Emmanuel Serot, Roger Yenga.

Merci à Dominique de Montvalon pour sa compréhension, au service Documentation du *Parisien-Aujourd'hui en France* pour son aide.

Il va de soi qu'aucune des personnes citées dans cet ouvrage n'est responsable des interprétations, des analyses et des éventuelles erreurs, qui sont de la seule responsabilité des auteurs.

Table des matières

Ce volume a été composé
par Nord Compo à Villeneuve-d'Ascq
et achevé d'imprimer en septembre 2004
par ***Bussière Camedan Imprimeries***
à Saint-Amand-Montrond (Cher)
pour le compte des éditions Lattès

N° d'Édition : 56887. – N° d'Impression : 043755/4.
Dépôt légal : septembre 2004.

Imprimé en France